JN119524

私の人生にふりかかった
様々な出来事

― 上巻 ―

ミャンマーの政治家　キン・ニュンの軌跡

著：キン・ニュン
訳：千葉大学研究グループ

三恵社

はじめに（千葉大学研究グループ代表）

千葉大学大学院社会科学研究院　教授　石戸光

　本書は、ビルマ（現在は一般に「ミャンマー」と呼称されるので、以下「ミャンマー」とする）の軍事クーデター（1962年）による社会主義政権時代に同国の首相および国軍の大将を務めたキンニュン氏による回想録（ミャンマー語）の日本語訳である。ミャンマーに長く在住し、同国の政治・経済・社会状況に造詣の深い中西修氏に翻訳を担当していただいた。本書は基本的にはキンニュン氏の個人的な回想録でありながらも、ミャンマーの軍政内部で首相を務めた同氏の視点から、過去を振り返り、同国の政策運営にあたっての「反省」も含めたコメントとともに、今後のミャンマーの民主化と発展のための政策指針のあり方が提示されている。ミャンマーの内外情勢に関する専門的な分析を関係の皆様に今後行っていただくための参考資料の1つとして、翻訳出版するものである。

　ミャンマーの取った「ビルマ式社会主義」は社会主義と仏教の融合的な社会思想であり、キンニュン氏もまた敬虔な仏教徒であることが本書の随所に記述されている。ビルマ式社会主義を求心力とするために、排他的とも受け取られる政策運営がとられてきたことは周知の通りである。このことの背景として、イギリスによる植民地統治、および日本による戦時統治への「反動」を読み取ることができる。ミャンマーの歴史において、土着の国家としては、タウングー王朝（1510-1752年）、ペグー王朝（1740-1757年）、コンバウン王朝（1752-1885年）によるものなどがあるが、コンバウン王朝は1885年にイギリスによってミャンマーが占領・統治されたために、ミャンマー最後の土着の王朝となった。

　そして土着国家の影響およびイギリスの植民地支配の影響（山岳部には統治が行き渡らなかった）は、100を超えるミャンマーの民族の居住する生活水準や地理的状況（たとえば山岳地域か平野か）、保持する文化、宗教的な心情により差異があった。このことがミャンーにおける独立を見据えた民族蜂起という「社会不安」として映った場合には、それを「統制」（鎮圧も含めて）することがミャンマーにおける統一国家形成のために必要な措置であった、とキンニュン氏は捉えている（ただし、統制の手法に間違いが全くなかったとはいえないという点もキンニュン氏は言及している）。

　さらにミャンマーの近現代史における重要な点として、民主化運動で世界的に知られるアウンサン・スーチー氏が同国の民主化運動を開始するにあたっては、キンニュン氏が軍政内部にありながらスーチー氏に民主化を「促していた」（その後、紆余曲折を経てスーチー氏が民主化を本格化させていった）ことが記録されている。軍政にありながら民主化運動のリーダー（スーチー氏）に「接近」したことが、キンニュン氏の軍政への「反逆」的な行為と受け取られてしまったことも記述されて

いる。またミャンマーが ASEAN（東南アジア諸国連合）に加盟する決断を下したのは、シンガポールのリークワンユー首相（当時）に促されたキンニュン氏の主導によるものであったことも綴られている。さらにミャンマーの国内問題として重要な少数民族の分離独立運動の鎮圧、軍の重要人物に関する記述、ミャンマーの経済開発のためになされた軍政による活動も記録されており、ミャンマーの民主化および対外関係の構築にあたり、キンニュン氏が「陰の立役者」として活動した内容が明らかにされている。ミャンマー軍政期の「秘話」ともいえる政治・経済・軍事的動向を元首相（および国軍大将）が綴ったミャンマーの近現代史の研究資料として、また今後の同国の民主化・発展の指針を考えるためにも参考となるアイディアが掲載されている。

ミャンマーは 1997 年には東南アジア諸国連合（ASEAN、以下アセアン）に加盟し、キンニュン氏は、ミャンマーの国家元首ではなかったが、外交分野については首相として国を代表しており、2003 年のアセアン首脳会議に他のアセアンメンバー国からの国家元首とともに参加している。アセアンへのコミットの背景には、シンガポールのリークワンユー氏からのアドバイスが大きく影響している点が本文に記されている。アドバイスの具体的な内容は、「軍事政権を長期化せず、民主政権に移行すること、中国やベトナムを見習うこと、政治政党とうまく関係を築くこと、国内経済の発展が第一のためこれを最優先で行うこと、国際社会とうまくやっていくこと、国際社会の仲間に入るように努力すること」などとなっており、「国際社会とうまくやっていくこと」の重要な柱としてアセアンへの加盟と活動への参加が選択された。リー・クアンユー氏からの言葉という個人レベルの関係性がミャンマーの地域統合（よりマクロのレベル）に影響を与えてキンニュン氏は軍政トップ（上級大将）のタンシュエ氏にアセアン加盟を進言し、賛同を得たということになる。また西側諸国との関係性が断絶した状況において、近隣の東南アジア諸国との関係性を強めるためにアセアンへの加盟は脅威ではなく利益として認識されたことになる。ミャンマーの内政と外交は、ミクロからマクロに至るレベルにおいて相互依存的な関係にあることが見てとれる。

また本文によると、キンニュン氏は「国家の未来のために新しい国の仕組みを構築するためのロードマップというこれから行う 7 段階の事業を国家元首の許可と指示を得て、実行に移した」（2003 年 8 月）。民主化ロードマップの 7 段階は、本文にある通り具体的には下記となっている。

第 1 段階：1996 年から中断されている国民会議を開催。
第 2 段階：国民会議が円満に終了した際、真の規則正しい民主主義制度を実現するため、必要な政策を段階的に実施。
第 3 段階：国民会議が決定した基本となる原則に基づき、新憲法の草案を作成。
第 4 段階：完成した新憲法の草案を国民投票にかけて国民から承認を得る。
第 5 段階：新憲法の規定に従い、議会を構成するための総選挙を実施。
第 6 段階：新憲法の規定に従い、代議員が参加する議会を開催。

第 7 段階：議会で選出された大統領と議会から送り出された大臣による、政府および行政機関により民主主義政権を樹立。

ミャンマー新政権が樹立されたことにより、ロードマップの各段階は一応完了したとみることができる。次の段階は、民主主義のミャンマーにおける定着とそのための具体的な政策の企画運営である。そのための「政策と提言」は本文の末尾に掲載されており、要約的に示すと以下のとおりである。

(1)　数千年に渡り分裂することがなかった連邦国家の維持のため、過去、わが国の歴代のリーダーたちが厳守してきた中立政策や外交政策を堅持するべきである。
(2)　全ての民族が強固な連邦精神を持ち、強固な連邦国家を建設できるよう、全ての民族が努力しなければならない。
(3)　国の経済と平和、平穏は常に繋がりがあるため、経済を発展させるよう皆が一致団結して努力しなければならない。
(4)　環境保護と森林の復興のために、全ての責任者が森林保護区を設定し、既存の森林が破壊されないように政策を策定して効果的に保護しなければならない。下級役人のウソの報告を信じてはならない。
(5)　ミャンマーの伝統的文化を保護し、外国からのすさんだ文化が若者に対して過度に影響を与えることがないように、各部門の責任者が責任感をもって臨まなければならない。
(6)　ミャンマーの伝統的な文化が廃れることがないように、ミャンマー伝統芸能大会や国民体育大会を行うほか、「ミャンマー観光年」のような催しを時期に応じて開催すること。
(7)　国民の尊厳を下げるような外国へのメイドの派遣を再検討すること。
(8)　近隣諸国へ重労働に従事するために出稼ぎに出る下層階級の労働者たちのために国内で働く場所を確保するため中小企業の振興を早急に行わなければならない。
(9)　長期的に保存する必要がある歴史的建造物を民間に委託してビジネスを行わせることは再検討しなければならない。
(10)　ミャンマーにとって工業国になることは重要ではない。ミャンマーの伝統的な伝統、慣習を基に、近代的な農法による農業や畜産水産業を振興させること、農民や畜産水産業に従事する労働者たちが働いている現場に出向いて実践的な指導を行うこと。

　社会心理学の知見によると、社会が「権威」を認めるとは、その「権威者」の能力、熱意、非権威者との価値の共有、の３つの要素（これらは重なり合ってもいるが）が重要であるという。すると、近代国家の統治能力と統治にあたっての熱意、そして価値の共有（ミャンマーの発展という価値に関する運命共同体であること）が、民政移管後の（近代的意味での）ミャンマー政府を信任できるか、すなわち和平が進展するか、ということと直結することになる。新政府を信任できずにむしろ新政府への脅威認識が勝ってしまうと、ミャンマー国内における民族間の関係性は

むしろ破局しやすい状況にもなってしまう。本書出版の時点においてカレン族など
は停戦協定に同意したものの（2012年）、武装解除には応じていないが、それはカレ
ン族の新政府に対する「脅威認識」の表れであろう。

　ミャンマーの国家統合には、民族間で共通する経済政策（インフラ整備、農業お
よび関連する工業振興、社会保障の充実など）の「利益」と、共通するがゆえの「民
族としての多様性の抑圧への脅威」の2つの相反する要素が存在している。このこ
とは内政だけでなくミャンマーのアセアンレベルの地域統合にも当てはまり、ミャ
ンマーのアセアンに対する「利益」と「脅威」の中で、ミャンマーの外交政策およ
びアセアン全体の外交スタンスに双方向的な影響を与え合っている。したがって国
家統合の「利益」として統一的な経済政策の実施が民主化ロードマップの延長とし
て必要であり、併せてミャンマー国内における民族間および新政府に存在する「脅
威」認識を民主的な意識決定の手続きで緩和していくことが、キンニュン氏の提唱
した民主化ロードマップを体現する「連邦国家」ミャンマーの望ましい運営形態な
のであろう。

目次

はじめに（千葉大学研究グループ代表）

【出版情報】

・出版：2015 年 2 月　第 1 版　出版部数：1,000 部
・出版：2015 年 3 月　第 2 版　出版部数：1,000 部
・出版：2015 年 4 月　第 3 版　出版部数：1,000 部
・表紙写真：ゾーウインシェイン（歌手）
・コンピューター入力：トゥー
・製本：プープィンムェー
・表紙と本文の印刷：ヤンゴン市チャウダダー郡区 33 通り 173 番地
　　　　　　　　　　　サーペーローカ印刷所　ウーミョーニュン（13016）
・発行：ヤンゴン市ランマドー郡区 4 通り 43/A 番地　ユエッセイ文学社（00047）
ウーチョーチョーウェー
・定価：8,000 チャット

出版物目録情報（CIP）

キンニュン（元ミャンマー国軍大将）

私の人生にふりかかった様々な出来事 2

―　ヤンゴン市パンミョータヤー文学社　2015 年

　　　700 ページ、横 15.24cm×縦 23.37cm

私の人生にふりかかった様々な出来事 1

本編
私の人生にふりかかった様々な出来事
【上巻】

キンニュン
フモーーウン出身
（元首相・元ミャンマー国軍大将）

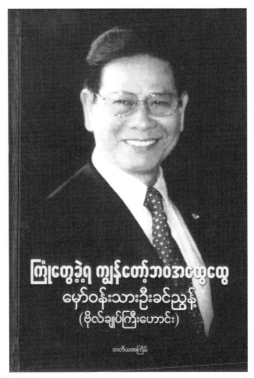

著者キンニュン氏の略歴

ミャンマーの元軍人、元政治家。

1939 年にミャンマー（ビルマ）のヤンゴン管区、チャウタン・タウンシップ、フモーウンにうまれる。

ヤンゴン大学卒業の後、軍事政権下にて情報局を主導。

2002 年 9 月に大将へ昇格。

軍事政権の序列 3 位として国家平和発展評議会（SPDC）第 1 書記および首相（2003年 8 月より）を務め、この間、ミャンマーの民主化に向けた 7 段階の「ロードマップ」を発表。

2004 年 10 月に首相を解任され、7 年間自宅軟禁となる。

2012 年 1 月に民政移管後のミャンマー政府から恩赦を受けて自宅軟禁を解かれ、現在に至る。

私の人生にふりかかった様々な出来事
【上巻】

キンニュン
フモーウン出身
（元首相・元ミャンマー国軍大将）

チャイモーウンパゴダを拝みながら私の人生が始まった。
このモーウンの水面は私が祈りと誓いを行った場所である。

母が亡くなる前、チャウタン郡にある実家を訪ね私たち夫婦が母親に対して礼拝

長男のゾーナインウーの結婚式の日、キンニュン第1書記夫妻が
母親であるセインシン（90歳）と記念撮影

アセィッネーミャッパゴダで礼拝中

ウンベーイン村を通り、デースンバーパゴダを参拝しているキンニュン大佐家族

1981年、参謀長（第1級）の職にあった時、ラウー少将とクッカイン戦線第99師団作戦部隊を閲兵した際、軍管区長らと記念撮影

初孫の誕生日を祝うパーティーのために準備中

1980 年、師団長の時代に国軍大学校で研修を受ける。当時ザガインの丘を巡礼、参拝する

初孫の誕生日に孫たちと記念撮影

楽しかった私の家族生活時代

次男のイェーナインウインの医学大学卒業式で。現在はコーヒーショップを経営

1964 年にキンニュン大尉時ンウインシュエが結婚した当時

1970 年、モーラミャイン病院に勤務しているキンウインシュエ医師

**1971 年、モーラミャイン市内にある南東軍管区本部で管区長の世話役として勤務時代に
管区長の家族と共に記念撮影**

国防省司令部（陸軍）において参謀長（第2級）の職を少佐の階級で任務を
果たしていた時代に家族5人で記念撮影

キンニュン大佐の息子、ゾーナインウー、ドクターイェーナインウイン、
娘のティンミャッミャッウイン、妻のドクターキンウインシュエと記念撮影。
当時、国軍情報部の局長であった。

1960 年、シャン州南部ロインリン町第 18 歩兵大隊に小隊長として
赴任した当時のキンニュン少尉

1962 年、シャン州南部ロインリン町第 18 歩兵大隊に情報部員として
任務を遂行していた当時のキンニュン中尉

第 18 歩兵大隊において情報部将校として任務を遂行しいていた当時のキンニュン中尉

1971 年、南東軍管区本部において軍管区長の世話役として任務を遂行していた
当時のキンニュン大尉。船上で撮影

1988年、国家法秩序回復委員会で第1書記に就任した当時のキンニュン准将

1970 年、南東軍管区本部において任務を遂行していた当時のキンニュン大尉。
ダウェー地域の鉱山開発地域を視察中

1981 年、ラカイン州シットゥエ市内、第 20 歩兵大隊の大隊長から
国防省本部（陸軍）作戦司令部に参謀長（第 1 級）として赴任した当時に撮影

1983 年、第 44 軽歩兵師団長の作戦部長から国軍情報部局長に赴任した当時に撮影

娘のティンミャッミャッウインの卒業式の日に夫であるティントゥッと
両親のキンニュン中将とドクターキンウインシュエ夫妻が記念撮影

20 年以上前に孫と記念撮影した。現在は医者の卵になっている。

第 1 書記時代、外国訪問時に妻と記念撮影

作者から真心を込めてご挨拶

この本に書かれている内容は国民に知らせるために何度も熟考し、本としてまとめたものである。自分自身が体験し、自分自身が行ったことに関して教訓とすべきこと、次世代の若者たちに真の歴史を知ってもらいたいという希望をもってこの本を出版した。私は自分の能力を自画自賛して良いことばかりを書いたものではない。政府の方針を具体化する際、自分勝手に進めることはできない。政府が決定した基本政策に沿って具体化する必要があるため、国民から見ると良いこともあれば、悪いこともあっただろう。しかし、政府というものは国益を無視して行動するわけにはいかない。国民全てが満足する政策を行う政府というのは世界にほとんど存在しない。政府が定めた方針を具体化する際、愛情、真心、寛容の精神をもって常に取り組んできた。国民に十分な愛情と真心を注ぎながら実行したと思う。

私が体験し、遭遇したことは実に多くあまりあるほどである。良い体験もあったし、悪いことも多く体験した。誰しも良いことばかり行うことはできない。善行と悪行は表裏一体のものである。善行のほうをできるだけ多く行うように努めなければならない。国家と国民の利益になるように真心を込めて最大限努力して取り組めば、良い方向に向くことが多い。今、書いている意見は私個人の思いにすぎない。私は、国家の職務として第1書記、首相、国軍情報部局長などの重職を担ってきた。その際、私と共に職務にあたっていた同僚や同志は全員、善人だったとは言い難い。善人もいれば悪人もいた。私の部下の中にも善人がいれば悪人もいた。団体、組織として事業を行う場合、善人ばかりを選んで集めるのはとても困難である。
　私がこの本の中に書いている出来事は、私が登場人物となり私自身が行ったことが大部分を占めているため、本当に起きたことを書いている。自分を擁護して良いことばかりを書いているのではないことを改めて記しておく。まだ、国民に知らされていないことを知らせたい思いで書いた本であることを知っておいていただきたい。私は多くの良き師匠に恵まれた。師匠たちから良い面を見習い私の人生の指針として受け取り、良い結果が生まれるように努力してきたことは事実である。

この本に掲載した内容はいかなる人を傷つけ、いかなる人に損害を与えるものではない。私は党利党略、私利私欲、特定の団体の利益だけを考える気持ちは毛頭ない。私にとっての恩師、両親のような人物を絶対に責めるつもりはない。私は国軍において45年間務めた人間であるため、国軍に対して常に忠誠を誓い裏切ることはない。国軍を裏切ることは、ミャンマー国軍を創設したアウンサン将軍や三十人の志士を裏切ることになる。そのため、国軍を裏切るような行為は絶対にしないと心に誓っている。国家の利益や国民の置かれた立場を理解して国民のために心から真心をもって真面目に取り組む人物であれば誰であれ支持し、応援し、尊敬したいと思う。私が出席したアセアン首脳会議やBIMSTEC首脳会議で決定した合意事項、声明文、会議で話し合われた事項などを知らせ、検討できるように掲載している。私がこの本に書いていることは2004年までに行った事項に限られている。2004年から後のことは含まれていない。しかし、現在実現している民主主義制度への移管は2003

年に軍事政権が発表した「ロードマップ」によるものであることは誰も否定できない。

私は1988年から2004年までの間、前半は第1書記として、後半は首相としての任務を担ってきた。また、国軍情報部の局長としてもその任務を遂行してきた。そのため、私のことをゲシュタポ・キンニュンと呼ぶ者もいた。情報部という部署は国家が危険にならないように事前に情報を探り、正しい情報をいち早くつかむために様々な諜報活動を行わなければならない。情報部局員は自分勝手に行動することはできない。政府が定める基本政策やガイドラインに従い行動しなければならない。しかし、情報部員の中には間違った行いをしたり、欲望に駆られ不正を行ったりする者が一部いたことは確かである。しかし、情報部員のほとんどは真面目に仕事をして任務を果たした者である。間違った行いをした者について、監督責任者の立場にある私から謝罪したいと思う。

　今回出版する本の内容については私自身が関わった出来事であり、まだ知らない国民に知らせるため、自由に批判してもらうため、そして教訓とすべきことを教訓にするため、私が体験したことや得られた知識を皆と共有するものである。一時の感情で書いたものではない。私は文筆家ではないので、文章が達者ではない。しかし、言いたいことが伝わるように頑張って書いたつもりである。私は第1書記としての職務、首相としての職務の他に国軍情報部局長としての職務を担ってきた。その際、国家の利益のために、国民の平穏な暮らしと生活水準の向上を目指して真心を込めて任務にあたったが、過ちもあったであろう。損害を受けた人、不満を感じた人たちも多くいたであろう。損害を受けた人は不満を感じたであろう。その人たちのことを私は理解できる。そのような人たちや家族に対してもここでお詫びしたいと思う。

政府の基本政策に従って、その目的や目標に達するために具体化する人たち、責任者たちは良いことと悪いことを区別して分析できる能力が備わっていなければならない。分析やビジョンを考える際、その場しのぎのものであってはならない。長い目で将来を見据え、将来の利益のために、国民全ての長期的な利益につながるように50年、100年先を見据えて良いことと悪いことを区別できることが必要となっている。そのため、容易に口先だけで言ってはならない。容易に保証してはならない。自分たちが国の責任を負っている間だけ都合が良ければそれで良いという考え方では間違った方向に導いてしまう。歴史というものはすぐに正しい評価を下せないものである。かなりの年月が経って初めて本当の歴史が明らかになるものである。

　正しい歴史にすること、自分のせいで間違った方向に行かせないことが重要である。次世代の若者たちのためにしっかりと考えることができるようにこの本を執筆した。読者の皆さんのご健勝とご多幸を祈り、将来国家が繁栄するように、国民の生活が平穏で豊かなものになるように祈りを捧げたいと思う。

モーウンダー・キンニュン（元国軍大将）

第1章　　私の人生にふりかかった様々な出来事

1963 年　ルェーリン町陸軍本部で行われた国軍パレードの後で
撮影されたキンニュン氏

第1節　私にふりかかった様々な出来事：
幸運なこと、不幸なこと

　人生というものは平坦ではない。良いこともあれば、悪いこともある。上り坂もあれば、下り坂もある。仏教的に言えば、諸行無常であることを私は理解している。私の人生は仏教の教えどおり、諸行無常であった。

　1956年、私は高等学校卒業試験に合格し、ヤンゴン大学に進学した。ヤンゴン市内のヤンギン・カレッジで大学生活が始まり、その後ヤンゴン大学のメインキャンパスに進んだ。私は寮生活をしていたため、ザガイン寮という寮でずっと大学時代を過ごした。1959年になると、士官学校入学者募集の広告を新聞で見、国軍に入りたいという気持ちが元々あったことや大学の学費を両親に払わせて申し訳ないという気持ちがあったことから、私は士官学校入学の申し込みを行った。運がいいと言うべきか、選抜試験を受けるように通知が来た。

士官候補生選抜試験へ

　当時、士官候補生審査委員会は現在の人民公園内にあり、ピィー通り沿いに位置していた。「サリンライン」士官審査委員会と呼ばれていた。審査委員会から呼び出された日に試験を受けに行き、合否の結果を2ヶ月近く待たされた。1959年11月、士官養成学校第25期生として入学が許可された。必要な準備をすませ、両親から許可をもらい、シャン州南部バトゥー町で開校された士官養成学校第25期生の教練に参加した。教練の期間は6ヶ月間で、非常に厳しい訓練、軍の規則、軍人としての心得、基本的な軍事の知識、強靭な肉体と強固な精神を持たせるための厳しい訓練が行われた。基本教練が修了した1960年、私は「ドゥ・ボー（少尉）」という階級が与えられた。私の最初の任地はシャン州南部ロイリン町にある大隊本部の第18歩兵部隊支部で、初めての役職として小隊長に任官した。

下級士官としての時代

　そこでは国軍の下級士官としての人生を過ごすことになった。大隊情報部士官および小隊長として、自分よりベテランの士官や、自分よりベテランの軍曹などの下で実務的に習い、職務をまっとうした。1960年代に入り、シャン州内にはシャン民族反政府武装組織による攻撃が開始された。そのため、国軍はしばしば彼らのゲリラ攻撃に更されることになった。しかし、激しい戦闘ではなかった。私の大隊長はキンマウンチッ少佐だった。列車で移動中、チュエボエー町の近くで武装勢力の地雷により、列車内で戦死した人物である。当時、シャン州内では大規模な賭博が流行っていた時期だった。様々な賭博の遊びにより、シャン州の市民が夢中になっていた。しかし、私は賭博にのめりこまなかったから良かったと思う。

第 20 歩兵部隊（シットゥエ）で大隊長として任務を遂行していた当時、
キンニュン中佐夫妻が大隊合同得度式において息子二人を出家させた

キンニュン大尉とドクターキンウインシュエ
長男：ゾーナインウー　次男：イェーナインウイン

最初の先生

　その場所で私の最初の先生に出会った。1963 年のことである。東部軍管区本部の管区長であるティンスェー大佐である。先生は私に対して、模範となる国軍の士官として持つべき資質、人柄、少数民族に対する姿勢、兵力の検討、作戦の立て方などの技術について教えてくださった最初の先生である。そのため、彼は私の恩師であり、父親であると私は認識している。

　特筆すべきこととして、1963 年にシャン民族武装グループの中で、サッシュエタィッ大統領の息子であるサッセーワインを首領とするグループで、メンバーのクンチャーヌとセーティンの二人が和平について話し合いたいとロインリン町を訪れ、第 18 歩兵大隊の士官用宿舎に寝泊りしながら和平についてじっくり話し合ったことがあった。これは和平実現のための良い兆しだと言える。宿舎で寝泊りしながら、親しく過ごし、タウンジー市内の第 4 師団本部へ案内した。これは非常に特筆すべき出来事である。

階級の昇級

　私は官報に記載される少尉という階級から任官し、国軍から与えられた職務を忠実に果たしてきた。各地方の歩兵大隊、軽歩兵師団本部、軍管区司令部、国防省本部など異動を続け、それぞれの職務を遂行してきた。役職としては小隊長、中隊長、参謀長（第2級）、大隊長、参謀長（第1級）、作戦参謀長など昇級を続け、1983年12月に国軍情報部の局長に就任した。

　私が師団長の参謀官として職務に就いている時、1966年頃バゴー・ヨーマ山脈を拠点として活動していたビルマ共産党中央の反乱軍に対して攻撃を仕掛けた時のことを思い出す。第77師団の戦闘実行部隊がビルマ共産党中央をせん滅するために、血眼になっていた時だった。バゴー・ヨーマ山脈の中を敵の足跡を追跡する作戦と軍事犬を使った作戦を実行し、非常に厳しい行軍を決行した。ビルマ共産党中央がいるという手がかりとなる情報をかき集め彼らの足跡を追跡したが、敵もさるもの、我々の追跡をかわし、迷路の中で追いかけっこを興じているような形となった。

消えることのない戦火

　ビルマ共産党の反乱軍は小さなグループに分かれ、我々の攻撃から逃走する際、我々の軍としばしば戦闘が発生した。ビルマ共産党の幹部の一部が戦死したこともあった。ビルマ共産党の議長であるタキン・タントゥンは戦闘で戦死したのではなく、彼がもっとも信頼を置いている側近の一人に暗殺されたことが分かった。このようなことは国内の内戦の歴史の中で繰り返し起きていることだ。同じ国民同士、同じ民族同士で、考え方の違いが原因でいさかいが起き、同じ国民同士、同じ民族同士で殺し合うことが現在まで続いていることを反省しなければならない。

情報部局長としての任務

　国軍情報部局長の任務は非常に重いものだった。国家の安全保障、国民の安全保障、国家元首の安全保障、友好親善のためにミャンマーを訪れる外国の国家元首の安全保障に関して特に責任を負うとともに、国家の平穏、法による支配の確立、国家転覆を計画する動きを事前に察知するために、常にアンテナを張り巡らせ情報を掴み、国家の上層部に対してそれらの情報を報告し、国家の上層部からの命令を受け、国家転覆をたくらむ動きやグループを取り締まるなど、非常に困難な仕事を主導して行わなければならなかった。

1988年の騒乱

　1988年に入ると、当時のビルマ社会主義計画党による政府に対して多くの国民が不満を爆発させ、大規模な民主化運動が沸き起こった。ミャンマー全土で民主化運動が盛り上がる一方で無秩序で無政府状態の出来事が多数起きた。国民の民主化への要求と、無政府状態が入り交じり、状況はますます混沌となった。政府の機能が完全にストップしたのは事実である。ミャンマー全土で法による支配が崩壊し、治安、秩序がなくなり、窃盗や略奪が相次ぎ、（政府側の人間を）民衆が首切りを行うなど、無法状態に至ったため、1988年9月18日、国軍が国家の治安を回復するために全権を掌握した。その当時、私は国家法秩序回復委員会の第1書記としての役

職を兼任することになった。当時の議長はソーマウン上級大将である。1992年から
タンシュエ議長に変わり、その後、国家平和発展委員会と名称が変わり、国家と国
民の発展のために努力した。私は国家から与えられた任務を必死になって果たした
ことは事実である。

第1書記の任務

　私が第1書記としての任務に就いていた期間、国家の安全保障と国家の発展のた
めにほとんどの事業を主導して行っていたが、政府トップの基本政策と考え方によ
り、省庁の中には「間仕切りされた」（手を出すことができない）省庁があったこと
は事実である。国軍の伝統として、私はそれに従い、自制しなければならなかった。
正確に述べると、「間仕切りされた」（手を出すことができない）省庁は以下の通り
である。
1.　国防省に関する事項
2.　経済貿易省に関する事項
3.　国家計画経済省に関する事項
4.　科学技術省に関する事項
5.　財務歳入省に関する事項
6.　エネルギー省に関する事項
7.　工業省に関する事項
8.　林業省に関する事項
これらの省庁に関する事項については、私が首を突っ込んで関わることはなかった
が、もしこれらの省庁で何か困難が起きた場合は、私が介入して解決を図ったこと
は事実である。私が直接担当した省庁に関する事項についても、基本政策に関する
ことは議長と副議長に相談して指示を受けなければならなかったことは事実である。
　また、作戦実行特別部隊参謀や軍管区長の人事に関しては、第1書記の立場では
全く知ることができなかったのは理解できる。そのため、あらゆる事業を進める上
では全く困難はなかった。特別な任務に就いているので、「間仕切りされた」（手を
出すことができないこと）と行わざるを得ないことは国軍の伝統であるので、これ
に従って行うことができた。2003年、私は第1書記から首相の役職に昇進した。し
かし、仕事の内容については、特別に変化はなかった。強いて特別なことをあげれ
ば、アセアンの会議に国家の代表として首相の立場で出席することくらいである。

7段階の事業

　特筆すべきことは、国家の未来のために新しい国の仕組みを構築するためのロー
ドマップというこれから行う7段階の事業を国家元首の許可と指示を得て、実行に
移したことである。今、実現している民主化の最初のステップが開始された時期で
ある。民主化により実現した政治、経済、社会の大きな変化は軍事政権の政府がそ
のレールを敷いたことは誰も疑う余地はないだろう。
　2003年、国際社会からの圧力が高まっている時にインドネシアのバリ島で開催さ
れたアセアン首脳会議でアセアン諸国のリーダーたちからミャンマーに対する理解
を得ることができたのは大きな成果である。

新首都ネピドーの建設

　私が特に奮闘努力した事業の一つに、新首都ネピドーの建設がある。2002 年に（タンシュエ）議長からこの任務を与えられ、新首都ネピドーの開発事業を極秘裏に始めた。住宅局の建築技師と都市開発プランナーのウインミィンさんが作成した都市設計図に従い、政府庁舎、公務員宿舎の建設工事を開始した。特筆すべきことは、国会議事堂の設計、人民代表院、民族代表院、連邦議会の建物、必要な施設の設計、施工、大統領公邸、副大統領公邸の設計、施工を具体化、建設工事を行う一連の事業を順調に行うことができたことである。この事業が順調に進んだのは、住宅局のウーアンチョー総局長とウインミィン副総局長の協力があったからであろう。実際の通りまとめは開発・国境省のテインニュン大臣（現大統領府大臣・ネピドー評議会議長）が担当してくれた。議会関係の建物の設計・施工は全て ACE 建設会社のティンサン社長（現スポーツ省大臣）が担当した。ネピドー居住区の外側、タッコン郡に国営放送局の施設を建設するよう国家元首から指示を受け、建設地を選定し、非常に豪華な施設を建設することを担当した。国軍に関する施設の建設に関しては、マウンエー上級副大将（副議長）が担当したことを知った。私とマウンエー副議長は軍事以外の部門と軍事部門を分け合って担当した。

2000 年、自宅庭園の芝生で息子、娘、孫たちと記念撮影

マンダレーへ

　私は新首都ネピドーを完成させるまで仕事を任せてもらえなかった。途中の段階までしか担当させてもらえなかったため、その後どのように建設工事が進んだのかは知らない。2004 年 10 月 16 日、ヤンゴンからマンダレーへフォッカー28 型航空機で向かった。主な目的は、高僧のティダグー師がザガインのスンウーポニャーシ

ンパゴダを全面的に改修するため、檀家の協力を求めることが一つ、新首都ネピドーの建設工事の進捗状況を視察すること及び必要事項があれば指示することが一つ、国家の発展のために各省庁が行っているそれぞれの事業を視察し、支援、監督、発破をかけ、必要事項を指示するための旅程であった。マンダレー国際空港からヘリコプターに乗りザガインへ移動し、スンウーポニャーシンパゴダをまず訪問した。ヘリコプターの着陸地点にはターエー軍管区長 (現ザガイン管区首相) が出迎えた。スンウーポニャーシンパゴダにはティダグー師がすでに待ち構えていた。私が到着するや否や、ティダグー師に、パゴダを全面的に改修し、パゴダ先頭部の傘、セインプードー、ンゲッミャッナーを寄進するための話を聞いた。今後、行うべき事項について軍管区長や各責任者と話し合いを行った。ティダグー師に対して拝謁を行った後、マンダレーへヘリコプターで戻った。マンダレーでは伝統医療大学の建設工事現場や漢方薬に使用する薬草の農園を建設する工事の進捗状況を視察した。また、医療技術大学を視察し、マンダレー総合病院の建設状況を視察した。また、午後にはマンダレー市 HIV/AIDS 展示館の開所式に出席した。夕方、映画界の大女優であるドーメーシンさんを表敬訪問した。2004 年 10 月 17 日、ヘリコプターでタージー市に移動した。タージー市各郡の代表者と面会し、教育、保健、農業、郡の発展事業について話し合い、必要な支援を行った。

南東軍管区本部（モーラミャイン）で軍管区長の世話役をしていた当時、
キンニュン大尉とドクターキンウインシュエ夫妻

その後、新首都ネピドーの建設工事の進捗状況を確認するためにネピドーに移動した。ネピドーに到着すると各事業の担当者と話し合い、工事の進み具合を視察した。国会議事堂、大統領公邸、副大統領公邸、市庁舎を回り、それぞれで起工式を行った。午後、カパウン灌漑堰へヘリコプターで移動し、視察した後、タウングー市へ移動した。タウングーの空港で待機していたフォッカー28型航空機に乗り換え、ヤンゴンに移動した。午後5時頃、ヤンゴン国際空港に到着したが、その時は特に変わったことはなかったことを覚えている。空港から自分の執務室がある軍務局に向かって出発し、執務室に入るまで何も変わったことは起きなかった。

　執務室に入った5分後、マウンエー上級副大将が自分の部屋に来るようにと呼び出しがあった。そこで、私は地方出張中に行ったことをまとめて、マウンエー上級副大将の部屋に入った。その時、部屋にはシュエマン大将、ソーウイン中将、テインセイン中将がすでに待ち構えていたため、何か特別な気配を感じた。そして部屋に入るや否や、椅子に座る間もなく、マウンエー上級副大将（副議長）が私に対して「キンニュン大将、あなたはすぐに自宅に戻りなさい。あなたの部下たちも招集して取調べを行っている所だ。自宅に戻ったらもうどこにも行かず自宅にずっといなさい」と言うので、私はすぐに事情を察知した。私を処分するのだということを。彼の言葉が終わると、私は大隊長の息子はどこにいるのか。彼をどのように処分したのか、問い質した所、「あなたの息子もある場所に収容している。聞きたいことがあるので取り調べている所だ。あなたは自宅に早く戻りなさい」と回答があった。

　私は悟った。私を自宅軟禁下に置くということが分かった。しかし、その時の私の心境は驚愕するということはなかった。ずっと以前から私のことを良く思っていなかったことは分かっていたので、驚くに値しなかった。それで私も「ああそうですか。それは良かった。これからのんびり暮らすことができる。ありがとう」としっかりとした口調で話し、その部屋から自分の部屋へ早足で戻った。私には軍務局のラアウンテイン准将がずっと側についてきた。それで私は「ついに自分も犯罪被告人になってしまったのか」と思ったのは事実である。

　自宅に戻ってみると、家を警備していた警備隊も武器を取り上げられ、連行されたことが分かったため、すぐに悟った。諸行無常というのは本当なのである。

アセアン大臣級会議がヤンゴン市内で開催された際、開会式のスピーチが終了した後に
会議に出席中の各国大使と出席者に挨拶

電話線も切断された

　私は自宅に戻るとすぐにダウンタウンに行っている次男のイェーナインウインと娘のティンミャッミャッウイン、その夫のマウンティントゥッと電話で連絡を取り、家に至急戻るように伝えた。その後すぐに電話線が切断され、外部との連絡が全くできなくなった。2004年10月17日のことである。その日の夜から自宅周辺の警備が厳重になり、10月18日には自宅周辺に監視カメラが設置され、治安警察部隊も更に強化された。10月19日には国家から支給された車両全てが持ち出された。私は仏教観でものごとを見ることができたため、特に驚くことはなかった。これから何が起きるのかについてのみ考えていた。

　2004年11月10日、次男のイェーナインウインと娘婿のマウンティントゥッをミョーミィン准将とその部隊が自宅から連れ出すために来たため、彼らに引き渡した。これらのことは私の人生の中で起きた変化の一部である。人生には山あり谷あり、浮き沈みがあることは俗人であればだれでも同じことである。動揺したり、精神不安定にならないことが大切である。意識して自分を制御することができたと自分を分析することができた。

第2節　ナワデー通りの自宅で過ごした時期（前半）

　2004年10月18日から国軍の部隊が自宅の周囲を厳重に警備し、家の周りの塀には監視カメラがあちこちに設置され、私と家族の行動を監視している。電話機や

電話線を没収され、衛星放送の機器も取り上げられたため、外部との接触は全くできなくなった。自宅にいる家族全員は外出する許可が得られなかった。毎日の買い物については、警備担当の軍人に頼むことを許された。

　当時、私の家の中には、私と妻のキンウインシュエ、次男のイェーナインウインの妻でシンガポール国籍のイーレウイン（ベロニカ）、幼い子供3人、次女のティンミャッミャッウインとその息子2人、使用人4人がいた。娘の長男であるタンポウンミャットゥだけが小学校4年生で、その他の子供たちはまだ小学校に上がっていなかった。家の中にいる家族全員は外出することが許可されなかったので、私の孫にあたるタンポウンミャットゥも1年間学校を休学させるしかなかった。しかし、彼は2012年に行われた高等学校卒業試験に合格することができたので安堵した。

　長男のゾーナインウーの家族はパラミー通りの家に別居していたため、彼らとは連絡が取れず、彼の妻やその子供たち（自分の孫）がどのように過ごしているのか知る術がなかった。彼らのことを懸念していたのは事実である。仏法僧の三宝を念頭に置き、良からぬ災難が家族に降りかからないようにと祈るしかなかった。

インセイン特別裁判所での審問

　私は国軍に45年間も在籍し、忠実に職務を全うし、国家から与えられた責務、国軍から与えられた責務をこなしてきたが、
「ある一人が成功を収めるにはある一人を蹴落とさなければならないのは世の習いであるかな」というアナンダートゥリヤ大臣が詠んだ詩の一節を思い出した。

　事の成り行きはこうである。私たちが自宅軟禁下に置かれている時期の2005年7月5日午後7時頃、雨が降りしきる中、警察長官のキンイーをリーダーとするミャンマー警察の部隊30人が自宅にやってきたのである。車列を組んで私の家までやってきて、門を開けるように命令した。その時私は理解した。これは私たちを連行するためだと。私も連行されることがあるだろうと事前に準備していたため、驚くことはなかった。門のカギを持ってカギを開けると、治安部隊の警察官たちがどっと家の中に押し入ってきて、あちこちを写真撮影したり、ビデオで撮影したりして大忙しであった。その時、居間の電気が切れていたので、キンイー長官とその部隊を食堂に通してテーブルの周りに座ってもらった。家を訪ねた訳を聞くと、長官は私と妻の二人を連行すると言った。私と妻の二人を処分するのかと質問すると、そうではない、妻は同行者として来てもよいということだった。妻を処分するのではないことが分かり、安堵した。そこで、私と妻はバタバタと荷物を準備し、カバンに詰め込み彼らが連れて行く場所へ同行した。家には娘のティンミャッミャッウインとイェーナインウインの妻、孫たちが残され、娘に対して、残った家族全員をしっかり見るように、何事も注意して行うように、子どもたちがお利口に過ごせるように頼んだ。私はこの時に備えてティダグー師にいただいた肩掛けカバンに仏教関係の本や小さな仏像を事前に入れておいた。その肩掛けカバンをかけて、衣類を詰め込んだカバンを持って彼らについて行った。

　彼らが連行した場所は、インセイン刑務所の隣にある来客用宿舎（ゲストハウス）だったのでほっと安心した。先ほどまで刑務所の牢獄にぶち込まれるのではないかと心配していたが、この施設に連れて行かれたので安堵したのである。刑務所が管

理するゲストハウスでは刑務所長のゾーウイン局長とその部下が待ち構えていて、この施設の中を案内してくれ、私の居場所へ連れて行ってくれた。彼は、翌朝9時に特別裁判所で審問があるから出頭しなければならないと告げた。

キンニュン中将とドクターキンウインシュエ夫妻

その後、警察長官と刑務所長など全員が私に挨拶して出て行ったので、私たち夫婦二人だけが残された。その施設では非常によくもてなしてくれたが、その夜はなかなか寝つけなかった。家に残された家族のことを案じて、あれこれと考えているうちに夜が明けた。家に残された小さな子どもたちのことで心が休まらなかったのは事実である。

　翌日7月6日、インセイン刑務所の敷地内にあるヤンゴン管区特別裁判所に連れて行かれた。「サ・トンロン（特別警察）」が原告となり、私に対して8つの罪状で訴えたのだ。そのほとんどは汚職に関するものであった。裁判官がその罪状を読み上げ、次の審問は7月12日に決定された。罪状の全てを書き写す許可が与えられた。裁判官はアウングエ、チョーニュン、ニャンウインの3人だった。

　私は弁護士を雇わず自分で口述すると決めたため、罪状一つ一つ全てを熟読して自分で受け答えを行った。裁判所において3回審問が行われ、2005年7月12日に禁固44年の有罪判決が下された。しかし、国家元首の情状酌量により刑の執行を猶予され、自宅軟禁の措置が取られたため、国家元首や関係各位に対して大変感謝し

た。刑の執行を猶予されたこと、自宅で過ごす許可が得られたことについて、内務省のマウンウー大臣が刑務所の施設まで来て説明してくれたことに対しても感謝申し上げたい。

特別裁判所が判決を出す前夜のことを書きたいと思う。その日の夜は私たち夫婦が一緒に過ごせる最後の夜であった。明日は別れなければならない。私はどこの刑務所に連れて行かれるのかわからない。インセイン刑務所ではないだろう。他のどこかの刑務所だろう。お前が家に帰ったら、家族が崩壊しないようにしっかり面倒をみてくれ、孫たちにしっかり教育を与えてくれ、私の息子たち、娘婿たちがどこの刑務所にぶち込まれているのかわからない。将来、刑務所で面会できる機会があれば、全ての事情がわかるだろう。お前は健康に気をつけて過ごせよ、仏教の教えを守って精進しなさい、私も健康に注意して過ごすから、刑務所の中では仏教に精進して過ごす、私のことは何も心配いらない、子どもたちのことをしっかり見てくれ」と頼むことばかりで一夜を過ごし、そのうち夜が明けた。

2004 年 10 月、キンニュン首相の最後の地方視察でザガインを
訪問した際、女性の先生たちが空港で出迎えている様子

第 3 節　ナワデー通りの自宅で過ごした時期（後半）

私が禁錮 44 年の実刑判決を受けたその日の午後、内務省の大臣が、私が収容されているゲストハウスにやって来て、刑の執行を猶予し私の家で自宅軟禁という形で過ごして良いということを説明してくれた時は、私も妻も大変嬉しく思ったことは事実である。国家元首に対しても、いくら感謝しても足りないくらいだった。私の

妻はその日の夕方、嬉しすぎて歌を口ずさんだことをよく覚えている。2005年7月21日の夜、私たちが自宅に戻ると、家に残されていた娘、息子の嫁、孫たちは心から喜んでくれた。更に、私の息子たちも一緒に暮らす許可を与えてくれたので、国家元首に対して大変感謝した。

　第2回目となる自宅軟禁生活では警備体制に変化が見られた。国軍治安部隊の代わりに、ミャンマー警察治安部隊が警備に就き、敷地内の警備は国軍情報部(SB)が担当するようになった。特筆すべきことは、子どもたちが学校に通う許可が得られたことである。また、私の娘たちが市場で買い物をすることを許されたことは嬉しいことである。外出するたびに、情報部の担当者が同行して世話をしてくれた。第1回目の自宅軟禁の時と比べると、かなり条件が緩和されたので喜び、関係各部門の責任者には感謝している。しかし、外部と連絡を取ることはできなかった。それぞれの家で自宅軟禁されている私の息子たちとも連絡が取れなかった。電話線は切断されたままで、娘婿については、ヤンゴンからかなり遠い所にある刑務所で服役しているということを聞いた。面会も許されていない。しかし、孫たちの教育に関しては心配する必要がなくなった。

　私はこの時、やっと安心して人生を過ごせる時が来たと思った。以前の国家からの責務を担っている時政治、社会、文化と少数民族が暮らす地域を発展させるための事業、民族と宗教に関する事項、国際関係に関わる事業、国内の治安の安定に関わる事業のために、真心をもって粉骨砕身で取り組んだことは確かである。国家の経済に関しては、マウンエー副議長が担当していたため、私が首を突っ込んで介入することはなかった。しかし、国民が望むことは何でも最大限の努力をしてきたつもりである。

　今、これらの責務から解放されたため、自宅の敷地内を散歩したり、木や花を植えたり、仏壇のある部屋で数珠をつまぐり瞑想したり、経を唱えたりする時間が十分に得られた。健康のため、そして来世の幸福のためにご利益に預かるチャンスを得た。

第1書記時代、ヤンゴン市郊外チャウタン町を訪問した際、
高校時代の恩師の前で合掌礼拝している所

自宅軟禁のこと

　　自宅軟禁下に置かれていた時期は、私は特に健康管理に気を使った。置き薬をできるだけ完全に買い揃え、小さな病気は自分たちで何とか治すようにした。やむを得ず、目の検眼や歯の治療を受ける場合は、内務省宛に手紙を書き許可をもらって、情報部の担当者の協力により解決することができた。髪の毛を切ることに関しては、その許可を得ることはせず、自分たちで髪を切れるように練習したのでうまく行った。食費をどう賄っていたかと言えば、庭でランの花を栽培し、それを市場で売ったり、自分たちの持ち物を売ったりして得たお金で何とか4年間食いつなぐことができた。

　　その後は、私が父親のように慕っているティンスェー准将が支援してくださったので大変助かった。本当の父親のような恩師の愛情は非常に深いものであった。4年間外部との接触が全くできなかった私たちにとって、1カ月に1回ティンスェー准将と面会が許されたことは私たち家族の食卓事情を充実させるために非常に助かった。面会の度にティンスェー准将は現金を持ってきてくれ、必要な支援を行ってくれた。面会の場所は家の中では許可されず、庭の中でそれも時間は5分以内と制限された。食事のためのお金も、治安当局から許可を得なければならなかった。治安警察の担当者にも感謝の気持ちでいっぱいだ。国軍の情報部の担当者たちも時が経過するにつれて、食卓事情が苦しくなっているのに気づき、ヤンゴン市内ミニゴン地区にあるキンエーという店に連れて行ってくれ、私たちの衣服などの持ち物を売ることに協力してくれた。また、情報部の担当者は、1週間に1回、庭で育てたランの花をボージョーアウンサン市場で売るために、イェークー駅からボージョーアウンサン市場前の駅まで汽車に乗って店に届けてくれたことには大変感謝したい。

母親のようなドーキンサン

　　2009年7月5日、母親のように慕っていたドーキンサン（ティンスェー准将の妻）が亡くなったことを知った。彼女の息子、娘に相当する私たち夫婦は、母親の死を悼み合唱礼拝するために外出することを当局に申請すれば許可され、治安部隊が同行案内するという情報を得たため、外出の許可を申請した。どうか許可が出るようにと祈ったのは事実である。

　　幸運なことに、7月6日の午後9時頃、治安部隊が私たちを案内してくれた。私たちはお母さんの遺体の前で合唱礼拝し、お父さんのティンスェー准将と1時間ほど話す機会を得ることができた。話の内容として、お母さんの生前の病状、治療経過だけ話すことを許された。私たちが自宅軟禁下に置かれた後、はじめての外出であった。その後、私は歯の治療に1回、妻は目の治療のために1回外出を許された。このことに関係者に対して感謝したいと思う。

　　自宅軟禁の時の毎日の日課は以下の通りである。
1. 午前6時　　起床
2. 午前6時から7時　庭を散歩
3. 午前7時から8時　コーヒーを飲む
4. 午前8時から9時　仏壇に供える花や水を入れ替え、仏飯を供える
5. 午前9時から10時　数珠をつまびき、瞑想を行う

6. 午前 10 時から 11 時　庭の花や木を手入れする
7. 午前 11 時から 12 時　水浴びをし、昼食をとる
8. 午前 12 時から午後 2 時　休息および読書
9. 午後 2 時から 3 時　　数珠をつまびき、瞑想を行う
10. 午後 3 時から 4 時　読書
11. 午後 4 時から 5 時　庭の花や木に水をやる
12. 午後 5 時から 7 時　水浴びをし、夕食をとる
13. 午後 7 時から 8 時 30 分　読書およびラジオを聞く
14. 午後 8 時 30 分から 10 時　仏像に礼拝、数珠をつまびく、読経を行う
15. 午後 10 時から 11 時　家族とともに過ごす時間
16. 午後 11 時　　就寝

　毎日の生活はだいたい上記の通りだったが、時々変更があった。できるだけ、人生の平穏と安定を得るために精進した。

1966 年度に行われたある式典に出席している恩師であり父親でもあるティンスェー大将、母親のキンサンと第 1 書記の家族

第2章　少年時代のこと

第4節　私の少年時代のこと

　私の生まれ故郷はヤンゴン管区南部県、以前ハンタワディ県と呼ばれていたチャウタン町だ。モーウン川のほ通りに位置しているため、モーウン・チャウタンとも呼ばれていた。チャウタン町は2千年前から栄えてきた町だ。昔はグワン町とも呼ばれていた。2千年以上前、ティハディパ島と呼ばれたパーダ王国が建国された時、タンリンとチャウタンはその中に含まれていたことを知った。

　ピードーター・ウートゥンイーが著した「パーダ王国の歴史」の中にパーダ王国のことが詳しく書かれている。当時建立された仏塔がラテライトの土で作られているのを見ると、2千年の歴史が感じられる。当時、ダゴン方面はオッカラーパ王が、ティハディパ島方面はボーガテーナ王が支配していた時代であった。この時代のことはシンムェヌン、ミンナンダーという名前の伝説や物語が生まれたが、実際これらは伝説や物語ではなく本当にあった出来事だったことが歴史を学ぶうちにわかってきた。

　さて、今まで歴史を述べてきたが、今度は私自身の歴史について書くことにする。私はチャウタン町で父親バキン・ウーバニュン（弁護士）と母親ドーセインシンの間にビルマ暦1301年のダディンジュ月上弦11日目に生まれた。7人兄弟の末っ子だ。2人の姉はすでに亡くなっている。兄弟姉妹5人は健在である。私たちの家族は裕福ではない。父親の仕事は形だけであった。安定した収入はなく、二人の姉がチャウタン町の市場で物売りをして、苦労しながらお金を稼ぎ家族の生活費と弟たちの教育費を工面してくれた。私はイギリス植民地時代と日本軍統治時代に生きた。

イギリス植民地時代

私たちの家からまっすぐ行った所の丘の上に「ボーテー」という建物と敷地がある。イギリス時代、そのボーテーの丘にはイギリス軍の基地があった。当時私は6,7歳の少年であった。当時私は家で飼っていた鶏が産んだ卵10個ほどをイギリス軍の基地に持って行って、彼らの食糧の中から缶詰類10個と交換してもらっていた。それらは牛肉、マトン、魚、バター、チーズ、ジャムなどの缶詰であった。そのため、私たち家族のために食事1,2回分だけでなく1週間分の食糧が確保できたのであった。当時、私一人だけが交換に行ったのではない。近くに住んでいる子供たち10人くらいが同じことをしていた。イギリス軍の兵士たちは規則正しかった。子供た

ちにも優しく接しており、国軍というのはこういうものなのだと当時思った。

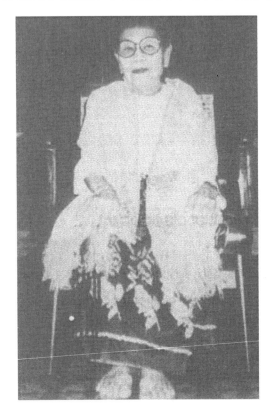

キンニュン氏の母親ドーセインシン（**90** 歳）

国軍司令部（陸軍）、参謀長（第2級）の役職にあった時のキンニュン少佐と
キンウインシュエの二人（1977年10月9日）

日本軍統治時代

　その後、日本軍の兵士たちがやって来ると状況は一変した。日本軍の兵士たちは
粗野にふるまった。人としての文化を持ち合わせていない。私の家には1エーカー
ほどの敷地があるため、日本軍の兵士たちは勝手に敷地内に入り、陣地を置いた。
敷地内には小さな井戸があり、日本兵たちはそこで裸になり、水浴びを行った。そ
れはみっともない光景であった。私の姉たちはちょうど年頃だったので、カギをか
けて家の中に閉じこもってしまった。

　その当時から、イギリス軍と日本軍を比較して、全ての軍隊は規則正しいという
わけではないことがわかった。統治する人と従う人たちの気持ちの持ちよう、人柄
などによって異なるものだということが分かった。

軍人ピュー

　その後、ビルマが独立し、あらゆる種類の反乱軍が現れ出した時、私たちが住むチャウタン町をピューという軍人が統治することになった。ピューが率いる軍隊は結束力が高く、地元の市民からも好かれていた。当時、ヤンゴン市郊外のインセインでは政府軍と KNDO という反乱軍が激しく戦闘を繰り返していた。その時、ピューが率いる軍隊が政府軍の置かれているヤンゴン市に援軍に行くのを見たことがある。

　なぜ覚えているかというと、戦闘が起きているインセインに出兵する前に、地元の市民たちが無事を祈って「アウンダベィーパン（勝利をもたらすフトモモの花）」という花を使って儀式を行っていたからである。

　その後、ピューの部隊はチャウタンから退却し、モーウン川の向こう側にあるパントー、ウーイン、ミンガルン、カナウン、ミャカインの村々を転々とした。

その時、チャウタンには BTF という公務員軍人による部隊が進駐し、統治を始めた。その部隊は緊急に結成されたもので、国軍ではなかったため、結束力や規則の面で劣っていた。そのため、地元の市民とはうまく行かなかった。当時、街の中でさえ治安が悪く安心できなかった。

　当時、軍人ピューの部隊は時折、町はずれの地区に進軍して攻撃を仕掛けてきたため、市民は夜不安におののいていた。私たちの地区は政府軍の駐屯地があるボーケー丘に近いため、夜は戸締りし、お寺に避難して身を隠す状態が１年近くも続いた。この出来事は私の少年時代に起きたことで、国内の反乱勢力の状態について身をもって知ったのである。そのため、私はカチン州の戦争難民やラカイン州が平穏でなかった時代に苦労した市民の人生に同情したのは事実である。

　私の家の近くにあるミョーマ小学校の４年生が終わり、チャウタン高等学校（トーカ学校とも呼ばれた）に進学した。特筆すべきことは、アトーカヤーマ寺院の敷地内にサヤドー（高僧）たちが高等学校のために土地を分け与えてくださったことで、高僧の教えとともに立派な高等学校になったことである。

　そのため、コウンナラ師とアーザヤ師の教えの下で、男子高生、女子高生ともに勉学にいそしむことができ、真面目で賢い子に育っていたのは事実である。寺小屋教育の走りと言っても良いであろう。お坊さんたちの教えを常に受けながら勉学に励んでいたため、少年時代から仏教に信心深くなったのは確かである。学校の休みは土曜日、日曜日ではなく、仏教に縁のある布薩日の前日や精進日が休みであった。

その後、この学校が今、どのようになっているかはわからない。1955年にチャウタン高等学校から高等学校卒業試験を受け合格できたため、ヤンゴン大学に進学した。姉たちが市場で物売りをして稼いだお金で大学に進学することができた。1956年にヤンギン・カレッジで大学の勉強が始まった。両親が裕福ではなく、姉たちが稼いだお金で進学したことで、私はできるだけお金を節約して使った。当時、私の小遣いは75チャットで足が出ないように気を付けて使っていた。

ヤンギン・カレッジ

　ヤンギン・カレッジの寮生は必ず物理学、化学、数学などの理科系科目を履修しなければならなかった。当時、ヤンギン・カレッジの寮はトタン屋根によしずの壁で暫定的に建てられたものであった。ひとつの寮の建物にA号室とB号室があり、一部屋あたり10人の寮生が生活し、一つの寮には20人が生活していたことになる。

**1958〜1959年にヤンゴン大学サガイン寮に生活していた時の第1書記キンニュン大将と
ビルマ共産党中央委員会のメンバーであったアウンウインは友人同士だった。**

　浴室、トイレは二つの寮部屋の間にあり、床はコンクリートむき出し、レンガで囲まれた場所で水浴びをしなければならなかった。
　私が寝泊りした寮部屋の番号は7番であった。私の部屋の裏側、2列目は19番だったと思う。その部屋に住んでいたテイントゥンという学生はビルマ共産党に勧誘されて、ジャングルに潜伏した。その後、ビルマ共産党の粛清政策に従い、バゴー・ヨーマ山系の畑地の中で青竹によりめった打ちにされて死亡したことを知った。当

時犠牲になったのは大学生で4人いたと思う。ルードゥ・ウーラ、ルードゥ・ドーアマーの息子であるソーウインもその中に含まれていたことを知った。その時、私は第77軽歩兵師団本部で師団長の参謀役、キンニュン大尉となっていた。

友人のサインアウンウイン

　もう一つ特筆すべきことがある。それは私が第18歩兵大隊でキンニュン小隊長の時のことである。ナンサンという町で小隊長の役職に就いていた時、私の友人であるサインアウンウインがナンサンの町にやってきて一晩を過ごした。彼はロインリン町の出身であった。ヤンゴン大学の学生時代、ザガイン寮に住んでいたので、サインニョーミィンとも親しい仲であった。サインニョーミィンもロインリン町の出身である。ビルマ社会主義計画党時代にロインリン町党組織の議長になったことを知った。

　アウンウインのことに話を戻そう。ナンサン町で私と一晩を過ごしその後、ジャングルに入り地下活動に入ったことを知った。ビルマ共産党に入り、最後には党中央委員会の幹部にまでなったと聞いた。当時、ナンサン町に来て、それからジャングルに入ったということで、国軍情報部の隊員が私を尋ねて来て、「彼とどのくらい親しいのか、何を話したのか、どこへ行くと言ったのか」などについて質問された。私は「何も知らない、大学寮で一緒に暮らしているうちに親しくなった友人だ」と正直に話すと、隊員はもう来なくなった。

1990年、ビルマ共産党のサインアウンウインがキンニュン第1書記に対して

書簡を送り投降した。

チャウタン町にあるキンニュン氏の生家。現在は姉二人と甥、姪、孫が暮らしている。

　私が第１書記になり、国内の平和事業を行っている時、サインアウンウインから手紙が届いた。彼は投降したいと希望し、私に協力を求めてきた。私が、彼にこちらに来るように勧めた所、彼は投降した。私はヤンゴン市内マヤンゴン郡区にアパートを借りてあげて、彼の生活を支援した。今、彼はもう亡くなったと聞いて残念に思う。私が処分され、自宅軟禁下に置かれたため、その後面倒を見ることができなくなった。彼の家族は今、どうなっているのか知る由もない。これらは私の人生の中で実際に経験した出来事である。懺悔にたえないと思う。

　私の大学時代はとても楽しかったと思う。大きな問題は全くなかった。1956〜1957年はザガイン寮でずっと暮らし、学生組合幹部の選挙も経験した。私はどちらの勢力にも加担しなかった。呼ばれたほうについて行ったり、ごちそうしてくれるほうに行ってごちそうしてもらったりして時間が過ぎていった。そうしているうち、国軍士官養成学校から募集があり、国軍に入ることに興味があったこと、両親や兄弟に申し訳ない気持ちが起きたことから、大学を卒業する前に士官養成学校に入学申請し、幸運なことに合格したので、入学することになった。私は大学で学んだ経験があるため、学生たちの境遇をよく知っており、学生たちに同情する気持ちがあった。私が教育委員会の議長になった後も、実現できたことと実現できなかったことが多く残された。全てが順調に進んだわけではないことを打ち明けたい。しかし、正直に申し上げると、全ての事業に誠実に取り組んだことは確かであると言いたい。私が若い時は、真面目に過ごしたが、楽しいものでもあった。

第3章　88年民主化運動と国軍による治安維持

第5節　88年民主化運動の経過

　1988年にミャンマー全土で民主化運動が沸き起こったことは、ビルマ社会主義計画党の政策の失敗、下級役人の間違った行い、廃貨政策、大学新卒業者に就職機会がないこと、希望のない大学卒業者の境遇が憂慮されたこと、国民の生活が困窮していたことなどが原因で、全国民的運動に発展した。この機会に乗じてビルマ共産党による扇動工作、外国放送局による焚き付けなどが入り交じり、更に昔の政治家たちが加わり、大学生の活動が始まったため、大きな運動に発展していった。

臨時党大会
　当時、ビルマ社会主義計画党政府は臨時党大会を招集し、総選挙を実施すると国民議会でも決定して発表したが、昔の政治家たちや愛国心のある元軍人たちが暫定政府を樹立せよと要求し運動したため、更に強硬な要求を掲げるようになった。様々な組合が結成され、道路には大勢の群集が集まり、それぞれの要求を叫び行進するなど無秩序な状況となり、最後には首切り殺害や略奪行為にまで発展した。
　私が覚えている限りのことを話すと、民主化運動の初期は平和的にデモ行進を行っている大学生たちや、平和的に行動している市民の背後に破壊分子やビルマ共産党が騒ぎを扇動したり、破壊活動を行うように仕向けたりしていることがわかった。
　ビルマ社会主義計画党が1988年7月末に行った臨時党大会で一党独裁制を継続するか、複数政党制を導入するか、どちらにするかについて決定するように当時のネーウイン議長が大会に参加した代議員に対して提案した。しかし、だれ一人として複数政党制の導入に対して賛成する者はいなかった。もし、複数政党制を導入すると国政に変化が生じるからである。当時、国民が希望していた複数政党制への移行を実現する機会はあったのだが、当時の議会で一党独裁制を継続すると決定されたため、民主化運動は更に激しいものとなった。

1990 年、ヤンゴン市郊外を視察するキンニュン第1書記とミョーニュン軍管区長

大統領の交代

　当時、大統領の交代が連続して起きた。サンユ大統領からセインルイン大統領に交代すると、わずか数日後にマウンマウン博士に大統領の座を譲った。これを見る限り、統治機構には安定性がなかったことがわかる。そのため、民主化を求めるデモ行進は日を追って激しくなった。外国大使館の外交官たちがデモ行進に参加して、民主化運動に加担した。BBC 放送局もデモを更に盛り上げるように扇動放送を行った。クリストファー・ガーネットという外国記者は学生たちを主役としたウソの物語を制作し、これを BBC 放送局が取り上げ放送した。

　無秩序な状態が発生し、政府のスパイ、国軍情報局のスパイと思われた人物が群集の中から連れ出され、残忍にも首を切られて殺害される事件が起きた。ビルマ共産党中央はミャンマーと中国の国境にあるモンコー村で緊急集会を開催し、マンダレー方面とシャン州方面にそれぞれ部隊を送り込み、独立区を宣言し、そこから、ミャンマー全土で民主化運動を行っている学生や市民に対してひそかに思想宣伝をおこない、機をみてビルマ共産党による政権掌握を行おうとした。この作戦を実行するため、ビルマ共産党の破壊分子が現場に送り込まれた。

　貿易省の庁舎内で治安維持にあたっていた国軍の部隊に対してデモ行進を行っていた群集が突入し占拠し、武器などを奪って行った。兵士やその上司の身の安全に関しては、デモに参加していた僧侶たちが危険から救ってくれた。

国軍記念日の軍事パレードに出席しているマウンエー副議長、
キンニュン第１書記、ティンウー第２書記、ミョーニュン軍管区長

　ヤンゴン市内ピィー通りにある第１医科大学の施設にデモ行進隊が侵入し、授業
で使用する教育器具や机、椅子などを持ち去ったり、破壊したりしている状況を、
私やソーマウン大将が乗り込んだ車列が通過している時に偶然遭遇したため、私た
ち自身がこの違法行為を制止した。
　国軍司令部本部のある敷地の角、ヤンゴン動物園の前で説法会が開かれ、学生運
動のリーダーたちが参加していた。有名な医者も参加していた。叫び声が大きくこ
だましていた。治安部隊の警察官たちが耐えられないほどだったが、なんとか治安
を維持していた。正直なところ、彼らは治安部隊が発砲するようにわざと挑発して
いたのである。しかし、発砲には至らなかった。そのため、彼らはダウンタウンに
向けてデマを流した。それは、国軍司令部本部から発砲があり、多くのデモ参加者
が死亡し、死体が折り重なっているというものであった。
　南オカラッパ都市計画第１地区に住む元軍人の家族が、事情を聞かれることなく、
国軍のスパイとの嫌疑をかけられ、家から連れ出され、道路上で残忍にも首を切ら
れて殺害されるという事件が起きた。ビルマ共産党の破壊分子の扇動によるもので
あった。

米国艦船４隻
　米国の艦船４隻を含む船団がイェー市からさほど遠くないカラーゴッッ島の近く
のミャンマー領海内にミャンマー政府の許可なく領海侵犯して来て、民主化運動の
動きを見守った。彼らが望む状態になれば、彼らは軍事的にミャンマーの政治に介
入することを企んでいた。このような事態になれば、ビルマ共産党や米国軍がどの
ような漁夫の利を得るかは想像するに恐ろしく、危険に満ちていると当時思ったの
は事実である。

1991年頃、国家法秩序回復委員会のソーマウン議長がマンダレーヒルを訪問した際、
トゥンチー少将の説明に対して議長が指示

タイェットー寺院

　デモ行進を主導している破壊分子たちは、国軍情報部のシートゥー少佐を拉致し
処刑しようとしたが、タイェットー寺院の住職である高僧や僧侶が身柄の引渡しを
受け、救出されたため、情報部隊員が処刑されることはなかった。タイェットー寺
院の高僧や僧侶に助けられたため、感謝しなければならない。

1988年の民主化運動の際、南オカラッパ郡区ニュータウン地区で元軍人が民衆により
首切り殺害されたことを悼み、その場所にパゴダを建立した。
工事現場をキンニュン第1書記が視察している。

1988 年の民主化運動の際、首切り殺害事件が起きた場所に南オカラッパパゴダを建立した。軍管区長が同パゴダの尖塔部に傘を飾りつける儀式を行なっている様子。

　もう一つの出来事として、ラカイン州シットゥエで起きた暴力行為がある。国軍情報部は情報を探り、上部に対して報告することを職務としている。シットゥエ市内で起きている民主化を求めるデモ行進の現場にいたミィンチョー大尉と職務に就いていた情報部の職員２人が、デモ参加者の中の破壊分子に拉致され、殺害される事件が起きた。民主化を求めるデモ行進の中に破壊分子が紛れて活動をしていることは民主化運動において汚点となったのは事実である。

　上記の出来事は私自身が実際に関わった出来事である。この民主化運動の時期、民主主義の実現を望み誠実、真剣に運動に参加した人もいれば、不誠実な目的をもって参加した人、無秩序な状態を作り出し、無政府状態に導こうとする破壊分子、窃盗や略奪を行う機会を窺って騒動に参加する人など様々であった。

　上記のように、国内において不安定な状態を作り出し、無秩序無政府状態を作り出す活動を行い、窃盗や略奪、首切り、ビルマ共産党の介入、ビルマ社会主義計画党政府の統治機構が停止したことなどにより、国軍が全てを掌握し治安を確保し、法による支配、国家の安定と平和、多くの国民の平穏と安全のために国を統治する責務を引き受けたのである。

ソーマウン上級大将が独立記念日の式典（晩餐会）に出席し、外交団と握手している様子。

1989年、国家法秩序回復委員会のソーマウン議長が外国からの来賓と会談している様子。
副議長のタンシュエ上級副大将、第1書記のキンニュン准将、第2書記のティンウー大佐。

1988年の民主化運動の際、ある男子大学生一人と遭遇したことを書かなければならない。彼は当時、無政府状態により、無実の人たちが首切り殺害されたり、窃盗や略奪が相次いでいたことに嫌気がさしたので、そのような被害が発生しないように、被害に遭いそうな人たちを危険な状態から奮闘努力して助け出したのである。貿易省の庁舎前でデモ行進の民衆に取り囲まれた国軍の部隊を僧侶とともに安全にタイェットー寺院まで送り届けたのである。そのような学生がいたことを懐かしく思い出す。その青年は今、裁判所の弁護士になっている。彼は今も、国民や国家の利益のために中立の立場で、法に従って一生懸命任務にあたっていることを知った。

第6節　国軍によるクーデターではなく
国民の安全のために行動を起こした

　国軍という組織は一国にとって欠かせない存在であり、常設していなければならない唯一の武力組織である。国家で起きている状況に応じて政府の要請に応え、その責任を負わなければならない。国家が不安定な状態になっている時、平穏を取り戻し、国民の安全を確保するため、その職務に従い、法による支配と治安確保の責務を果たすのである。緊急事態が発生した場合、現行法規を守らない者がいる場合、暴力的な略奪が発生している場合、治安を破壊する者がいる場合はそれらの者を処分するのは当然のことである。

1988年の民主化運動の中で、破壊分子たちにより罪の無い市民が首を切られ殺害されたことを悼んでその供養のために仏塔（パゴダ）が南オカラッパ郡区の殺人現場に建立された。
僧侶や市民が集まって供養を行っている。

ミャンマーでは 1988 年に全ての分野にわたって国民から不満が噴出し、多くの市民が道路上に出てデモ行進に参加した。皆が民主化を要求した。民主化を求めるデモは最初は誠実なものだったが、後半になると暴力的な行いや略奪、人の首切り殺害など無政府状態になり、法秩序に対する挑戦となった。

　ビルマ共産党による扇動、挑発行為、国境地帯でビルマ共産党の反乱軍による戦闘が開始されたこと、米国軍の艦船の船団がミャンマー領海を侵犯したことなどが、民主化運動の状況を更に複雑にした。また、政府の統治機構が停止され、国内の法による支配が崩れてしまっていること、国内の秩序、治安が全く確保されていないことなどにより、国軍は国民の安全を守るために立ち上がったのである。

ソーマウン大将に報告

1988 年の民主化運動の当時、国軍の幹部は全員、国防省司令部の会議室に集まり、昼夜を問わず断続的に会議を行い国内で起きている情勢を分析、検討した。そうしているうち、国内の状況はますます酷いものとなってきた。そのため、1988 年 9 月 17 日の午後 3 時頃、私はタンシュエ大将と相談して、国軍司令官のソーマウン上級大将に面会して報告しなければならないと意思を決定した。そこで、私たちは国軍司令官のいる部屋に行き、最新の情勢に関して改めて報告を行った。最新の情勢は非常に酷く、複雑であった。

　実際、彼らは民主化を標榜しているが、暴力的行為や人の首切りが横行したため、本当の政治家は道路上に出て来なくなった。人を斬首、窃盗、略奪、暴力行為を誰一人止めることができなくなっていた。そこで、住民たちは自分たちが住んでいる地区で自警団を結成し、自分たちが住む地区での住人ではない者を中に入れないために、通りの角や地区への入り口に小屋を立てて警戒した。このような状況になるに至り、私はただ傍観しているわけにはいかなかったため、ソーマウン上級大将に報告に上がったのである。

南オカラッパ郡区に建立されたパゴダ（破壊分子により殺害された市民を供養するためのパゴダ）の尖塔部分に金の傘を飾りつける儀式を行っている所。

1991 年、ヤンゴン市内ピィー通り沿いにある人民公園内に建設された、
少数民族の彫像を展示した博物館の開業式典に出席したキンニュン第 1 書記

少数民族の彫像を展示した博物館の開業式典に出席したキンニュン第 1 書記夫妻

ネーウイン議長に報告

　「それなら、ネーウイン議長に報告しなければならない。キンニュン君が連絡を取ってくれ」とソーマウン上級大将が私に任務を与えてくれたため、セットゥンさんに電話し、電話が繋がるとすぐに「私たちは、お父さん（＝ネーウイン議長）に会うためにそちらに行きたいと思います。何時にどこに行けばいいでしょうか。国のために重要なことなのですぐに会いたいと思います」と言うと、相手は「それなら、ちょっと時間をくれ。後でかけ直すから」と回答があった。30 分後位にセットゥンさんから電話が来た。「キンニュンさん、こちらに来てもいいですよ。午後 6 時、7 時頃来てください。AD 通りの家に来てください」と許可が得られた。ソーマウン上級大将は「タンシュエ君はここに残りなさい。私とキンニュン君の二人で行く。行くための準備をしなさい」と言った。私たちは 7 時に現地に到着できるよう準備を進めた。防弾仕様の乗用車 2 台、警備用の車両を準備し、警備責任者はソールイン大佐が担当した。（彼は現在、ホテル観光省大臣から引退後、亡くなっている）

人民公園内に建設された少数民族の彫像を展示した博物館の開業式典に第 1 書記、第 2 書記、文化省大臣のアウンイェーチョー少将、林業省のチッスェー少将とその妻

　私とソーマウン上級大将が防弾仕様の車に乗り込み、ソールイン大佐が乗り込み、タンシュエ大将は軍務局の事務所に残った。私たちの車列は午後 6 時に出発した。移動ルートは軍務局からシュエダゴンパゴダ通りを直進、ウーウイザヤのロータリーを回り、ウーウイザヤ通りに入り、ウイザヤ映画館前を右折した。その後、インヤー通りを直進し、ヤンゴン大学大ホール前を横切り、ピィー通りに出た。そしてピィー通りを直進し、AD 通りを曲がってネーウイン議長宅に到着した。途中の道路上には民主化を求める群集が至る所にバリケードを築いていた。街路樹を伐採して道路上に置いたり、コンクリート製の古い電柱を道路上に置いたりして車が進行できないように妨害している場所がいくつもあった。そのようなバリケードを取り除

きながら進まなければならなかったため、思いのほか時間がかかり、議長宅に到着したのは午後 10 時頃になった。

　私たちが議長宅に到着すると議長は 2 階から下に降りてきた。「ずいぶん時間がかかったじゃないか」と言うので、「私たちの移動中に途中にあった障害物を全て取り除いていたので、遅れてしまいました。」と答えると、「さあ、お前たち、何を言いたいのか。言いたいことを言いなさい。」と話す機会を与えてくださった。そこで、ソーマウン大将が先に話し始めた。

　「議長、国内の情勢は非常に悪く、無政府状態になり、市民同士が首を切って殺害するような事件が起きている。国民もとても困っており、統治機構も機能を失っている。国民も憂慮して怖気づいている状況である。キンニュン君、詳しく報告しなさい」と振られたので、私も現在国内で起きている様々な酷い出来事や経過について詳しく説明した。

　すると議長は「現在、起きている酷い状況について私は今になって知った。ところで、お前たちがここに来ていることを、他の将軍たちは知っているのか？」と尋ねた。「私たちはお父さんに直接報告したいので他の偉い人たちに言わないでここに来ました」と答えると、「それならば、明日の朝、将軍たちに報告しなさい。国軍には伝統的な規則があり、彼らに報告しないで直接私に報告するのは良いことではない。彼らも面白くないであろう。明日の朝、すぐに報告しなさい」と議長が指示した。

　私たちが議長宅のある AD 通りを出発したのは夜 12 時を過ぎていた。軍務局への帰り道は障害物を取り除いていたため、スムーズに移動できた。事務所に戻るとソーマウン大将は明日の朝 6 時半頃に将軍たちの家へ行って報告しようと提案した。将軍というのはエーコー大将、トゥラ・チョーティン大将のことである。二人の家は近いので、エーコー将軍の家に先に行ったら、同時に二人に対して報告できるとソーマウン大将が言った。翌朝の報告のために事務所内でいろいろと準備を行った。その夜、一晩中寝ることができなかった。明日何が起きるのだろう。何を行うのだろうといろいろと考え、そのうち夜が明けた。

先輩の将軍に報告

　1988 年 9 月 18 日の午前 7 時頃、私はソーマウン大将とエーコー大将の家に到着した。トゥラ・チョーティン大将の家はすぐ近くなので、電話で呼び出すとすぐに来てくれた。二人の先輩の将軍がそろった所で、昨夜ネーウイン議長の家へ行ったこと、国内で起きていることなどを私、キンニュンが報告した。先輩たちが知らないことを付け加えて報告した。午前 8 時頃、セットゥンさんからエーコー大将に電話がかかった。「ネーウイン議長が皆に会いたいということで呼んでいる。午前 9 時にネーウイン議長の事務所に来てほしい。他の幹部たちにも連絡した。その場所にソーマウン大将キンニュン君がいるなら一緒に来させなさい」ということであった。午前 9 時ならもう時間がない。至急行かなければならない。AD 通りにある議長の家に出発した。議長の事務所に到着すると、すでに他の将軍たちは到着していた。幹部は 6 人、マウンマウン大統領、トゥラ・ウートゥンティン首相、エーコー大将、副首相のタンティン中将、トゥラ・チョーティン大将（党事務総長）、外務省のイェ

ーカウン大臣の6人である。

　議長の事務所に全員が揃うと、セットゥンさんが議長宅に電話をかけた。「全員揃いました」と話すと、議長が自宅から出て事務所にやって来た。すると議長は「昨晩、この二人が私の家を訪ねて来た。この二人が国内で起きている出来事を報告してくれたので、初めて事情がわかった。私も国内で起きている酷い状況を知った。お前たちも知っているかもしれない。さあ、ソーマウン大将、お前が私に説明した通り、ここにいる幹部に状況を報告しなさい」と命令した。ソーマウン大将が「キンニュン君がもっと事情を知っているので、彼に説明させてください」と言うので、私が昨晩、議長に説明した通りに、幹部に対して事情を説明した。

私の報告

　民主化を要求している市民の背後には破壊分子がいて、無政府状態で人の首を切る事件、混乱に乗じて手っとり早く政権奪取を企てている者がいること、混乱から漁夫の利を得ようとしている者がいることなどを詳しく説明した。私の説明が終わると、議長は「さあ、お前たちの国の治安を維持することができるか？統治機構の機能が完全に失われている」と言うと、幹部たちは「私たちは治安を回復することができません。議長が指示する通りに私たちは動きます」と答えた。議長は「それなら、私が言う通りにしなさい。ソーマウン君、お前たち国軍が国家の全権を掌握しなさい。国軍が法律や規則に従い、責任を負い国家の仕事をしなさい。今の状態をだれも収拾することができない。お前たち国軍は治安を回復できる」と言った。

　その時、ソーマウン大将は「私は何をすればいいのでしょうか。私は何もできません。」と発言すると、議長は「ソーマウン君、あなたが法律に従って行動できるようにマウンマウン博士がそばにいる。彼が法律的な手続きを指示してくれるだろう。マウンマウン君、あなたは法律的にやるべき手続きについて彼らに説明して、法律に合うように進めてくれ。」と言った。私たちは議長宅から出発した。

大統領公邸で

　マウンマウン博士、幹部全員、もちろん私も含めて、ウインダーミア地区の大統領公邸に集合しようと出発した。時間は正午になろうとしていた。大統領府に到着すると12時を過ぎていた。大統領府のケッセイン総局長（後の保健省大臣）が大統領執務室の準備をしてくれていた。

声明文4通

　私たちは大統領執務室で手続きを開始した。大統領のマウンマウン博士は「キンニュン君、手続きを開始しよう。私が法律に合致するように口頭で言うから、君はそれを書き取ってくれ」と言うので、私はケッセイン大佐に紙を渡すように頼み、マウンマウン博士が言った通りに書き取った。

　命令書と声明文4通を書き取り、1通書き終わると、私がそれを読み上げ、足りない部分を付け加えたりして命令書と声明文4通は午後2時頃完成した。これは手書きなので、まだ原稿の段階であり、これをタイプして清書して署名し、発表しなければならない。

午後4時のミャンマー国営放送で今日のニュースの放送が始まり、そのニュースに間に合わせるため、ソーマウン大将が「キンニュン君、軍務局に残っているタンシュエ君に電話で連絡してくれ。私たちが大統領公邸にいること、まもなく軍務局に戻ること、軍務局にいる幹部を集めて待機するように伝えてくれ。やるべき手続きがあるから」と指示した。

私たちを止めたいなら止めてもよい
　私はソーマウン大将が指示した通りに電話で伝え、残っている幹部たちに「他に何か言いたいことがありますか？あったら言ってください。」と言うと「何もありません。」と回答があった。
　「国軍が国の治安をしっかりと確保することを信じている。あなたたちはやるべきことをやってください。私たちを止めたいなら止めてください。」とエーコー大将とトゥラ・チョーティン大将が発言した。
　私たちは幹部に挨拶して、出発した。時間は午後2時を過ぎていた。車の中でソーマウン大将が「キンニュン君、声明文を4時までに完成させなければならないから、どこかの部屋で4通をタイプしなさい。私は会議室で残っている幹部に対して事情を説明するから。タイプで清書したら私が署名する。ミャンマー国営放送局に行く手配もしておいてくれ。」と依頼された。
　軍務局に到着すると、事前に段取りした通りに別室に行って、官僚一人とタイプを打つ職員に早急に声明文を作成させた。また、同時に通信省のミョータン大佐（後の情報省大臣、現在死亡）と軍法法制局長のタンウー大佐（後の最高裁判所副判事、現在死亡）の二人にミャンマー国営放送局に行く準備を進めるよう伝えた。
　声明文の清書をタイプし終えると、ソーマウン大将が署名し、4枚の封筒にそれぞれ1，2，3，4番と番号を振り、密封した。その封筒4枚をミョータン大佐とタンウー大佐に手渡した。ミャンマー国営放送局では、まず1番の封筒を開けて声明文を発表させ、それが終わると次に2番の封筒を開けてその内容を発表させるように、事前に絶対に封筒を開封してはならないとしっかりと伝えた。彼らは4時の放送に間に合うように急いで出発した。4時のニュースを見て、声明文が1枚ずつ読まれて4枚目まで読まれるのを確かめると私たちはため息をついて安堵した。

国家法秩序回復委員会
　政府執行機関にあたる国家法秩序回復委員会を設置したのはウインダーミヤ地区にある大統領公邸内であった。軍務局にいる幹部全員と軍管区長全員が含まれるようにメンバーを選び、書記長の役職として私が選ばれたが、私一人では無理と訴え、二人に増員してほしいとお願いすると、第1書記と第2書記の二人に増員された。
　第2書記に誰を選ぶのか尋ねた所、軍務局内の同志で参謀長のティンウー大佐が推挙され、それに全員が同意したため確定した。第1書記は様々な事業を手がける中心的存在となるため、都合が良くなるように階級を1ランク上げてくださり准将に昇格した。これは私からお願いしたことではない。

1991 年、コーリン、ウントー地域の発展のために地元の関係当局と協議中

　今まで述べてきたことは本当のことである。国軍によるクーデターではない。国民の生活の安全のため、国家の平穏のため、法による支配の確立のため、機能が停止している統治機構の回復のため、国軍が介入して責任を担ったのである。

　民主化運動と言いながら、後半には漁夫の利を得ようとする者、破壊分子、国家を破壊しようと企む者がどんどん増えていたため、政治家でさえ家から一歩も出ることができない状態であった。国内の売国奴、外国勢力の手先たちが参入するに至っては、民主化運動の初期に活躍した学生たちのグループも次第に脇へ追いやられる事態となったため、やむを得ず国軍が国家の任務を担ったのである。

国家法秩序回復委員会（ナワタ）の設置

　当時、私は第1書記、ティンウー大佐（後に中将）が第2書記となった。国家法秩序回復委員会（ナワタ）の議長はソーマウン大将（後に上級大将）、副議長はタンシュエ中将（後に上級大将）、委員としてセインアウン少将、チッスェー少将、マウンマウンキン少将（海軍）、ティントゥン少将（空軍）、アウンイェーチョー少将、ポウンミィン少将、マウンラ少将、各軍管区長であるチョーバ准将、マウンティン准将、マウンエー准将、ニャンリン准将、ミョーニュン准将、ミィンアウン准将、ミャティン准将、トゥンチー准将、エータウン准将という構成員となった。上記の人物は全員、私より先輩で私の師匠のような人物であった。

1991年、ザガイン管区内農村の発展のために第1書記一行が巡回指導中

　第1書記というのは、ナワタと各省庁が行う事業に関して、第2書記と相談しながら行った。ナワタが取り決めた基本政策と職務を各省庁の大臣と話し合いを行いながら、実行に移したが、皆は私より先輩にあたる人たちなので常に敬意をもって接した。

　第1書記や第2書記の思った通りに勝手に行動することはできない。ナワタと各省庁の政策を必ず実行しなければならないため、あらゆるシーンで私、キンニュン大将が現れることになったが、実際、私はキーパーソンではなかった。政府と言っても、首相はナワタの議長であるソーマウン上級大将で、副首相はマウンマウンキン中将とティントゥン中将、軍務局の少将が各大臣になった。エーベル大佐（後の准将）は貿易省の大臣、民間からは教育省と保健省の大臣としてドクター・ペーテイン氏、最高裁判所判事はウーアウントー氏、裁判所弁護士はタートゥン氏となった。

　その後、軍管区長が大臣に昇格した。一部の少将には退役させることもあった。これらが元になり、ナワタと後の国家平和開発委員会（ナヤカ）の人事配置政策に基づく異動、転勤、定年退職、新役職の任命などが継続して行われた。

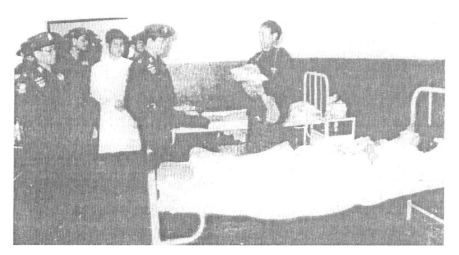

キンニュン首相、チン州トゥンザン町の人民病院を視察中

キンニュン首相、ザガイン管区ブタリン郡を訪問し、地元の村人と懇談

カチン州ミッチナー付近に平和記念村を建設し、開村式に出席

コータウン県内に住むサロン族と面会

1990年の独立記念日の晩餐会で国家法秩序回復委員会の議長
ソーマウン上級大将夫妻がミャンマー国内の外交官らと握手

第7節　軍事政権（国家法秩序回復委員会、
　　　　国家平和開発委員会）が行ったこと

　上記の命題について私は答えたいと思う。今、発行されているジャーナル誌などで
いろいろ書かれている。風刺漫画にも描かれている。それは、軍事政権時代、何も
しなかったとか、食っちゃ寝、食っちゃ寝してばかりだったとか、一方的な偏見で
書かれているものがほとんどである。長い歴史であっても、短い期間のことであっ
ても、原因があって結果があるのである。原因なくして結果は生まれない。国軍に
よる政権が誕生してまもなく、昔の政治家であるアウンジー氏がこう言ったそうで
ある。「この政権は1週間ともたないであろう。なぜなら、予算が1銭もない中、彼
らはどうやって政権を維持できるのか」と。その通りである。アウンジー氏が言っ
たことは正しい。国軍による政権が誕生した時、国の予算も、外貨準備も、国家の
ために使えるお金は何もなかったのは事実である。

1988年の民主化運動の際、南オカラッパ郡区で首を切られ殺害された人を悼んでパゴダが建立された。パゴダの尖塔部に傘を飾り付けている所

ビルマ社会主義計画党の遺産、大使館の土地

　前政権のビルマ社会主義計画党時代、日本の品川に大使館用の土地を購入してあった。国家法秩序回復委員会（ナワタ）政権に移行して間もなく、幸いなことに日本の実業家の一人がこの大使館の土地の半分を購入したいと申し入れがあった。その人物をミャンマーへ呼び寄せ、しっかり話し合った後、3億米ドルだったと思うが、それくらいの額で売買が成立した。日本の法律や規則、ミャンマーの法律や規則に合致するように最高裁判所の弁護士と最高裁判所の裁判長、財務省の担当者などを日本へ派遣してきちんと手続きを行った。軍事政権にとって命を持ちこたえることができたことは事実である。引き続き政府の政策を行えるようになった。

欧米諸国による経済政策

　軍事政権は自由に政策を行うことができなかったのは事実である。1988年9月から欧米の大国は彼らがたどってきた民主化の歴史の流れを物差しにして、軍事政権が倒れるように、あらゆる方法を使ってきた。統治機構が崩れるようにあらゆる方法を使って経済制裁を実行し、人権を全面に出して彼らはあらゆる方法を駆使して妨害、邪魔、封鎖、制裁、破壊活動を行った。ビジネスや貿易ができないように、製造業ができないように、為替ができないように、縫製業など全ての事業ができないように、天然資源の輸出ができないように、あらゆる方法を使って妨害を行った。また、人権や麻薬撲滅を前面に出して、経済制裁を実施してきたため、軍事政権は他のはけ口を探すことになった。

頼みの綱は中国

　そのはけ口は、中国となった。中国は近隣国の一つであり、国境貿易ゲートを通じて輸出入が開放されており、中国国境で活動している少数民族武装グループとも停戦協定を交わすことができた。中国との関係が改善するように努力した結果、はけ口がひとつ見つかったのである。

ヤンゴン管区南オカラッパ郡区を視察中

　中国との距離を縮めて、貿易などにより密接な関係になったのは、欧米による経済制裁が原因である。ある家族の家のドアや窓が全部封鎖された場合、衣食住を確保するためどこか出口を探さなければならない。そのような出口が見つかったなら、家族の構成員はその出口を利用して生きていかなければならないのは当然のことである。中国は私たちに対して真心が有り余っていたのではない。自分たちの国の国益のため、および両国間で築かれてきた友好関係を基本として、経済協力を行った。中国側も国境貿易のルートを通して多くの利益を享受し、私たちも出口が見つかったのである。

　そして今、ミャンマーで民主化が開始されたのを受け、ミャンマーへの輸出が遅れていることを自覚している米国やＥＵ諸国はあわてて態度を変えている。経済制裁の一部を緩和してあたかも救世主のごとく振舞っている。しかし、ミャンマーの経済や社会に対する十分な支援をしているかといえば、疑問が残る。いや、まだない。実際の所、顕著な支援はまだ何もないのである。彼らの長期的な利益を探るために態度を変えただけなのである。

ヤンゴン管区タンタビン高等学校を第1書記と軍管区長が視察中

タニンダリー管区ラウンロン郡で、キンニュン大将が
首相の立場で村人たちと懇談

自立と団結

　社会問題にかこつけて許可を与えられたものもあった。これも彼らが育てたい人だけ育てるような形になった。彼らが国民全員に対して利益を与えるような事業を、どのようにやってくれるのか注視しなければならない。国を発展させるため、国民にとって不足していることを補うためには自立して団結することが第一である。

軍事政権は何をしたか

　私たち軍事政権は何をしたかについて振り返ってみる。

1.　交通網の整備を最初に行った。

　各地方と中心都市との間の交通網をクモの糸のように張り巡らすことができたことは否定できないだろう。地方の都市を結ぶエーヤワディ河を渡る大橋、チンドゥイン河を渡る大橋、タンルイン河を渡る大橋、シッタウン河を渡る大橋などを建設、完成させたことが顕著である。ヤンゴンから各管区、州に車や鉄道で行けるようになった。道路の状態が良いかどうかは、毎年道路の修復状況次第である。交通網の整備が何よりもまず行うべきものである。エーヤワディ管区では以前は水運しかなかったが、今は町と町を結ぶ道路がどんどん開通している。このことはエーヤワディ管区の住民が一番よくわかっているはずである。

ヤンゴン～シットゥエ道路を建設

　ヤンゴンからラカイン州のシットゥエを結ぶ道路が開通した。ヤンゴンからモーラミャインに行くには以前はモッタマで汽船に乗り換え、モーラミャインに行くしかなかったが、今はモッタマからモーラミャインへ行ける大橋が完成したので、車や汽車でモーラミャインまで行くことができるようになった。モン州やタニンダリー管区の人々にとって大変便利になったはずである。モーラミャインからダウェー、ベィッ、コータウンまで車で行けるようになったが、地元政府が橋や道路の整備を行う必要がある。そうして初めて地元の人々にとって便利になる。以前はパコックからポンダウン、ポンニャーを通ってガンゴーに達するのは非常に困難な道のりだったが、今はポンダウン、ポンニャーの山々にトンネルを掘り貫通させ鉄道を通したため、地元の人々にとっては大変便利になった。

村同士を結ぶ道路

　現在は村同士を結ぶ道路、県同士を結ぶ道路を整備している所で、まだ完成していない。交通が良くなって初めて製造業、貿易などの事業が発展するため、これからの政府も道路の整備を引き続き行うだろう。欧米諸国はミャンマー国民が困るようにして、ミャンマー国民が政府を打倒するように仕向けていたが、国内の道路の整備事業は欧米諸国の協力を全く得ないで、自分たちの力で建設したため、道路に欠陥があるのは事実である。

農業用の堰

2. **農業用の堰やダム**について見てみると、農業のために有用であることから、農業用堰、ダム、貯水池、水力発電所、揚水事業などをミャンマー全土で行い、その数は数えきれないほどであった。農業用水路の建設はこれから毎年整備していかなければならない。これらのことは今後、担当する省庁が進めていかなければならない。ミャンマーは元々農業を基本とする農業国であるから、農業と畜産業を中心に行っていかなければならない。そのためには、農業用水の確保を全国的に実施しなければならない。

3. **電力の確保**

ミャンマー全土にある工場、民家、学校など全てに電気を送電するにはまだ十分ではない。都市圏の発展、農村地域の発展、製造業の発展のために、電気が不足していることを認めなければならない。しかし、軍事政権は電力分野を軽視せず、可能な限り努力した。

平和問題

4. ミャンマーの独立とともに少数民族武装勢力との戦闘が開始されたが、この問題を解決するため、国内の主な武装勢力 18 グループと停戦に向けて同意書を交わすことができた。このように少数民族武装勢力との停戦が成功したと同時に、少数民族が暮らす国境地域の発展のために国庫から莫大な予算を計上し、地域の発展のために国境地域発展省を新設した。
東南アジアの麻薬王として悪名高いクンサーの武装組織に関しては、完全に武装解除し投降させることができ、顕著な業績を得た。

ヤンゴン市

5. ヤンゴン市内には土地を所有せず、無許可で建てられた家屋がスラムを構成し、都市の美観を損ねていた。そのため、軍事政権はヤンゴン市郊外にダゴンニュータウン（南ダゴン、北ダゴン、セィッカンダゴン）、シュエピーター、ラインターヤーなどのニュータウンを建設し、土地の所有権を与えた。小屋から鉄筋コンクリートのアパートへ住民の生活水準を向上させた。しかし、これも十分ではなかった。これから更に行わなければならない。

教育分野

6. 教育分野に関しては、総合大学、単科大学を数多く新設、小中高等学校の増設、高度化、マルチメディア機器の導入により教育の近代化を進めたが、国際基準の教育水準には到達できなかったことは事実である。大学を新設したが、都市部からかなり遠い所に建設したため、学生にとって通学に不便があったのも事実である。しかし、長期的に見れば、国が発展した際に、郊外に大学があることは、都市の喧騒から離れて静かな環境で勉強できるというメリットが出てくるに違いない。

保健、医療分野

7. 保健、医療分野に関しては、ミャンマー全土に病院、保健所を増設したが、全国的に十分な保健、医療サービスを提供することはできなかった。入院、治療費の高さ、薬類の不足、医者不足などの問題を解決することができなかったのである。農村に住む人々は伝統医薬や漢方薬の医者、民間療法に頼らざるを得なかった。保健、医療の問題点を解決するにはまだ遠い道のりである。

宗教

8. 宗教分野に関しては、テラワーダ（上座部仏教）の国だけあって、パゴダや寺院の建設を国家計画のひとつとして取り組み、民族、宗教の保護活動を、高僧の主導により実行することができた。特筆すべきことは、世界仏教大会を2004年にティダグー師の先導により、ヤンゴン市内の仏教洞窟において開催することができたことである。これは非常に特別なことであった。

   もう一つの特筆すべきことは、ミャンマーのシンボルであるシュエダゴンパゴダの尖塔部に傘を飾り付ける儀式を取り行ったことである。

   その他、スェードーミャッパゴダ2基、オゥッパタタンダーパゴダ、コーカチャンダーアバヤラーバミニ寺院を建立できたことである。これはテラワーダ（上座部仏教）の国に相応しく特別なことであった。

森林資源

9. 森林の保護と植林政策は大変不十分であった。特にチーク林の減少、森の消滅などは国家予算の不足が原因で、必要以上に木を伐採したことは事実である。民間業者も政府機関も切り倒した木材を補完するため、植林を進めていかなければならない。

非常に特異なこと

10. 民主化への道筋

    非常に特異なこととして、軍事政権は国民が希望している民主化の実現のために、基礎となるミャンマー民主化へのロードマップと民主化への7つのステップを作成し始めたことが挙げられる。このロードマップと7つのステップにより、現在実現している人民代表院、民族代表院、連邦議会の誕生につながり、民主主義制度を導入することができたと言える。

    誰が何と言おうと、誰が何を書こうと、民主化の実現というチャンスを国軍が与えたことは否めない。もし、国軍が民主化への移行についてやる気がなければ、現在のようなスムーズな民主化への移行は実現できなかったのは事実である。この事実を正しく見て、考えて、書いて、実行することが必要である。

第8節　88年の民主化運動で国境に逃れた学生を
呼び戻すこと

　1988年9月18日、国家法秩序回復委員会、すなわち軍事政権が国家の責任を担い、全権を掌握したと宣言すると同時に、民主化運動を主導した者、活動家、運動に参加した者、様々な組織に参加して運動した者たちは皆、逮捕されるのではないかという不安から、国境からタイ国内に逃れた者がたくさんいた。逃れた者の中には大学生など若者が多かった。彼らは逮捕されることを恐れたのであろう。国境地帯に逃れた彼らを、少数民族武装勢力が歓迎した。彼らは組織に入る新兵をほしがっていたので、ちょうど彼らが欲しい人材が自ら近づいてきたため、大いに歓迎したのは事実である。

　国境地帯にある武装勢力の各陣地において大学生や若者たちに対して軍事訓練、実践訓練などで教育した。時間が経つにつれて、若者たちは自分が置かれている状況に気づき始めた。武装勢力の勧誘により、彼らの新兵として扱われていることに気づき始めたのである。しかし、若者たちは森の中のどこにいるのか、どうやって逃げればいいのか、この道がどこに続いているのか分からなかった。

発砲され捕まった者もいた
　勇気を出して危険を覚悟で逃走を試みた学生の中には武装勢力から発砲され捕らえられた者もいたと目撃者が証言した。中には3, 4人のグループで国軍と連絡が取れ国軍に保護された者、在タイ・ミャンマー大使館に保護を求めて来た者も増えて来た。数百人に上る学生たちが武装組織から逃れたいが、どうやって逃げれば良いのかわからないという状況をウーニュンスェー大使が知ったので、ミャンマー大使館と武官が合同でタイ・ミャンマー国境へ向かい調査するために、1988年12月19日に現場に行けるように大使が準備を行った。

ウーニュンスェー大使の手配
　調査チームはジンメー町経由でメーホンソンに夜到着し、学生40人と面会を行った。その後、更に学生75人と連絡が取れたため、ミャンマー大使に連絡が伝わり、その後、第1書記である私に連絡が入り、タイ軍にも情報が伝わった。ミャンマー大使の連絡により、国境地域に逃れた学生たちが国に戻りたい意向があることがわかったため、国家法秩序回復委員会の議長、ソーマウン上級大将の許可を得て、タイ政府とタイ軍と協議の上、タイ陸軍チャウンバーリッ大将が全面的に協力することを知った。

タイ軍の基本的な姿勢
タイ政府やタイ軍の基本的な施設がわかった所で、学生たちを呼び戻すプロジェクトを開始した。ヤンゴン市ミンガラードンに臨時受け入れ施設を設置し、その施設から親元へ順次引き渡すという段取りを組んだ。これと同時に、タイ軍とタイ赤十字が共同で開設したタック県にある基地に、ミャンマー国軍の輸送機を向かわせ、

学生たちを呼び寄せる段取りを行った。1988 年 12 月 21 日、ミャンマー空軍の特別機でミャンマー赤十字のコージー医師（中佐）、ラヌエー医師（中佐）、カーリッマウンマウン医師（中佐）を同行させ、国軍情報部からグエトゥン少佐（空軍）、タントゥン大尉、ミョーアウン大尉、ニャンリン大尉も同行した。バンコク市に最初に到着させ、バンコクの空港でニュンスェー大使、武官のバヘイン大佐を呼び、タック県に設置された受け入れ施設に向けて出発した。タイ軍で主に協力してくれたのはチャウンバーリッ大将、スントゥン中将、パッアカニーブッ中将の 3 人で、頼もしく感じるほど真摯に協力してくれた。また、タイ赤十字軍が協力してくれるように、タイのシリントーン王女の協力も得ることができたため、タイ外務省も直接この件に協力してくれることになった。

　正直に言うと、学生の呼び戻しに関しては、欧米諸国はそれを歓迎しなかった。そこで、人道的見地から学生を呼び戻す事業に協力するとタイ赤十字が参加してくれた。

ミャンマー女性問題委員会の集会でキンニュン首相がスピーチ

シリントーン王女の姿勢

　タイ政府は欧米諸国から批判されることを恐れて、最初は呼び寄せ計画に消極的な姿勢だったが、シリントーン王女の意向を受け、堂々と協力を実行するようになった。タイ国境地域に逃れている学生たち 369 人を 12 月末までにミャンマー空軍の特別機が 13 往復してミンガラードンに開設した受け入れ施設に移動させることができた。その際、私自身がミンガラードン国際空港に出迎え、受け入れ施設まで同行した。

学生 3320 人の呼び戻しが成功

　ミンガラードンの受け入れ施設に学生たちの両親が待ち受け、家族でそれぞれの自宅へ戻る光景を見ているのは大変感動的で喜ばしい。国内、国外のメディアもこの光景を取材した。ミャンマー政府が学生たちを歓迎して受け入れていることを知り、タイ国境のキャンプから次々と学生たちが国軍に連絡を取り、1998 年 12 月末までに学生 3320 人を呼び戻すことができた。

第4章 情報部局員、国軍将校としての人生 および第1書記の職務

第9節　国軍兵士としての職務

　私の国軍兵士としての職務について話したい。私は 1974 年 7 月に中部軍管区タウングー本部に参謀長（第 2 級）として異動、赴任した。

　バゴー・ヨーマ方面作戦では軍管区長のタンティン准将が指揮監督していたため、私にとっては新任地とは言えなかった。私にとっては、指揮監督の新しい方法を習得する機会を得るだけだった。タンティン准将は、作戦を実行するエリアにおける巡回、指導に関して非常に熱心なため、しばしば車や航空機を使用して哨戒を実施した。戦闘が発生したという情報を得るや否や現地に飛び、戦闘の前線近くで指揮監督するスタイルを取る人物だった。そのため、バゴー・ヨーマ山系に潜伏するビルマ共産党中央はだんだんと勢力が衰えていった。

軍管区長タンティン准将

　タンティン准将は南西軍管区本部の管区長であった時、南部デルタ地帯で活動していたカレン民族評議会（KNU）に対して、国民全員が参加する作戦を実践したため、カレン民族防衛機構（KNDO。KNU の武装組織）はデルタ地帯に留まることができず、バゴー・ヨーマに退却し暫定的に陣地を移すという出来事も発生した。そこで、私はタンティン准将から「Commands well forward」という命令とともに、上に立つ指導者というものは常に率先して動かなければならないということを教わり、指揮監督者は常に自分が行っている行動や職務に対して精神を集中し、研究しなければならないことを教わったのは事実である。

　1979 年 6 月、私は防衛省（陸軍）司令部へ参謀長（第 2 級）として異動した。当時は、
（1）　国軍総司令官はトゥラ・ティンウー大将（現在、ＮＬＤ最高顧問）
（2）　国軍副総司令官はトゥラ・チョーティン大将
（3）　参謀長（第 1 級）はタンシュエ中佐（現在元上級大将、退役）
であった。

部隊支部に任官したキンニュン大尉

私の妻と家族は、私がタウングーの中部軍管区本部に異動になった際、ヤンゴンに留まっていたため、妻や家族にとっては好都合となった。

私が軍務局に赴任した際、私が担当した軍管区の作戦、安全、士気の維持に関して支援を行った。軍の管理監督という立場においても職務を担当した。また、私が担当した軍管区本部の参謀に関すること、軍事、補給に関しても支援する業務を行った。私が担当した軍管区に国軍上層部が出向く時は必ず同行し、必要事項があればそれをこなした。

オウンジョーミィン大尉の国家に対する反逆

私が国防省総司令部本部（陸軍）に勤務中に忘れられない出来事として、オウンジョーミィン大尉の国家に対する反逆という出来事がある。この反逆に北部軍管区本部のラペー大佐が関わっていたことがわかったため、この事件の関係者の処罰のために、インセイン刑務所内に特別裁判所が設置された。特別裁判所の審理では、タンシュエ中佐時ニュン少佐が原告の参考人として出頭し証言をした。原告は情報部隊のソーミィン警察長官（後の情報部隊局長）であった。ソーミィン警察長官は軍務局に事前に現れ、証言する内容を提供した。彼が裁判で必要とする証言内容を与えてくれたわけであり、これは演劇のリハーサルのようなものである。

提供された情報の通り証言

インセイン特別裁判所では事前にリハーサルで練習した通りにソーミィン警察長官の前で証言を行った。法律の上に、いかなる者も存在しない、いかなる組織も存在しないと言われているが、実際は事前のリハーサルのような行為が行われており、本当にあったことをここに書き記した。

軍務局に勤務中、タンシュエ中佐と私はいつも最後まで事務所に残っていた。私と彼は国内で起きている本当の出来事について話し合っていた。国民が生活に困窮していること、役人たちが地位と権限を利用して汚職をしていること、ビルマ社会主義計画党の旧党員たちの不正行為、国民たちの声についてしばしば議論していた。その時から、タンシュエ中佐（後の上級大将）と非常に親しくなった。考え方も共通している部分が多かった。

ある日、タンシュエ中佐と私は相談して、ヤンゴン市内に足を根ざすためにエー

ワン庭園の裏のほうに土地を探した。現在、シュエニンジー通りと呼ばれる道を入った所に、空き地を探し出すことができた。そこで、二人で相談して1区画ずつ購入することにした。私の区画はカンウー寺院に隣接した場所で、広さは 80 x 60 フィートであった。この土地を当時 12,000 チャットで購入した。

　妻は医者として病院に勤務していたため、資金に関しては問題なかった。その土地に平屋建て住宅を建設したが、8 年かけてやっと完成できた。私が大佐の階級になってやっと完成したのだ。このことは私たちが親しかったことを言いたいために思い出して書いた。

シットゥエに異動
　1978 年 1 月、シットゥエ市内にある第 20 歩兵部隊支部へ大隊長として赴任した。妻も家族全員も一緒に移動することになった。妻はシットゥエ市内のシュエピャーティッ病院の担当医師として赴任した。

ナガーミン（竜王）作戦
私がシットゥエに赴任して間もなく入国管理局が主導するナガーミン（竜王）作戦に出くわした。ラカイン州に居住するイスラム教徒の国籍を調査する作戦である。イスラム教徒たちはこれを不服として暴動を起こし、彼らはラカイン州の村々の家屋を放火して焼き払った。大隊長として赴任した私は早速、治安維持の責任を負うことになった。当時の軍管区長はミンガウン准将であった。私は軍管区長に同行し、村々の治安維持のため取締りを開始した。ブーディータウン、マウントー方面では状況は更に悪化した。私の大隊が担当するエリアであったため、軍管区長の命令により、ブーディータウンに向けてすぐに出発した。ブーディータウンに到着すると、作戦部長のトゥンシュエ大佐からの指示を受け、マウントー経由でタウンミョーレッウェー村に向けてナップ川を出発し、タウンミョーレッウェー村で前線大隊司令部を設営し、バングラデシュとの国境地域の治安維持活動を開始した。私たちの陣地から 1,000 ヤードの距離にバングラデシュ側のガウントン基地がある。その基地には BDR 軍や大型軍車両、小型軍車両などが到着しているのを双眼鏡で確認できた。そのため、彼らも戦闘の準備を進めていることが推測された。

　ブーディータウン、マウントー地域に居住しているイスラム教徒たちは自分たちの家に火を放ち、バングラデシュ方面に逃げるのが見えた。両国間で戦闘の準備を進める必要に迫られていたため、私の大隊も塹壕を掘る作業を昼夜問わず行った。軍管区長は「新大隊長、前線の防御ラインをしっかりと確保してくれ。お前の大隊の後方にはブーディータウン郡から第 34 歩兵部隊、第 55 歩兵部隊が控えている。お前の大隊が前線の防御ラインを整え、戦闘の準備を進めてくれ」との指示を受けると、防御ラインの構築を進めるとともに、BDR 軍の動きを探り、軍管区長や作戦部長に逐一報告を入れた。

第20歩兵部隊で大隊長として3年務めた後、国防省総司令部（陸軍）
第1作戦特別参謀本部で参謀長（第1級）として異動した際のキンニュン

ヒンダー政策

　このように戦闘の準備を進め、治安維持活動を行うと同時に軍管区長のヒンダー
政策が打ち出された。

　タウンミョーレッウェー村で軍管区長とバングラデシュ BDR 軍の局長との間で
話し合いが行われた。そのための場所を準備するように指示を受けた。そこで、竹
を集めて臨時の建物を作るために、まだ逃げていないイスラム教徒たちの協力を得
て早急に建物を作る必要があった。約束の日、軍管区長と一緒に入国管理局の局長、
外務省の担当者が到着した。ヘリコプターで移動して来たため、特に治安維持を慎
重に行った。軍管区長一行が到着して間もなく、BDR 軍の幹部一行が到着したため、
両者による話し合いが開始された。

　ヒンダー政策とは何かというと、話し合いの議題はバングラデシュ側に逃げ込ん
だイスラム教徒をミャンマー側が受け入れる態勢を整えることであった。受け入れ
態勢としてヒンダー政策を行うことで両者が同意した。

1カ月以内に受け入れ態勢を整えること

　受け入れ手続きの詳細は第20歩兵大隊が担当し行うことになった。1カ月以内に
受け入れなければならないため、国境一帯に受け入れのための施設を設営して一旦
受け入れ、その設営地から各村へ送り届けることになった。国境地域一帯に受け入

れ施設 10 カ所を 2 週間以内に完成させなければならなかったため、第 20 歩兵大隊の大隊長が先導し、イスラム教徒たちに建設させ、10 日以内に完成させることができた。建設工事に携わったイスラム教徒たちに相当な報酬を与えたため、彼らは十分に満足した。その後、国連の UNHCR（国連難民高等弁務官事務所）の担当者が到着し、彼らの荷物を保管するための倉庫も設営する必要が生じた。受け入れ手続きの詳細については中隊長や小隊長にそれぞれ任務を分担し、これから行う手続きの管理を行った。バングラデシュに逃げたイスラム教徒が帰還する前に軍管区長が 2 回に渡り細かく指示をしてくれたため、非常に助かった。

非常に困難で複雑な政策

　私たちが作った受け入れ施設では準備が整っていた。UNHCR の救援物資も到着した。そのため、バングラデシュに逃げたイスラム教徒の家族が雨期の季節であったが帰還を開始した。

　受け入れ施設では入国管理局、税関の担当者、ミャンマー警察の警察官が合同で審査を行い、彼らが元々住んでいた村々に警察官が同伴して送り届けた。審査にあたり、ミャンマーからバングラデシュに逃げ込んだ者かどうかを証拠書類とともに調べるため、審査には時間がかかり困難があった。バングラデシュ側から連れて来られた者の中には関係のない者も含まれていたため、またバングラデシュに送還するという出来事もあった。帰還者の審査は 1 年近く続いたため、非常に困難極まるものであった。ヒンダー政策を実施中にミンガウン少将が内務省大臣に任命されたため、ワンティン准将が代わりに新たな軍管区長として赴任し、受け入れ作業を指揮監督した。

　私が大隊長として任務を遂行している際、ラカイン州内のブーディータウン、マウンドー、ヤテータウンの各郡に居住している市民のほとんどはイスラム教徒であった。そのイスラム教徒たちはほとんどがミャンマー語やラカイン語を理解せず、ベンガル語のみ話すことができた。そのため、彼らが本当にミャンマーに生まれ育ったのか疑問が残った。様々な事情により流入し定住しながら、世帯数や人口を増やしてきたのだと一般的に推測できる。

平和的に共存すること

　私はラカイン州内で任務を遂行している際、ラカイン民族や忠誠心のあるイスラム教徒に対してできるだけ平和的に共存するように努力してきた。破壊されたパゴダや学校を修復し、両勢力が衝突し暴動が発生しないように平和的に共存するように働きかけ、平和な環境をある程度維持できた。

参謀長（第 1 級）

　私がラカイン州で 3 年間に渡り大隊長として任務に当たっている時、1981 年に国防省司令部（陸軍）第 1 作戦特別局に参謀長（第 1 級）として異動することになった。当時の作戦部長はラウー少将だった。参謀長（第 2 級）はアウンタウン少佐、参謀長（第 3 級）はゾーウイン大尉であった。作戦実行部隊を間近で指揮監督する部署であるため、カチン州やシャン州の現場に作戦部長とともにしばしば入った。

少数民族武装勢力が活発に活動しているため、しばしば戦闘が発生し、指揮監督や補給業務を行う必要があり、フルに活動しなければならなかった。ミッチナー、ラショー、チャイントン、タウンジーの拠点にもしばしば足を伸ばし、作戦部長の指示の通り、実行した。

　私の上司にあたるラテー少将は非常にきちんとしており、軍事的分析や作戦指揮監督に長けた人物であったため、私にとって良き師匠であった。ラテー少将から軍事的な知識、体系的な指揮監督の方法について教わることができ、私は非常に幸運であった。

　私がヤンゴンに異動するに伴い、家族も同時にヤンゴンに移った。私の妻の新しい任地は EPC 庁舎で医局長として任命された。

ミャティン大佐とカレン州コーカレイで

　1982 年 3 月、モン州タトンの第 44 軽歩兵師団本部に戦略部長として、また異動となった。師団長はミャティン大佐である。軍事作戦の対象地はパアン県とコーカレイ郡、活動する武装組織は KNU（カレン民族評議会）、そこで軍事作戦と地域の治安維持を担当した。二、三の大隊を指揮監督し、ラインボエ、コーカレイ、ミャワディの各郡を巡回し軍事作戦を指揮した。相手の武装組織が活発に動く作戦を取ると、こちらも同じような作戦を実行した。私が任務を担当した期間中はさほど激しい衝突や戦闘は起きなかった。小規模の戦闘はあった。正直に言うと、自分の国の中で同じ国民が武力を使って戦争を行うことは良い兆候ではない。

　国内和平が実現し、国内が平穏、平和になって初めて国が発展し国民の生活水準も向上する。そのような状況が実現すれば、平和で豊かな国になる。そのため、国内の和平協議が成功することを願って止まない。

第 10 節　情報部局長としての任務

　1983 年 12 月 30 日、私は国軍情報部局長として任命された。ヤンゴン市内の軍務局に到着すると、当時の国軍最高司令官であるトゥラ・チョーティン大将に報告しなければならなかった。司令官が必要な指示を与えた後、「お前に重要な命令を与えよう。それは、お前がこの任務に就いている間はゴルフをしてはならない。ゴルフをすれば、任務がおろそかになるからである。お前の任務は 24 時間常に働いていなければならないから、このことを命令したのである」と私に対して真剣に伝えた。上司の命令を真摯に受け止め、私は任務の期間中一度もゴルフをしなかった。ヤンゴンに到着して 1 週間以内に、トゥラ・チョーティン大将が直々、ネーウイン議長の自宅へ連れて行った。

1985年、スイス視察訪問中にジュネーブ市内で撮影。タウンティン少将（国家評議会委員）、マウンマウン博士、ウーオウンチー、ウーキンアウンチーと。

1990年、第1書記のキンニュン准将、タンニュン准将（海軍）、
テインウイン准将（空軍）、ミョータン大佐、タントゥン大佐（副局長）

ビルマ社会主義計画党が全盛期

　私が国軍情報部局長として任務を遂行していた時期、ビルマ社会主義計画党の指導の下、社会主義的経済制度を導入し、中央主導制、中央統制制により政府の統治機構をコントロールした。党のトップはネーウイン議長、国家のトップはサンユ大統領、その他の要職はマウンマウンカ首相、ウーエーエーコー党事務総長、ウーセインルイン党副事務総長、トゥラ・ウートゥンティン副首相、国軍最高司令官はトゥラ・チョーティン大将、国軍副司令官はソーマウン少将、内務大臣はミンガウン少将、ヤンゴン軍管区長はペーミャイン少将、副管区長はミョーニュン大佐であった。

　国軍情報部という組織は、国家の耳と目に喩えることができる。国の防衛と治安維持のために常にアンテナを張り、情報を探り、情報を構築し、国家に対する反逆行為の危険から防衛するために必要な情報を、誰よりも早く得ることを任務としている。また、国家の重要人物、要人の安全を守り、世界情勢に関する情報を収集、分析し、国家の防衛に関する情報を収集、分析することなどの任務を担当する。当時、国家安全保障委員会の議長は首相、事務総長は内務省大臣、防衛省大臣と外務省大臣が委員であった。国軍情報部局長が国防大臣の代理として参加した。たまに、情報局部長を直接呼びつけ、任務を与えることもあった。

ビルマ共産党に関する情報

　1984年、中国の李先念国家主席がミャンマーを親善訪問した際、中国人民解放軍の楊得志総参謀長が同行して来た。サンユ大統領がガパリビーチのホテルで一行を待ち構え、歓待するスケジュールも入っていた。その旅程に国軍副司令官のソーマウン少佐と私も参加することになっていた。その時、国軍総司令官のトゥラ・チョーティン大将がソーマウン副司令官に対して指示を行った。それは「ガパリで楊得志総参謀長と会った際に、中国政府のビルマ共産党に対する姿勢を聞き出してください」というものであった。

ビルマ共産党と絶縁した

　私たちがガパリに到着すると、通訳のドーニュンニュン（別名）ミッスチンバウンルーと事前に打ち合わせを行い、楊得志総参謀長とソーマウン少佐の会談のためのセッティングを行った。両国の国軍の幹部が話し合いを行っている時、楊得志総参謀長はこう言ったのである。「私たち中国政府がビルマ共産党を以前、支援していたことは事実だが、現在の人民解放軍のリーダーである鄧小平中央軍事委員会主席の大局的な考え方により、ビルマ共産党に対する支援を止めて絶縁した。両国間の友好親善のためにこの基本政策を決定した」

　上記のように発言したことを知った。この知らせは私たちミャンマー政府にとって非常に重要なものであった。ヤンゴンに戻ると、ソーマウン少将は国軍総司令官のトゥラ・チョーティン大将に対してこの良い知らせを報告した。中国政府がビルマ共産党を支援しないという情報、そして、もう一つの特筆すべきことは、やはりビルマ共産党のことだ。

　1985年にネーウイン議長は中国を訪問した。議長の家族の他、当時の政府からマウンマウン博士、トゥラ・チョーティン大将、外務省のウーレーマウン大臣、党本

部からウータンラインなどが随行した。私たちは警備要員として同行した。ネーウイン議長と鄧小平中央軍事委員会主席が会談した際、ネーウイン議長がビルマ共産党に対する姿勢に関して質問した。その質問に対して鄧小平主席はガパリの時と同じ答えであった。「私たち中国はミャンマーと家族的な関係を構築した」と発言した。

そして、「以前、私たちは間違った政策を行った。この件についてお詫びしたい。今、ビルマ共産党に対して全く支援はしていない。私たちはあなたの国に内政干渉する意向はない。しかし、ビルマ共産党の幹部に対する治療は行っている」と発言した。今回の外遊では中国政府のビルマ共産党に対する姿勢をはっきりと知ることができ、これから行うべき政策をしっかりと決定し実行することができた。

ドイツ、英国への外遊

私はネーウイン議長の外遊に随行員として何度も同行した。もっとも多く訪問した国はドイツ、スイス、英国であった。特にミャンマー政府や軍事関係でドイツとスイスへの訪問回数がもっとも多かった。スイスではピラタス社製造の戦闘機 PC6, PC7, PC9 をミャンマー国軍が購入し使用しているため、スイスへの訪問回数が多くなった。軍事用の様々な機器をドイツのフリッツ・ワーナー社から購入しており、軍事機器の調達のための訪問と、紙幣の印刷機の購入先である G&D 社を訪問する用件があったため、ドイツへの訪問回数が多くなった。

ネーウイン議長の銀行口座は存在せず

ドイツのガインジンハインという町にミャンマーの伝統的手法で建設されたビルマパビリオンがあり、ミャンマーの工芸品が販売されている。この施設はフリッツ・ワーナー社が維持整備していることがわかった。ドイツにネーウイン議長の銀行口座が存在しているという批判は当たらない。私はしばしばドイツを訪問しているため、そのような隠し口座など存在しないと断言できる。

インドへはインディラ・ガンディー首相が亡くなった際に家族を弔問するために訪問した。米国へはテキサス州オクラホマへ内陸石油採掘鉱区を視察に行った。

タイへは親しいタイ王女にヒスイで作った仏像を贈るために日帰りで訪問した。

1986年、スイスのジュネーブ市にある国連ビルの前で記念撮影。副総務のウーミャタン、キンニュン大佐、マウンマウン博士、ウーオウンチー、ウータウンティン、ウーレーマウン、ウーキンアウンチー

スイスのホテルで撮影。トゥラ・チョーティン大将、キンニュン大佐、ミャンマー大使のドクターキンマウンウイン（在フランス大使）、ニュンティン大佐、在ドイツ武官と

1986年、ネーウイン議長のスイス、ドイツ外遊中、在スイス武官室を訪問した際に撮影。
ウータウンティン、マウンマウン博士、ウーオウンチー、ウーキンアウンチー、
武官のウーティントゥッとその妻

師匠は父親のような存在

　このようにネーウイン議長の外遊にいつも同行していたため、外国政府との関係構築、国際関係の経験を得ることができた。議長から見習うべきことがたくさんあった。外国元首、外国の実業家、外国の警備要員とどのように接すればよいかについて教えられた。私は国際関係学のような知識を得ることができた。ネーウイン議長の国内視察や国外への外遊ではトゥラ・チョーティン大将と私が常に同行したため、チョーティン大将の思想、国家や国軍に対する忠誠心、軍人としての精神、士気の高さなど模範とすべきことを学んだ。そのため、私の父親のような存在であり良き師匠である人物としてネーウイン議長とトゥラ・チョーティン大将の二人をあげたいと思う。

ジュネーブ市内の国連ビルの前でウーレーマウン、ウーキンアウンチー、ウーオウンチー、
ウータウンティン、ウーミャタン時ンニュン大佐

1984年の独立記念日の晩餐会でネーウイン議長が各国外交官と握手

1985年、ネーウイン議長の中国訪問に、トゥラ・チョーティン大将、
ウーレーマウンと私が同行

第11節　第1書記の実務と権限

　オープンで誠実、真面目であることは人間にとって良い資質である。立派な人間になるためにはもっとも不可欠なもので、国家のリーダーになる人物、国民の利益のために活躍する人物になるにも、もっとも不可欠な資質であると考える。

極秘扱いの情報

　国家の利益のために極秘扱いにする情報も時々発生する。国の治安、国民の安全に関する事項の中にも期間限定で極秘扱いにする情報も出てくる。一部の事案については、特命を受けて、特別な任務を遂行する必要が生じ、この任務が終了するまでは極秘裏に活動することもあった。そのような治安や安全に関する任務を遂行する際、行うべきことがあった。一部の事案については極秘に活動することで、事案の進行が遅延するという困難もあった。

　私たちのような国軍情報部の任務を遂行する際、組織の中で極秘に動くことがあるのも、普通であった。しかし、一定の時間が経過すると、透明性を確保するために公表することも普通である。特に、国防省や内務省が行うことの中には、極秘に行うことが多くあった。その他の省庁ではそのように極秘に活動するようなことは稀であり、あったとしても、短い期間に限定された。

必要事項を取りまとめる

私は国家法秩序回復委員会と国家平和開発委員会のいずれの治世においても、第1書記としての役職で国家の任務を負った。私は政府内に極秘にする事案はあるべきではないと考えていた。第1書記は各省庁の代表として、議長に対して正直に報告する立場にあった。逆に各省庁に対して必要な支援を行うことが多かった。ある省庁であれ、複数の省庁であれ、各事業の不足している部分を補ったり、取りまとめたりした。

タンシュエ上級大将、第2書記、マウンエー大将、第1書記

しかし、中には協議したり、取りまとめたりできない省庁があった。正直言うと、透明性がないと認識するしかなかった。これは第1書記に対して知らせる必要がないと議長と副議長が考えて制限しているのか、または、大臣自身の意思で知らせないことにしているのか、判断はできなかった。当事者自身が一番わかっていることである。例えば、国防省に関する事項については、第1書記は知る必要がないし、知るべきでないし、これは当然のことである。建設省、科学技術省、財務省、エネルギー省、国家計画省、第1、2工業省、林業省などはその事業内容から、私とは何も関係がなかった。議長と副議長が直接扱っている省庁であった。しかし、これらの省庁の中で何か問題が起きた際は、私に相談して議長や副議長に報告してほしいと頼まれることがあった。そのような時、その問題を解決するために関わることもあった。

一般国民の認識

ミャンマー国内の国民の多くが、第1書記は国をコントロールし、権力を欲しいままにしていると考えている。実際のところは、権力を欲しいままにしているとか、国をコントロールしているということはなかった。第1書記は、国家の方針を具体化し、国内で生じる様々な問題を直接受け、解決する責任を負うだけであった。関

わることが制限されている省庁の事業に関しては知ることができなかったのは事実である。

首相に任命されたが

　2003 年に首相に任命されたものの、全ての省庁の事業を管理していたわけではなかった。任務の内容は第 1 書記時代と同じであり、特に新たな任務が与えられたのではなかった。科学技術省が何を行っているかについても知らなかった。しかし、工業技術大学やコンピューター大学を新設するにあたり、中心街からどれくらいの距離に立地させるかについては自分が関わり指示した。

国家平和開発委員会の第 1 書記であるキンニュン中将は 3 月 8 日、
タイのプミポン国王に対して拝謁した。

留学生の派遣

　この際ついでに付け加えておくと、教育省と保健省は第 1 書記が直接管轄する省庁であり、教育評議会、保健評議会の議長のポストを第 1 書記が担当したため、もっとも責任の重い地位にあると思った。しかし、教育改革、保健医療に関する発展のために非常に必要としている機器類を購入、補充すること、西洋医学を学ぶために留学生を派遣することに関しては、第 1 書記が関わることが許可されなかった。上層部が直接、該当する省庁を呼びつけ指示をした。その省庁が正直に報告して初めてそのことを知ることができた。

　教育省が大学を新設する際、場所の選定作業を行う時、都市の中心街からどのくらいの距離に建設するかについて上層部からの指示を仰ぐ必要があった。時々、上層部から直接地方政府に対して場所を指定し、第 1 書記がその現場に赴き、位置を確認し、地図に記入して再度上層部に提案するようなケースもあった。これらのことは全て事実である。

国軍総司令官一人だけが権力者

　軍事政権時代、国軍のトップ一人だけが権力者であり、国軍トップが全てを決め、

決定事項となった。これは国軍の伝統であり、この伝統に従わざるを得なかった。しかし、自分が担当しなければならない職務がある場合は、それぞれの省庁の長が責任を負った。全ての参加者に責任があると認識しなければならなかった。

第5章　私と政府要人との関係

第12節　ネーウイン議長

　ネーウイン議長はミャンマーの歴史の中で「ボーシュー・マウン」（マウン軍曹）という名前で初めて登場する。テーザ中尉とマウン軍曹は英国の植民地下でミャンマーから利益を吸い上げる抑圧政策を進める帝国主義に反対するために、日本で軍事知識を習得するため極秘裏にミャンマーを出国し、軍事教練を受けた「三十人の志士」に含まれている。その後、日本統治時代に日本軍から国民が抑圧され、苦し

められている状況を見かねて、アウンサン将軍とネーウイン大佐がそれぞれ任務を分担して日本軍へ攻撃を開始した際、アウンサン将軍のもっとも信頼を得た同志がシューマウン中尉（後のネーウイン議長）であった。そのため、ネーウイン大佐は独立を勝ち得るために奮闘努力し、国民の置かれた状況を理解し日本統治下から解放した人物であると評する。

シューマウン中尉

　ミャンマーが独立した後、国内で内戦が勃発したが、引き続き国軍の幹部として、ヤンゴン地域のみ政府が統治している時代に、反乱軍の支配下から解放できるように、政府のために奮闘努力したのがシューマウン中尉であった。ミャンマーの独立のために奮闘したことが顕著なこともあり、ネーウイン大将は国家の危機を救った人物であると評する。

　その後、ある大国の支援を受けて、軍事力を強化し政権を握ろうとしたビルマ共産党の危険から解放したリーダーであったことから、ネーウイン大将（別名）ネーウイン議長は国家のために忘れることができない恩人であると評する。

国家に対して裏切らない

　1983 年以降、私はネーウイン議長のもっとも近い場所で任務に就いてきた。その際に国家のために裏切らない、国民を裏切らない良きリーダーとして国家の舵取りを行った人物である。リーダーはたまに間違いを犯すこともある。悪い面だけ見て、良い面を全て忘れ去られるのは良いことではないと思う。

貧困という理由だけで

　国が貧困になったという理由だけで罪を着せるのは正しいことではない。経済政策が十分ではなく、同僚の幹部たちがよく働かなかったこと、ある大国の企みなどがあったことなどを考慮する必要がある。一部の者は事情をよく知らないのに、根

拠もない憶測だけで非難する者もいた。

　私はネーウイン議長が外遊するたび同行していたので、ネーウイン議長はスイスに隠し口座を持っているという批判は正しくないと思う。彼が外国元首や外国人と接する時、立派な紳士として、立派な国のリーダーとしてふるまっていたことを間近で見ることができた。外国人のほうから尊敬されるほどだったことを覚えている。国家の利益だけのために常に考え行動した良きリーダーであったと思う。国のために良きリーダーになるのは容易なことではない。悪い所をあら探しされることは当たり前であり、彼が行った良い面を見て比較考慮すればさしたる間違いはなかったと言いたい。

私たちの友人よ

　私が第1書記のポストに在職している際、ネーウイン議長と同行して中国、インドネシア、シンガポールを訪問したことがある。その際、各国の元首たちは「ネーウイン大将、お元気でしょうか。お加減はいかがでしょうか。私たちの友人、どうぞお大事になさってください」と挨拶しているのを目撃した。このシーンを見るにつけ、外交は非常にうまくいっていると感じた。

　ネーウイン議長の治世、近隣諸国との関係は非常に良好であった。各国の元首とは個人的に非常に親しい関係にあった。中国、インド、タイ、インドネシア、シンガポール、マレーシアなどの国家元首との親善友好関係、対等な関係により意見交換ができるレベルにあったことがわかった。

タイとの関係

　タイとの二国間関係を非常に重視していた。以前、タイ王女をミャンマーに招く際、副大臣の職位の名前で招待状を送付してしまったことがあった。この件でタイ外務省が大変困惑した。タイ王室は、タイ政府より上に存在しているからだ。そのため、王室に対してこの件を報告できずにいた。この時、在タイ・ミャンマー大使がネーウイン議長の執務室に報告し、ネーウイン議長の名前でシリンポーン王女を再度、招待する公電を打った。更に、タイ国王の60歳の誕生日に、ネーウイン議長自らバンコクへ日帰りで飛び、じきじきに翡翠で作られた仏像を献上した出来事もあった。

インディラ・ガンディー首相が暗殺される

　インドのインディラ・ガンディー首相が暗殺された際、自らニューデリーへ飛び、長男のラジーヴ・ガンディーに会ってお悔やみの言葉をかけ励ます出来事もあった。これらの行動を見るにつけ、近隣諸国との関係を重視していたこと、外交儀礼ではなく、個人的な人間関係を重視して行動していたことがわかる。

中国との関係

　中国との関係においても、記録しておくべきことがある。1967年に毛沢東による革命が起きた後、中国とミャンマーとの関係が崩壊したため、ミャンマー大使を本国へ召還し、臨時大使だけを置くことになった。その後、臨時大使から正式な大使

へと外交関係を引き上げることに努力した。1970年当時、ミャンマー臨時大使はバトー少佐であった。バトー少佐には中国との外交関係を大使レベルに引き上げるように任務が与えられた。

　1970年に北京のアルバニア大使館で行われた独立記念日の式典には周恩来首相が出席した。周恩来首相はミャンマー臨時大使に対して挨拶をした後、「ネーウイン議長が英国で治療を受けていることを聞いた。古い良き友なので、ネーウイン議長が健康になりますように祈っていますとお伝えください」と発言したことを臨時大使から外務省に対してすぐに報告した。そして、英国で治療中のネーウイン議長にこの件について報告した。当時、在英国ミャンマー大使はチッミャイン氏で、大使はネーウイン議長のメッセージを周恩来首相に届くように手配しなければならない。それで、大使が在英国の中国大使館に赴き、中国臨時大使に面会を要請した所、中国臨時大使のほうからミャンマー大使館に出向くとの連絡を受けたという。その時、ネーウイン議長が周恩来首相に伝えたメッセージは以下の通りである。

　「周恩来首相が私（ネーウイン議長）の健康状態を気遣ってくださったことに対して大変嬉しく思う。私は元気である。政府の仕事を引き続き担当します。周恩来首相とともに、ミャンマー・中国両国の関係が再び正常化されると信じている。」

　このメッセージをミャンマー大使が中国臨時大使に対して伝えた。

　この出来事は非常に重要な歴史の1コマである。毛沢東が起こした革命のため、2カ国間の外交関係が崩壊していた時、関係回復に努力することはリーダーの責務である。このように両国のリーダーが関係回復のために努力したため、1971年に開催された物産展にミャンマー政府貿易省のマウンルイン大臣が視察した際、北京政府から招待され周恩来首相と歓談が行われ、外交関係正常化への第1歩となった。革命評議会議長のネーウイン大将が1972年に中国を公式訪問することが実現し、毛沢東主席、周恩来首相と会談し、両国間の外交関係が正常化した。その時から、正式にミャンマー大使を置き外国関係が引き上げられた。

ビルマ社会主義計画党のネーウイン議長

国際関係を重視した

　ネーウイン議長はドイツとスイスへの外遊の際、国の利益のために親しい友人と話し合い、工場や職場への視察を行った。そのため、私はネーウイン議長から国際関係に関する知識や近隣諸国のリーダーとの付き合い方など大変貴重なことを学ぶことができた。私がネーウイン議長の側近として職務を遂行している間、国際関係の知識を特別に学ぶことができた。

恩人たるリーダー

　ネーウイン議長は日本で軍事に関する知識を学び、ミャンマーの独立を実現するためにアウンサン将軍と奮闘努力した三十人の志士に含まれる国の恩人たるリーダーである。全ミャンマー国民にとっての恩人と言っても過言ではない。私にとっては父親のような存在である。

第13節　私とソーマウン上級大将

　私の下級士官時代、ソーマウン上級大将の配下で仕事をしたことはなかった。国防省司令部で国軍情報部の局長に異動した時初めてソーマウン上級大将の側で働くことになったのである。その時のソーマウン上級大将の肩書は国軍副司令官（陸軍）であった。国軍最高司令官のチョーティン大将がビルマ社会主義計画党の副事務総長として異動したことに伴って、私の上司はソーマウン上級大将に変わったのである。その時から、私とソーマウン上級大将との関係は上司と部下の関係を守りながらも、大変親しく、オープンな関係になった。

　1988年を迎え、国家法秩序回復委員会が国の全権を掌握した際、私とソーマウン上級大将との間柄は非常に良好であり、家族同士の付き合いも両親と子どもの関係のように親しい間柄であった。

ネーウイン議長宅へ同行する

　1988年9月17日の夜、ネーウイン議長の自宅を訪問し、国内で起きている出来事について報告した。ソーマウン大将が私を連れて行き、議長に対して説明させた。

第2書記の人事

　1988年9月18日、ネーウイン議長の事務室において政府の幹部全員が集まった。その際、ソーマウン大将は私に国内で起きている出来事に関して幹部の前で説明させた。その日、国家法秩序回復委員会を設置するに伴い、私を書記長の役職に推薦した。私は、ミャンマー全国の全てにわたって担当しなければならず、一人では無理なため、書記長を2人にしてほしいと嘆願した。「それなら、キンニュン君が第1書記となり、第2書記となる人を君自身が選びなさい。」と言われた。私はティンウー大佐が適任と彼を推薦した。結果は私が推薦した通りになった。これだけに留まらなかった。9月18日に国家法秩序回復委員会が設置された当日、私の役職が効果的、適切に行われ責任感を持つように、私の軍人の階級を准将に昇格させた。私が昇格をお願いしたのではない。

深夜まで仕事をする人

　ソーマウン大将は国家法秩序回復委員会が設置された当日から激務が始まり、昼夜を問わず国家のために真心をもって誠実に仕事をした人物であった。ソーマウン大将には重要な情報に関しては必ず報告を入れた。その報告に対して、ソーマウン議長は丁寧に読み、コメントを書き込んだ。毎晩、深夜まで仕事を続け、睡眠不足が続いていた。報告書は全て徹底的に読んでいたため、長期的に健康面で問題が現れてきた。

私とソーマウン上級大将

外遊には必ず同行

　ソーマウン大将が中国、タイなどへ外遊に出かける時だけでなく、国内の視察旅行の際も第1書記の私は必ず同行した。ソーマウン上級大将の側近として議長の支

援業務を担当した。国内の視察旅行でカチン州やマンダレー管区を訪問した時から、健康状態がだんだんと悪化してきた。

　健康状態に問題が生じ始めた時、ソーマウン議長の愛弟子であるウインマウン中佐、キンマウンソー少佐としっかりと話し合い、議長の健康問題を重視して行った。軍医のチョーウイン大佐（後に大使、死去）とイェートゥエー大佐が議長の主治医として担当した。

国軍総司令官のソーマウン大将、タイ国軍総司令官の招待によりタイ国防大学校を訪問

1992年、中国を親善訪問した際、ソーマウン大将が中国の国防大臣を紹介

**4月26日、国家法秩序回復委員会のソーマウン議長、タンシュエ副議長が
ビジョンブラッドと呼ばれる最高品質のルビーの原石を観察**

ホットラインの開設

　健康問題は、精神面にも及んだ。議長はだんだんと人が信用できなくなったため、私と議長との間にホットラインを開設するよう、通信省局長のミョータン大佐に命じた。

ピストルを常時携帯

　私と議長との関係は特段、変わったことはなかったが、時々軍管区長から直接、議長に連絡が入ることがあったと議長の愛弟子から聞いた。どんな報告があったのかはわからない。ソーマウン議長はこの頃から、執務室に入る際、腰にピストルをつけたベルトを必ずしていた。そして、椅子に座った際は、ピストルを机の上に置いていた。これは非常に特別な光景だった。議長は私と話をする時、「キンニュン君、誰も信用してはいけない。誰も安心できない。裏切られることが多い。」としばしば言っていた。

　私もソーマウン上級大将の健康状態について毎日、副議長のタンシュエ大将に報告を入れた。その後、健康状態がますます悪化したため、治療に専念するため議長職を退いた。

良き指導者

　ソーマウン上級大将は、下のレベルからだんだんと昇格してきた人物で、その誠実さ、真面目さが評価された人物だ。国軍から与えられた任務を誠実にこなした。後に、国軍の指導者、国家の指導者の地位にまで上り詰めた。大変真面目で国家に対して真心を持った指導者であった。

1992年、マンダレーを視察の際、ソーマウン議長夫妻と第1書記キンニュン大将

第14節　私とタンシュエ上級大将

タンシュエ上級大将

　1966年頃、私が第77歩兵大隊の大隊長の側近（身の回りの世話役）として任務に就いていた時、タンシュエ少佐は第101軽歩兵部隊で副大隊長の階級にあった。この頃からタンシュエ上級大将と親しくなった。1978年に国防省司令部（陸軍）に参謀長（第2級）少佐として私が赴任した際、私の上司、参謀長（第1級）タンシュエ中佐として再会した。この頃は、私とタンシュエ上級大将とは非常に仲が良かった。同じ職場で上司と部下の関係であったため、尊敬の念、親しみの念の他、個

人的なことも相談に乗ってもらっていた。
　将来長期的にも親しい関係を続けるために、ヤンゴン市内マヤンゴン郡区内 8 マイル A1 庭園の裏にある土地を、彼と相談して購入した。当時、80x60 フィートの土地 1 区画を 12,000 チャットで購入した。

国民の気持ちに関して話し合った

　当時はビルマ社会主義計画党の治世であり、特に経済や社会問題に対する国民の気持ちに不満がたまっている時期であったため、事務所で夕方、帰宅時間間際になると、私とタンシュエ上級大将は国のことを話し合うようになった。政府の上層部がこんなことをすればいいと国民の苦しみに同情して意見を出し合った。

国家法秩序回復委員会議長のタンシュエ上級大将が
インドネシアを親善訪問した際、ボロブドール遺跡を参拝した。

師団長タンシュエ大佐

　1982 年、私は国防省司令部（陸軍）第 1 作戦特別部において参謀長（第 1 級）、キンニュン中将として再び戻って来た際、タンシュエ大佐は第 88 軽歩兵師団の師団長になっていた。私たちの第 1 作戦特別部の管轄下にあったため、私と彼とはいつも密接に連絡を取り合っていた。1984 年、私は国軍情報部の局長に昇格したため、タンシュエ大将は国軍副総司令官（陸軍）として総司令部に戻っていた。その時から、2004 年まで国軍の職務、国家の職務を担当した。

お互いに尊敬し合う仲

　私たち二人は共に国軍の職務、国家の職務を担当した期間は非常に長く、お互いに尊敬し合い、親密な間柄であったことが思い出される。

　私の上司であり、国家の元首であるため、私はタンシュエ上級大将が与えた任務を確実にこなすように努力した。

　タンシュエ上級大将も私に対して全面的に信頼して、親密な関係が継続した。

タンシュエ上級大将夫妻、キンニュン第1書記夫妻が
中国を親善訪問し、中国の発展状況を視察した。

国軍副総司令官（陸軍）のタンシュエ准将、国軍副総司令官（海軍）の
マウンマウンキン准将、ヤンゴン軍管区長のペーミャイン准将、
中国大使館武官、キンニュン大佐

103

タンシュエ議長を唆した人物がいる

　私を逮捕し自宅軟禁にすることを、タンシュエ上級大将が一人で決めたとはあり得ない。彼の強い信念を変えるために唆した人物、私を処罰するようでっち上げの工作を行った人物がいることを知った。それが誰であるかを私は知っている。だが、ここでは言わない。本人が一番知っているはずである。しかし、私は誰も責めたくない。俗人の世界ではよくあることだと思っている。憎しみの気持ちは全くない。運命に翻弄されただけだと自分で言い聞かせている。

議長のタンシュエ上級大将と第1書記の私。
政府閣僚を随行してインドネシアへ親善訪問した。

インドネシア外遊中、タンシュエ上級大将の家族と共に仏教寺院を参拝した。

第15節　私とアウンサンスーチーさん

アウンサンスーチーさん

　この章で書くことについては私個人の気持ちに従って記すものである。私が国家の任務に就いている時、記者会見の席で発言した通り、アウンサンスーチーさんのことは妹のように思っていることは現在まで変わらない。国軍の父、アウンサン将軍の娘であり、民主化勢力のリーダーであることから、彼女に対して尊敬の念と信頼を置いていたことは事実である。

　私が国家の任務を遂行している時、国家の方針としてやらなければならなかったことや、言動の中には、私の意思とは異なったことをしなければならないことがあったのは事実である。つまり、私の言動の中には正しかったこともあれば、間違いもあったのは確かである。

キンニュン第1書記とウーアウンシュエ

母親の死まで関係は良好

　アウンサンスーチーさんの母親であるドーキンチーさんが亡くなった時、ソーマウン上級大将と私はアウンサンスーチーさんの家を訪問した。総選挙の前に政党の結成を許可した際も私たちとアウンサンスーチーさんとの関係は良好であった。総選挙が終わった後、様々な事情により両者の間の関係は一変してしまったのである。時間が経つにつれ、両者の関係は緊張したものとなった。両者の間には誤解が生じ

た。このようなことはミャンマーの歴史の中ではよくあることである。パサパラ（反ファシスト人民自由連盟＝秘密結社）からビルマ共産党が分離したり、ビルマ共産党内部でも２つのグループに分裂したり、パサパラ内部でも様々なグループに分かれたこともミャンマーの歴史の中で顕著である。しかし、いつかは和解できると信じている。

目的も良かった

その後、タンシュエ上級大将とアウンサンスーチーさんが何回か面会し、初期の段階では非常に関係は良好であった。お互いのビジョンも良かったと思う。協力して政治を行っていこうという状況もあった。私を含め、NLD（国民民主連盟）の他の幹部とも会談を行ったり、食事をした際、お互いの意見や政策目標はかなり一致していた。当時の話し合いは非常に有意義であった。しかし、時間が経つにつれ、様々な事情によりお互いの意見が合わなくなり、あってはならないことや不幸なことが起きてしまったのである。

極秘会談

2003年、国民会議が開会される前、私は国民民主連盟の代表者が会議に出席できるよう、個人的に努力した。特筆すべきことは、この時私は議長のタンシュエ上級大将に何も知らせず、許可も得ずに内務省のティンライン大臣、国軍情報部副局長のチョーウイン少将、タントゥン准将たちをアウンサンスーチーさんに極秘に面会させたことである。私の気持ちは、国民会議に国民民主連盟(NLD)の代表者を出席させなければ、国民会議が成立しないと考えたので、彼らを出席させるよう目論みそのために交渉させたのである。

その時の私の思考は、もし議長にお願いしても許可が得られる可能性は少ない、許可が得られなければ国民会議の正当性について批判が高まると考えたため、私の独断で決めたことである。議長の許可を得ないで私一人の独断で極秘に交渉を行わせたことは、政府から見れば私の行いは間違ったものであったことは事実である。しかし、政治的見地からすれば、私の行動は正当なものだったと思う。私の信条は、自分が責任を負うということであり、私は果敢にそれに挑戦したのである。しかし、私の試みは成功しなかった。結果として、私の行動は政府上層部に逆らう行動になったからである。しかし、私は自分の行動について後悔していない。

アウンサンスーチーさんとタンシュエ上級大将、キンニュン第1書記

キンニュン第1書記とハンタワディ・ウインティンさん

政局ではなく国家を発展させたい

　私は政局を作りたいのではなく、私たちの国を発展させたいのである。国民の生活水準を向上させたい。だから、やるべきことをやっただけであり、政局にしたいがために、アウンサンスーチーさんと協働するために、このような行動をしたのではない。アウンサンスーチーさんと共同で政治を行うつもりは一度もなかった。国家と国民の生活を良くしたいという気持ちだけで私は行動したのである。

第16節　私とサンユ大統領

サンユ大統領

　私の下士官時代、サンユ大将の近辺で職務を担ったことはない。国防省情報局の局長になってから初めてサンユ大統領と会い、大統領警護の任務を担当した。サンユ大統領は大変真面目で誠実な人柄のリーダーであり、私は大統領から誠実さ、国家に対する忠誠心、部下に対して思いやりの気持ちを持つことなど模範とすべき良い姿勢を見習うことができた。サンユ大統領に関してはこれ以上、特別に記すことはない。

第17節　私とセインルイン大統領

セインルイン大統領

　私が南西軍管区本部（パテイン市）において参謀長（第3級）の役職にあった時の 1966 年、当時副軍管区長であったセインルイン大佐の側近として任務が与えられた。

　当時はエーヤワディ管区内でカレン民族防衛軍(KNDO)という武装勢力が非常に活発に活動していた時代であった。ミャウンミャ、ワーケーマ地域ではクェッコをトップとする部隊が、エインメー、チャウンゴン地域ではタンシェインをトップとする部隊が、パントノー、ニャウンドン、ダヌピュー地域ではガーミンをトップとする部隊が、ボーガレー、チャイラッ、デーダイェー地域ではチッレーマウンをトップとする部隊が、ヒンダダ、ミャウチャン地域ではトゥーソー、テッポーをトップとする部隊が、政府軍の陣地に対して攻撃を仕掛けたり、ゲリラ戦に打って出たことがしばしばあったため、エーヤワディ管区は平穏な状態ではなかった。

　当時は道路が全く整備されておらず、水運による移動しか考えられなかった。そのため、潮の満干を計算に入れて移動する必要があり、軍事作戦を行うにしても制限があった。副軍管区長のセインルイン大佐が移動する際、2 階建ての船が準備された。そこで、地方巡回や軍事作戦を実行する際にこの船（シュエマーラー号）が利用された。

記憶力の優れた副軍管区長

　私は下士官という下積みの時代でさえ、後に大統領となるセインルイン大佐の監督下で部下として密接に任務を担っていたため、セインルイン大佐と個人的に親しくなったのは事実である。セインルイン大佐は記憶力が優れていて機転が利き、仏教の信仰心が厚い人物であった。大統領になった後も、親しい個人的関係は続き、尊敬と責任感により特に集中して忠義を尽くし任務にあたった。

大統領引退後

　セインルイン大統領の任期は長くなかった。1988 年の民主化運動の際に引退を余儀なくされた。年を取るにつれて健康面で問題が発生した。元大統領であるが、シンガポールで治療を受けるには困難があった。私が首相の役職に就いた時、国家予算を使用することができなかったため、実業家たちにお願いしてシンガポールで治療するための資金を工面してもらった。しかし、治療の甲斐もなく、病状が悪化し亡くなった。私はその後、自宅軟禁に置かれたため、セインルイン大統領の遺族の面倒を見ることができなくなった。このことに関しては大変残念に思う。

第18節　私とマウンマウン大統領

大統領となったマウンマウン博士

　大統領のマウンマウン博士と私とはあまり近い関係にはならなかった。しかし、

マウンマウン博士は法律面で非常に卓越した人物で、真面目で誠実な人柄で、尊敬に値する人物であることを聞き知った。ネーウイン議長の外遊の際、2回ほどお目にかかったことがある。1988年に大統領に任命された際は、近しい関係になった。

学生に面会するよう勧める

　国家法秩序回復委員会を設置する前に多くの声明文を発表する際、法律に合致するよう口頭で言ったことを私がそのまま書き取ったため、マウンマウン博士がいかに法律に精通しているかがよくわかった。博士は1988年9月18日より前に学生たちと会って話し合いをすることを勧めた。学生たちが要求している事項を大統領自身が聞くのが適当であると進言した。しかし、これは実現しなかった。

　マウンマウン博士が著した「1988年民主化運動」の第1巻と第2巻の記述内容は大変興味深いものである。

特筆すべき人物

　ミャンマー国民や若者にとって是非読んでおくべき著書であり、教訓として学ぶべきことが豊富に含まれている。

　彼は法律学者であると同時に、文学者でもあるため、ミャンマーにとって非常に卓越した人物であると評価されている。

ウーエーゾーウインとその息子の出家式が終わった後、
マウンマウン博士宅前で喜捨を行っている所

マウンマウン博士自宅の書斎で客人と写真撮影

外遊の際に記念撮影したマウンマウン博士

第19節　私とトゥラ・チョーティン大将

トゥラ・チョーティン大将

　トゥラ・チョーティン大将は国軍内であれ、ビルマ社会主義計画党内であれ、ビルマ社会主義計画党による政府内であれ、卓越した人物であった。ミャンマーの独立のために奮闘努力している時代、軍人として数々の功績を収めたため、「トゥラ」という称号が与えられて当然である。

　私がチョーティン大将ともっとも近しい関係にあったのは第77軽歩兵師団本部で任務を担った時であった。私は師団長の代理として、チョーティン大将が中佐、大佐として第771作戦部長として任命された時に師匠と弟子の関係になった。

自信をもって任務を与えた

　その後、第99歩兵師団の師団長、国軍副司令官（陸軍）として任務を担っていた時も、私との連絡は絶えることがなかった。チョーティン大将が国軍最高司令官の地位にあった時、私を国軍情報部の局長として任命してくださり、国家の情報機関のトップとして治安維持の任務を、自信をもって任せてくださった人物である。

父親のような存在

　私が国軍情報部の局長として任務を遂行している期間中、もっとも近くで指導してくださり、大将は私にとって父親のような存在であり、恩師でもある。私はチョーティン大将から軍事、政治経験、良い人柄など、見習うべきものをたくさん得ることができた。

私とトゥラ・チョーティン大将

第20節　私とトゥンイー大将

トゥンイー大将

　私は国軍に40年〜45年、勤続した。私より階級が上の人は全て私にとって師匠
である。なぜなら、私たち軍人には実際に教えを請う師匠と、遠くから見習う師匠
の2種類があるからである。自分のすぐ側で指示を受けるのではなくとも、軍人と
して任務に就く際、階級のトップから順々に命令が下って、その結果として自分の

任務が与えられるからである。これは国軍の伝統である。そのため、上長の命令は少しも狂いなく正確に従わなければならない。従って、私たちはすぐ側にいる上長から指示を受ける場合もあれば、遠くにいるがその人の命令に従わなければならない場合もある。私たちには実際に教えを請う師匠と、遠くから見習う師匠の2種類がある。

卓越した能力を持った指導者

私はトゥンイー大将とは直接近しい関係にはなかったが、彼は非常に卓越した能力を持った指導者であった。「クンロン40日戦争」はミャンマー国軍にとって特筆すべき戦いであった。当時、トゥンイー大将は戦略司令官の地位にしかなかった。軍管区長、師団長にもなっていなかった。しかし、彼の軍事的段取りや不屈の戦闘精神はこの頃から始まっており、彼の卓越した能力は若い将校が模範として見習うべきものである。

ビルマ共産党に対する掃討作戦

彼が第77師団の師団長の階級にあった時、私が第1シャン鉄砲大隊の中隊長（少佐）の階級にあった。バゴー・ヨーマ山脈に潜伏しているビルマ共産党軍を掃討するため、第77師団の指揮下で各大隊とともに作戦を実行していた時であった。最前線の第77師団がヤンゴン〜マンダレー道路の西側、ダイウー郡やダイウー〜ビェッチー道路沿いのレッパントングワ村を拠点とした。作戦参謀長はマウンマウン大佐、ペーミャイン大佐、チョーセインウイン大佐などであった。

休息はなし

当時、私たちの部隊はヨーマ山脈を東から西へ、西から東へたびたび横断してビルマ共産党の動きに関する情報を探っていた。東はダイウー郡からヨーマ山脈を越えて西のジーコン郡、ナッタリン郡まで活動していた。私たちの部隊は休息をとるような時間はなかった。師団長に対しては畏敬の念をもって常に軍事的な緊張感をもって情報収集にあたっていた。

地理的優位性を得る

時々、師団から提供された情報に従い、その場所に攻撃を仕掛けて掃討作戦を行ったこともあった。そのため、ヨーマ山脈の中のほとんどの場所に足を踏み入れたので、地理的に非常に詳しくなった。その後、私は1981年に大隊長の地位から国軍総司令部の参謀長（第1級）として異動となった際、トゥンイー大将は国軍総司令部で国軍副司令官（陸軍）に昇格し、私の上長はラウー少将に変わった。そして、私の部下は参謀長（第2級）のアウンタウン少佐と参謀長（第3級）のゾーウイン大尉となった。

見習う機会を得る

私が国軍総司令部に復帰した際、トゥンイー大将とラウー少将の軍事に関する考え方、ビジョン、起きている状況に対する対処の仕方、軍事的なコントロールなど

を学ぶ機会を得ただけでなく、自分もこれに参加する機会を得た。そのため、国軍内だけでなく、どこにおいても、直接指導を受ける師匠と遠くから見習うべき師匠の2種類があることがわかる。このような師匠を常に念頭に入れ、彼らを敬い見習うべきだと若い世代の軍人たちにアドバイスしたいと思う。

第21節　私とエーコー大将

エーコー大将

　エーコー大将も国軍の中では特に顕著な活躍を見せた軍人である。英国からの独立闘争時代、日本軍に反乱を起こした時代、国軍副総司令官（陸軍）の地位まで登りつめ、ビルマ社会主義計画党では党の総書記、政府では副大統領の地位にまで昇格し、国家の重責を担った人物であった。

身近で指導する師匠

　私が下士官時代、パテイン市内の南西軍管区本部へ参謀長（第3級）として異動になった時、エーコー大将は私の直接の上長で、参謀長（第1級）（作戦担当）であったため、彼から直接、軍事に関する教えや、軍事教練を受け、軍事や政治的な変化に関して理解でき始めた頃であった。直接指導してもらった師匠と言っても過言ではない。

　エーコー大将が国軍副総司令官（陸軍）に昇格した時も、私は参謀長（第2級）、少佐の階級として、エーコー大将の配下で仕事をすることになった。当時、国防省総司令部の国軍総司令官はトゥラ・チョーティン大将であった。

国軍トップ2人の考え方

　国軍総司令部で3年〜4年、参謀長（第2級）として任務を担った際、国軍トップ二人の国家に対する考え方と誠実な気持ち、国家の戦略的ビジョン、軍事的戦略などを学び取ることができた。国軍トップ二人の考え方と強固な国軍、国民に愛される国軍、国民に奉仕する国軍、全民族の団結のために貢献する国軍になるために、育てる姿勢を学ぶことができた。

勇猛果敢な精神の持ち主

　エーコー大将は不屈の勇猛果敢な軍人精神の持ち主で部下に対しては思いやりの心を持って接し、優秀な人物に対しては褒め称える人物であった。近しい部下に対して、その人のためになるようきちんと指導してくださったので、私にとっては直接指導を受ける師匠であり、良き先生であった。

第22節　私とラウー大将

ラウー大将

　ラウー大将も私にとって師匠である。国軍の中には見習うべき人物がたくさん存在する。私が下士官時代、国軍内で見習うべき、模範とすべき人物を倣い、その人物のようになれるように努力したのは事実である。私が模範とした人物の中にラウー大将も含まれる。

キンニュン中尉としての生活は終わり

　私が国軍に入って以来、ラウー大将とは近しい関係ではなかった。1963年頃、東部軍管区本部でラウー大将は大尉、私は中尉の階級にあった。その時、ティンスェー大佐を通してラウー大尉と知り合ったことがある。その後、お互いに階級が上がって行ったが、お互いに直接出会うことはなかった。私が第20歩兵部隊の大隊長に昇格し、国軍総司令部に参謀長（第1級）として異動になった時に初めて、ラウー大将と直接接することになり、ラウー大将の配下で任務にあたったのである。

側近として仕える機会

　ラウー大将が第1作戦特別部の部長、私がその部下で参謀長（第1級）として、非常に近い立場で任務を遂行することになった。その時、彼の言動や姿勢、能力を間近で見ることができたため、色々と学ぶことができた。

大変スマートな人物

　ラウー大将は生活態度、服装、身なり、言動など何を取ってもスマートな人物で

あった。それだけでなく、軍事に関する分析、軍事に関する統率も大変スマートであり、見習う所が多くあった。

　私は良い先生、良い師匠に出会うことができたため、見習うことは全て学び取っている。私は非常に運が良いと思う。私はラウー大将に追いつくことはできない。ラウー大将は今、80歳を超えているが、まだ健在でしっかりしている。それにきちんと生活していることを聞き及んでいる。私にとっても、国軍の若い将校にとっても模範となる国軍のリーダーであったことは確かである。

第23節　私とタンティン大将

タンティン大将

　タンティン大将は私が尊敬する師匠の一人である。私の直接の師匠であるティンスェー大将と非常に親しいため、私とも親しい間柄になった。私が第1シャン鉄砲大隊で大隊長（少佐）として任務を担っている時、タンティン大将は中部軍管区本部（タウングー）で軍管区長であった。バゴー・ヨーマ作戦に参加する全ての軍隊を指揮する人物であった。管区長がそれらの軍隊をチェックしている際、私は出会った。当時、軍管区本部に参謀長（第2級）のポストが空いていて、私がその役職に就くため異動になった。

管区長の人柄

　私がタウングー市内にある中部軍管区本部に参謀長（第2級）として赴任した時、管区長直属で作戦参謀長になったため、管区長の軍事に関する分析や、軍事作戦に参加する兵士に対する指揮の方法について習得できただけでなく、戦闘が起きたという情報を入手すると同時に戦闘の現場にもっとも近い場所に移動して現場で指揮を行う様子を間近で見ることができた。

　軍事の世界で「Commander Well Forward」と言われる通り、作戦に参加する兵士を現場で指揮する様子を見ることができた。

　そのため、リュックサックに必要な備品を詰め込んで、すぐに出動できる態勢にしておかなければならなかった。当時、ビルマ共産党軍の勢力が衰え始めた時で、小規模の戦闘がしばしば起きていた。

名前が知れ渡ったリーダー

　タンティン大将は南西軍管区本部で管区長の役職に就いていた時、「トーパイン作戦」というエーヤワディ管区内に残っていた武装勢力を掃討する作戦を実行した。地元の民衆の力を結集し掃討作戦を実行したため、武装勢力はエーヤワディ管区内に拠点が築くことができないほど衰退し、追い出すことに成功を収めた。その結果、彼の名前は有名になり、国軍のリーダーの一人となった。タンティン大将の配下で将校として直属していた期間中は、軍事作戦、人員の結集作戦、機敏な動き、士気の高揚に関する知識を得ることができたのは事実である。

第 24 節　私と師匠のティンスェー大将

私の師匠ティンスェー大将

　ティンスェー大将とは私が下士官時代から親しい間柄で、彼から軍事関連のあらゆることを教わった、私の人生において直接指導を仰いだ師匠である。国軍の中でも、日常生活の中でも、人生の茨の道においても直接指導を仰ぐ師匠は非常に重要である。指導する師匠が良いと、自分も立派な人間に成長し、優秀なリーダーになることができる。指導する師匠が良くないと、その弟子は立派な人間にはなれない。最後には人生をムダにしてしまう。

師匠から指導を受ける

　私が非常に良い師匠と出会えたことは事実である。師匠は全ての面で優秀な人物であると私は思う。私に対して軍事、統率、管理に関する知識を授けてくださっただけでなく、性格や人望に関すること、国家、国軍、国軍トップ、同僚、部下、国民それぞれに対して持つべき心構え、姿勢、忠誠心などあらゆる知識を授けてくださった人物である。

家族のためにも

　私一人だけでなく、私の家族全員に対しても実の息子、娘のように接し、面倒を

見てくださったので、私の父親と言っても過言ではない。

ある催し物での師匠夫妻

師匠の人生

　私の師匠の人生について、私が知っている限りのことを書くことにする。彼はミャンマーが独立する前から、愛国心に燃え国軍に入隊したのである。基本的な軍事に関する教科を勉強しながら、日本軍支配時代のミンガラードン士官養成学校（第2期生）に入学し、在学中に日本の士官養成学校に留学する機会を得た。当時、日本軍がミャンマー国民に対して残虐な行為を行っている時期であり、日本軍に対して抗戦を開始する計画を検討している時期で、日本の士官養成学校に行きたい気持ちがなく、日本軍への抗戦に参加したいとアウンサン将軍に対して直訴した人物である。

炭を焼いて売った人生

　しかし、アウンサン将軍の命令により日本の士官養成学校（第58期生）に同期30人とともに入学した。学校在学中にミャンマーで日本軍への抗戦が起きた。そのため、日本にいる士官養成学校の生徒は監視下に置かれ、奨学金の支給も停止され、炭を焼いて売り得られたお金で生活することを余儀なくされた。幸運なことに日本軍が降伏し、ミャンマーに帰国できたという。

1日1階級昇進

　ミャンマーに帰国したが、英国政府がビルマ軍を再び編成する際、将校の数を200人に制限するとガンディ協約に記されたため、日本の士官養成学校で学んだものの、

将校になることができなかった。自分の意志で国軍に兵士として入隊するしかないと決心した彼は、ピィー市内の第4ビルマ鉄砲隊、ネーウイン中佐の部隊に兵士として入隊した。日本で士官養成学校に学んだことが評価され、大隊長のネーウイン中佐が1日に1階級ずつ昇進させ、3日後には軍曹の位に昇進した。

メィッティラー軍事務職員隊

ティンスェー軍曹は1948年9月20日に少尉に昇格した。そして、国防省司令部の指令により、メィッティラー軍事務職員隊の大隊長として派遣され、軍事務職員隊を編成し、メィッティラー、タージーー帯で活動した。1950年、軍事務職員隊は国軍の中に再編成され、大隊長から第2ビルマ鉄砲隊の中隊長として引き続き任務にあたることになった。その後、師団長、軍管区長、副大臣、大臣と昇格していった。これは私の師匠の経歴を述べたものである。

平凡だった出会い

私と師匠との出会いは非常に平凡だった。私がロインリン町の第18歩兵大隊で小隊長として任務にあたっていた時、大隊長はトゥンアウンチョー中佐だった。私に対して1963年、ナンサン空港の警備の仕事を与えたため、その任務を担った。

当時、ティンスェー大佐は東部軍管区本部で管区司令官の地位にあり、軍事作戦の分野でもナンサン町で戦略参謀長としての役職も兼任した。軍事作戦の対象エリアはシャン州南部全域、郡単位で言えば、モーネー、リンケー、マッウメー、マインバン、ルェーリン、ピンロン、レーチャー、マインカイン、マインナウン、マインシュー、クンヘインの各郡、カヤー州の全域、シャン州タウンジー県全域が含まれた。私は空港の警備担当の小隊長だったため、作戦部隊に対して毎日、治安情報に関して報告しなければならなかった。第3作戦部隊の指揮監督の下に、第12、第18、第16、第49、第54軽歩兵部隊と第3鉄砲部隊があった。私の部隊は第18軽歩兵部隊のため、作戦部長のティンスェー大佐から直接命令を受けた。

思いがけず第3作戦部隊に配置される

このように私は第3作戦部隊に配置された。空港の警備責任者としての役職は他の人が任命され、私は作戦部隊に専念することになった。また同時に作戦部長の身の回りの世話役ともなった。

全ての学問

そのため、作戦部長の軍事的分析、軍事に関すること、考え方だけでなく、シャン州に住むシャン、パオー、リーシャー、カヤー州に住むカヤー、パダウンなどの少数民族に対する接し方、姿勢などを学ぶことができた。作戦部長が地方に出かける際はいつも同行したので、その時に学ぶことがたくさんあった。

考え方や責任の分担、軍事に関する分析、統率のシステムなどを師匠から教わることで、私は全ての学問を学ぶことができた。

引退後、小説家になったティンスェー師匠

それは良い、すぐに結婚しなさい

　ここで私の個人的なことを書き記したいと思う。私は 1963 年に第 3 作戦部隊に赴任して 1 年が経過した。1964 年の 3 月くらいだった。私が当時付き合っていた恋人のキンウインシュエが医科大学 3 年生に在学中、進級試験を受ける直前に二人で話し合って結婚することを決めた。この件をティンスェー大佐に報告した所、すぐに同意してくださった。

　そして、「君のお姉さんにも報告しなさい」と勧めた。「お姉さん」とはティンスェー大佐の妻のことである。そこで、私はナンサンからタウンジーに行き、お姉さんに伝えようとしたが、結局私が話すことはなかった。ティンスェー大佐が奥さんに「お姉さんの弟が結婚する。彼の恋人は医学生で試験が終わったら結婚したいんだって。お姉さんはどう思っているかって」と言うと、奥さんは「まあ、それは良いことね。すぐに結婚しなさい。お姉さんが部屋を準備するから」とお姉さんの気持ちを知ることができたため、私はヤンゴンに上京して準備を進めることができた。

　正直に言うと、大学卒業前の在学中にバタバタと結婚することは相手方の両親から同意が得られないことは確実であった。そのため、医科大学 3 年生の進級試験の最終日に役所に行ってその場で結婚届を提出してすぐにタウンジーにとんぼ返りする予定を考えた。私の師匠がヤンゴン市内で結婚届を提出する際、困難があってはいけないからと彼の知人に知らせて世話をしてくださった。

　1964 年 3 月 4 日だったと思う。シャン州のシュエニャウンから汽車に乗りヤン

ゴンに到着する時ンウインシュエと連絡を取り、3 月 10 日に役所へ結婚届を提出し、その足でタウンジーに戻ることを相談した。3 月 9 日に試験が終了する。その翌日の 10 日の朝、警察本部の建物の裏通りにある社会主義計画党本部の建物で裁判官の目前で結婚宣誓書に署名した。証人は私の友人であるキンマウンニョー中尉とンウインシュエの友人であるティンティンリンさん（現在、眼科医のドクターティンティンリン）だった。その夕方、ニャウンシュエ行きの急行列車に二人で乗るので、医科大学の友人たちがヤンゴン中央駅に見送りに来てくれ祝福してくれた。

涙を流した

シュエニャウン駅には 3 月 11 日の昼頃到着した。すると、私の母親代わりのドーキンサンさんが駅まで出迎えに来てくださっていた。タウンジーに到着すると、本当に私の実の両親のように世話をしてくださった。ティンスェー夫妻が用意してくださった部屋に私たちを案内してくださった。私たち夫婦は、その部屋でティンスェー夫妻に対して礼拝した。その時、私の目から涙がにじみ出ていた。嬉し涙である。その日（3 月 11 日）、タウンジー市内の師匠の家に宿泊し、翌朝 3 月 12 日にナンサンに移動した。私たち夫婦はナンサンに 2 カ月ほど滞在した後、妻は医科大学に戻って学業に励むため出発して行った。私一人だけが残された。妻は医科大学で勉強を続け医者になった。これが私の師匠夫妻が私にとって直接教えを受けた師匠であり、家族であることを物語ったものである。

第 77 部隊

再び第 77 部隊に戻り、バゴー・ヨーマ山脈に潜伏し活動しているビルマ共産党軍の掃討作戦に師匠と私は共に参加した。私にとってはその間、あらゆる知識を取得するチャンスであった。師匠も私に対して彼が持っている知識を分け与えた。当時、ビルマ共産党軍からも様々な教訓を得た。中国の支援を受け、中国の影響下にあるビルマ共産党軍は戦闘の末、崩壊した。ビルマ共産党軍の指導部であるタキン・タントゥン、タキン・ジン、タキン・チッ、ボーヤンアウン、ボーゼーリャ、ドクターナッ、イェボーテーなどがジャングルの中で戦死したことは、悲劇として非常に特別な教訓として心に残った。

東部軍管区本部管区長

私の師匠、ティンスェー少将はモーラミャイン市内に拠点を置く南東軍管区本部の管区長として異動となった。私はティンスェー少将の身の回りの世話役として同じ場所に転勤となった。新任地では「クンミンドー作戦」に関する知識、海岸における軍事作戦に関する知識、モン民族やカレン民族が多い地域であるため、少数民族を統率するための知識などを学ぶことができた。1969 年〜1970 年、ウーヌ元首相が国外脱出し、武装勢力による反対運動が盛んになった時、西洋各国から武装勢力に対する支援が入ったため、政権内で様々な権力闘争が起きた。それで国内政治は無秩序な状態に陥ったことは教訓の一つとなった。

シャン鉄砲隊へ

　1973年、私は師匠と別れ、第1シャン鉄砲隊の中隊長（階級は少佐）として赴任した。その後、国軍から与えられた任務をこなすうちに1988年に入り、国軍だけでなく政治の世界に入り、あらゆる問題に直面しながら奮闘努力を続ける中、予期しなかった出来事に巻き込まれるのである。

禁錮44年の実刑

　2004年に私が逮捕され、禁錮44年の実刑判決が下った。しかしながら、幸運なことに刑務所暮らしではなく自宅軟禁となった。その期間中、私の母親同然のドーキンサンさん（サンお姉さん）の健康状態が悪化したことを知ったが、看病することができなかった。このことをどうかお許しください。お母さん、私の恩人ドーキンサンさんが亡くなるまで何もできなかったことを。お母さんが亡くなった時、私の父親代わりのティンスェー大将が関係当局から許可をもらい、お母さんの亡骸の前で礼拝することができた。1時間ほど師匠でお父さんのティンスェー大将と話すことができた。

釈放してくれた人に感謝

　私は今、釈放され自由の身になっている。逮捕されてから7年目に釈放されたことは私にとって大変幸運なことだった。釈放してくれた人に大変感謝申し上げる。

不可解なこと1点

　私には不可解なことが1点ある。私の下士官時代の師匠と私が一緒に任務にあたったこと、私に対して指導してくださったこと、師匠の生い立ちや私の経歴を合わせて書き記したこの本の出版が禁止されたことである。経緯はこうだ。この本を書き終えた時、言論出版の自由がなかった時代であった。その後、言論出版の自由が認められ、出版社は様々な本を出版した。そして、この本を出版しようと考えていた際、ミャンマー警察情報部隊（SB）の副隊長がティンスェー大将の自宅を訪れ、「シュエモーウンの息子、キンニュン（または）私の息子」というタイトルの本を出版しないように禁止した。誰が出版を禁止したのかはわからない。禁止命令を出した部署はわかっている。それは内務省の傘下にある治安、諜報を担当する部署であった。
現在、あらゆる書籍が自由に出版されている。民間のジャーナル紙も自由に出版している。しかし、国家の首相を務めた人物が著した書籍の発行を禁止するというのは、私自身の知恵が不足しているからと考えた。

利益になる良い本

　私の師匠は自分の尊厳を保持できる人物、誠実な人柄の人物であったため、情報部隊の担当者が命令したことを重く受け入れ、その書籍を出版しないで1年間ほどが経過した。その書籍は国軍兵士のために知識を広げる本だ。師匠と弟子の付き合い方、師匠から弟子が教わること、師匠が弟子に教えること、任務を遂行しながら知識を授かること、弟子は師匠から知識や技術を教わること、このために努力する

こと、などが書かれた書籍である。国家と国軍のために利益となる良い本と私は評価する。

89歳になる

　現在、私の師匠は 89 歳になった。師匠は仏教に精進し、平穏な生活を送っている。涅槃に達するために毎日修行を続けている。

89歳になった

第6章　軍事政権時代のトップ交代劇

第25節　軍事政権時代のトップ交代劇

　軍事政権時代、ソーマウン上級大将からタンシュエ上級大将にどのように交代したのか、国民の間で興味がある人が多いのは事実である。様々な憶測を発表する人もいる。経緯を知りたいと思うのは当然のことである。私も時期尚早として沈黙を保っていた。この経緯については全てを知り尽くしているのは自分で、直接関わった当事者であるため、もう公表しても良い頃と思い、公表する。正しい歴史として残しておきたいからに他ならない。

　始まりはソーマウン上級大将の健康問題だった。ソーマウン上級大将は非常に読書家で、よく考える人物であった。国軍内の書物や外部の書物も読みふけり、プレゼントされる書物も全て読んでしまう人物である。本を読む時間が非常に長く、深夜まで読書に耽っており、これが健康を害する発端になった。上級大将の健康問題が憂慮されたため、通勤が便利になるよう、また休みでも報告しやすいように自宅を司令部の敷地内に準備した。

　ソーマウン上級大将の健康状態はミッチナー、マンダレーへの地方視察、モンユワ視察中により顕著となった。国軍内部でも国民に対する接し方でも異常がみられるようになった。時々異常な言動が見られたため、地方視察からヤンゴンに戻ると、国軍の軍医に相談し必要な治療を施してもらった。状況が更に悪化したと感じたのは、ソーマウン上級大将が常にピストルを携帯するようになったことだ。ピストルが暴発することが心配された。ソーマウン上級大将の側にいるのは私と医者だけだ。私だけに対しては弟のように接してくださった。私の言うことは重要視してくださった。私以外の人に対しては信用していないように思えた。私たちが一番心配したのはピストルの弾が飛び出すこと、暴発することだった。

ソーマウン上級大将とタンシュエ上級大将

ネーウイン議長に相談

そのため、タンシュエ上級大将と相談して何か対策を講じる必要があると結論が出た。そこでネーウイン元議長に相談することを決めた。この件は極秘に進める必要があった。タンシュエ上級大将は自宅に待機し、私と息子のイェーナインウインが自家用車で家を出て、タンシュエ上級大将の家に迎えに行った。私の車に3人が乗り込んだ。他の運転手には運転させなかった。私の息子が車を運転した。AD通りのネーウイン宅に到着すると、ネーウイン元議長に経緯と事情を説明した。ネーウイン元議長は「この件は国家や国軍にとって良い状況ではない。それなら、タンシュエ君が代わりに国家の責任を担いなさい。キンニュン君はタンシュエ君を補佐しなさい。医者と相談して行いなさい」と忠告した。

1988年、国軍が全権を掌握し政権を担当した際、
ソーマウン上級大将が議長に、タンシュエ上級大将が副議長に就任した。

126

極秘に実施

　私たちはそれぞれの自宅に戻り、翌朝にはいつもと同様に司令部に出勤した。地方の各管区長を明日までに呼び寄せ、ヤンゴン市内にいる国家法秩序回復委員会のメンバー、各大臣に対して、作戦会議を行うという名目で招集した。

　トップの交代に関わる会議なので事前に情報が漏れないようにする必要があった。管区長など全員が揃った所で、会議場が閉鎖された。管区長、大臣など全員の前でソーマウン議長の健康状態についてタンシュエ上級大将と私が説明を行った。引き続き、タンシュエ上級大将が議長に交代すると私が発表した。その時、ソーマウン上級大将は自宅で医師から治療を受けていた。臨時会議において全会一致で交代が同意されたため、その日の夜の国営放送で議長が交代したことが発表された。手続きは全て順調であった。

ソーマウン上級大将夫妻、マンダレー〜モンユワ視察旅行中、パゴダ参拝後に寄進を行う

ソーマウン上級大将を敬愛

　私はソーマウン上級大将を常に慕っていた。上級大将の家族にも親しくしていただいた。しかし、国家や国軍に関わる問題のため、個人的なことを排除してやるべきことを行うしかなかった。このトップ交代劇に関して何か批判があるとすれば、私に全て責任がある。

　その後、ソーマウン上級大将が私に面会を求めてきた。タンシュエ議長の許可を得て面会した。ソーマウン上級大将を宥める必要があった。「責任をもってあなたを保護します」と約束した。平穏で静かな交代劇が終了した。

中国雲南省へ外遊の際、ソーマウン上級大将、軍管区長、大臣などと

中国雲南省へ外遊の際、ソーマウン上級大将、軍管区長、大臣などと記念撮影

第7章　私とディーペーイン事件

第26節　ディーペーイン事件の経緯と私

　この事件について私は関知しないと言えばウソをついたことになる。私は当時第1書記として政府の重職にあったため、私は知らないわけにはいかなかった。当時、アウンサンスーチーさんはバイク隊が先導する車列で地方を巡り各地で演説会を行っていた。このように各地で騒ぎを起こしている時期であったため、政府として憂慮する気持ちがあったのは事実である。

　アウンサンスーチーさんの車列はマンダレーを出発し、モンユワへ向かう各所で演説会を行っていた。そして、モンユワに到着した時、タンシュエ議長が私を含む5，6人の幹部を彼の部屋に呼び出した。幹部が揃うと、タンシュエ議長はアウンサンスーチーさんの車列をどこかで制止する必要がある。可能な方法を使用して制止させるよう命令した。その時、私は暴力的な手段で制止するのは適当ではないと申し上げたが、議長は私の意見に同意しなかった。私の発言が良かったのかもしれない。なぜなら、この件に関して私は担当から外され、ソーウイン中将がトップとなり、イェーミィン中将が補佐役になった。議長は2人をモンユワにヘリコプターで向かわせた。

私にも責任がある

　当時の軍管区長はソーナイン准将だった。どのような命令があったのかは知らない。しかし、情報部隊は軍管区本部のエリア内で活動する場合は、管区長の指揮下にあるため、一部の情報は知り得ることができた。この事件に関しては、私が主導したものではないが、政府上層部の一員として責任の一端があることは認めざるを得ない。政府指導部はその構成員全員が話し合いや報告を通して一つの政策を行う必要があるため、どのような出来事であれ、起きたことの責任は政府指導部全員が負わなければならない。

第8章　私と国内平和への努力

第27節　コーカン地域の和平

　ミャンマー連邦国は独立後、国内で様々な意見の相違や民族主義の台頭により、グループ間の紛争が発生し、少数民族武装勢力が誕生したことは皆が知っていることである。歴代の政府は国内平和を実現するために奮闘努力を重ねてきたが、成功しなかった。意見の相違、考え方の相違を話し合いにより解決しようとしたが、平和を実現するには至らなかった。特に言いたいのは、両者がお互いに誠実な姿勢で、お互いに信用を築き、憎悪の気持ちを排除して初めて平和が実現するということである。

　1988 年に国軍が全権を掌握し軍事政権を樹立した際、国内平和の実現のために努力することは基本政策の中に含まれていた。そのため、私が国民向けに演説する際は、常に国内平和と法による支配を強調し、このことにより、シャン州北部、ビルマ共産党の支配下にあるコーカン民族の武装組織の幹部たちは、その組織の元指導者であるロシハン氏に面会した。

　ロシハン氏によると幹部たちは「私たちは政府と和平について話し合いたいと考えている。ビルマ共産党の指導者を信用していない。彼らは地域の発展のために何

も貢献していない。コーカン地域に暮らす住民は大変貧しい。農民たちもビルマ共産党を信用していない。だから、キンニュン大将と話し合いを希望している。ロシハンさん、協力してください」と言ったそうである。そこで、ロシハン氏はラショーに駐屯している情報部隊の隊長、タンエー少佐（後にタンエー大佐、死去）に面会し、事情を説明した。この件は国家にとって大変重要なことなので、タンエー少佐はすぐにヤンゴンに上京して私に面会を求めてきた。

　私は何のことかわからなかったが、何か重要なことがあるのだろうと思い、面会を許可した。タンエー少佐が面会に来ると、私に事情を説明した。これは国家にとって重要であるため、ソーマウン大将とタンシュエ大将に報告し、私がこの件を担当することをお願いした所、同意を得られた。そのため、私は詳細な計画を立て、タンエー少佐にも依頼すべきことを依頼した。

コーカン地域の平和が実現したことを祝い、コーカン族のリーダー、
ポンチャーシンと第1書記が平和のハトを放す

最初の話し合いはパンサイン町で

　最初の話し合いを行うために、私の代理となるチームを派遣した。そのチームのリーダーはティンウイン中佐（情報部支援隊の隊長、後の労働省大臣）、隊員としてタンエー少佐が任命された。1989年のことである。最初の話し合いはチューゴッツ、パンサイン（中国側）のホテルで面会し、行った。当時、ビルマ共産党の支部がモンゴーという町に残っていたため、極秘に行う必要があった。話し合いの結果や話し合いの中身について、ティンウイン中佐が私に詳しく報告してくれたので、相手方幹部の意向を知ることができた。

コーカン武装組織の希望

　コーカン武装組織の希望は、ビルマ共産党の支配下から抜け出し、コーカン地域の発展、コーカン民族の生活水準の向上のためにミャンマー国軍と共に行動したい

ということがわかった。しかし、当面は武器を捨てるつもりはないとのこと。彼らに対して国軍が信用して粘り強く協力をしてほしいとのことであった。

コーカン武装勢力側の意向を知った後、ティンウイン中佐をリーダーとする派遣団を送り2回目の話し合いのために準備を行った。話し合う内容と決定権を定めて、相手方が定める日時、場所に行かせた。場所は中国国内であった。

コーカン民族の幹部と和平が成立後、第1書記一行がコーカン地域
ラウカイン町を初めて訪れた際、コーカン民族の幹部が歓迎

私自身が訪問し話し合いへ

私自身が彼らの支配地へ行き、彼らの幹部と直接話し合いを行うための前準備であった。彼らが指定した場所は、彼らの支配地であるチンシュエホー村であった。

私自身が直接出向いて話し合いを行うために、政権幹部から許可を得て、最初に軍管区本部があるラショーに行った。私に同行したのは情報省大臣のミョータン准将、参謀本部長（海軍）のタンニュン准将、参謀本部長（空軍）のテインウイン准将と国防省司令部の事務方幹部であった。総局長や局長が参加した。

軍管区長と部下が同行した

ラショーに到着後、軍管区長のマウンティン少将と部下たちが同行しクンロン町をヘリコプターで出発した。クンロンから治安部隊が警備のため参加し、車でサンピャー村へ向かった。サンピャー村は国軍の最終拠点になる。このキャンプを越えるとコーカン武装勢力の支配下に入る。そのキャンプに到着すると、私は「治安部隊を2つに分けて1つだけ同行させてください。」と言ったが、軍管区長は納得しなかった。私が訳を説明するとやっと納得してくれて、1部隊だけ治安にあたりコー

カン武装勢力が指定したチンシュエホーに向かった。

兵力は 1,000 人ほど

　サンピャー村からチンシュエホーまで、北側の山々の上にはコーカン軍の兵士がずらりと並んでいて警備にあたっていた。兵力を誇示するためでもあったに違いない。もし、我々の部隊と彼らとの間で戦闘が起きたらどうなるか容易に想像できた。私が警備を手薄にしたのは彼らを信頼していることを見せるためであり、そのため1 部隊しか同行させなかったのである。

なぜ治安部隊を同行させなかったか

　チンシュエホー村の入り口に差し掛かった時、以前は、鉄骨製の川を渡る橋があったが、今はその橋が見つからない。大木を切り倒してそれを橋代わりにしている。私たちは橋を渡る前、全員車から降りて治安部隊 2 グループがあるうち、1 グループをその場に残して、1 グループだけ同行させて橋を渡り村に入った。300 ヤードほど進むとコーカン武装勢力の幹部が待っている竹で造った小屋が 3 軒見えてきた。その小屋の前でコーカン武装勢力の幹部が並んで歓迎してくれた。到着するや、トップのポンチャーシンさんが治安部隊を同行させなかったのか、なぜ警護の軍隊を連れて来なかったのかと訊ねてきた。私は「あなた方の軍隊が私たちを警護してくれているので、私たちのための軍隊は特に必要ないと思ったから連れて来なかった」と回答した。

　その時、相手側からクスクスと笑う声がした。彼らが小屋の中へ招き入れてくれた。そして、椅子に座らせて食べ物などでもてなしを受けた。しばらくして「さあ、話し合いを始めようか」と言うと。

話し合いが始まる

　ポンチャーシンとポンチャープーの兄弟二人がまず意見を述べた。彼らの意見は私が事前に得ていた内容だったので、話し合いはスムーズに進み、話し合いの結果、お互いに信頼関係が築けた。彼らのことを 100％信用していたので、警護の軍隊を連れて来なかったことが、彼らにとっても、私たちを信用することにつながった。非常に簡単なことで、お互いの信頼を築くことができた。

わかりやすい話し合い

　話し合いは非常に簡単であった。彼らの希望、彼らの民族のために必要なことをわかりやすく提案した。私も、彼らが提案したことは非常に重要なことばかりであり、政府として支援できる内容ばかりであったため、彼らにとっては満足の行くものであった。ポンチャーシン、ポンチャープー、ヤンモーリャン、ヤンモーアンなどの幹部全員も非常に喜び、満足したため、公式に和平が成立したことを正式に発表するため、ラショーで記念式典を行うことを約束した。

　私たちのグループはヤンゴンに戻り、軍事政権幹部に対して詳細を報告した。ラショー市内の軍管区本部で和平協議が成立したことを記念する式典と公式発表が行われる 1 日前に私たちはラショーに向けて出発した。そしてその翌日に和平を祝う

式典を開催することができた。ミャンマーにとって歴史に残る非常にめでたい出来事であった。シャン州北部特別区（1）として公式に定め、国庫から給料と食費を拠出して警察官を配置した。コーカン地域ラウカイン町に政府関連の事務所を置くことを決定した。郡事務所、学校、病院を建設し、交通の便を図るため道路を修復し、橋を建設した。政府はコーカン地域の発展事業を集中して取り組んだため、コーカン地域は急速に発展したことが地元民にも実感できたと思う。

国境地帯・少数民族の発展実現作業委員会の議長、キンニュン首相がシャン州北部特別区（1）のトップであるポンチャーシン氏および幹部とヤンゴン市内で面会している。

麻薬代替のためにソバを栽培

　次のステップとして、麻薬の原料となるケシの栽培を撲滅するために代替となる農業や畜産業に政府が注力するようにした。その時、日本政府がケシ栽培の代替としてソバ栽培のために協力を提案した。日本の与党幹部、ソバ栽培の専門家がソバの種を支援してくれたため、ソバ栽培は成功し、年々作付面積が広がり、ついに日本市場向けにソバ粉を輸出できる段階に達した。

　コーカン地域は、昔は掘っ立て小屋しかなかったが、和平が成立した後、集合住宅、デパート、商店、ホテルなどが次々と建ち、顕著に発展しただけでなく、麻薬啓発博物館を建てて、地元民に対して麻薬撲滅に関する知識を提供することができた。ビルマ共産党の配下から離脱し、政府と共同で開発を進めたため地域が平穏、発展し、地元民の生活水準が向上したことは和平がもたらした果実である。

第28節　コーカン武装勢力がビルマ共産党から離脱

　ビルマ共産党は、1967年頃、ミャンマーと中国の関係が悪化したことを利用して、中国に居住していたタキン・バテインティンをトップとしてシャン州北部にビルマ共産党シャン州北東部支配地を確定した。1968年1月、モンコー町に駐留する国軍に対してビルマ共産党軍が攻撃を仕掛けて占領し、パウンサイン、チューゴッッ川（パンサイン）地域まで進入し活動範囲を広げた。彼らはポンチャーシン、ポンチ

ャープーを自分たちのグループに誘い込み、第404大隊の大隊長となったポンチャーシンが主導して、コンジャン町にあった国軍の駐屯地を攻撃し占領した。

ポンチャーシンをお披露目

　彼らはこのようにポンチャーシンを売り出し、ビルマ共産党北東地域長、中央軍事評議会の委員としてポストを与えた。その後、ポンチャーシンとティンイー（別名）ヤングンとの間で意見が合わなくなった。ビルマ共産党の執行部にはビルマ族が占め、戦闘が起きた際は少数民族の兵士が前線に送り込まれ、少数民族の兵士だけが犠牲になった。

　国境地域の発展が全く実現せず、個人的なことに関しても意見が全く合わなくなったため、コーカン民族だけでなくワ民族の幹部もビルマ共産党に対して不満が募った。そのため、ミャンマー国軍は1987年、タンエー少佐に対してコーカン地域に攻撃をかける任務を与えた。

ビルマ共産党から離脱を計画

　1987年、ロシハン、ロシミンを通してポンチャーシンのグループと接触することができた。そのため、1988年にコーカン軍がビルマ共産党から離脱する準備を開始したが、この情報をビルマ共産党本部が気づいたため、離脱計画は延期されたことがわかった。1989年1月、コーカン軍だけでなくワ軍（第12大隊）もビルマ共産党から離脱する同意がなされたという情報を知った。1989年3月7日、ラウカイン地域にコーカン軍の幹部が集結し、離脱に関して話し合いを行った。1989年3月12日、コーカン軍はビルマ共産党から離脱したことを宣言した。コーカン軍はビルマ共産党支部のあるモンコーを攻撃、支配し、ビルマ共産党幹部を中国へ追放した。

　その時、ロシハン氏を通して第9大隊のタンエー少佐と接触があり、和平に関して話し合いを行いたいと提案してきたため、1989年4月、情報部のティンウイン中佐、タンエー少佐のグループをチューゴッ川の向こう岸、マンサイン（中国領）に送り、2回話し合いを行い、良い結果が出た。1989年6月28日、第1書記である私はコーカン武装勢力と話し合いを行うための準備を行った。ヤンゴンからラショーまで国軍機で向かい、ラショーからクンロンまでヘリコプターで移動した。私に同行したのは情報省大臣のミョータン准将、国軍参謀部長（空軍）のテインウイン少将、国軍参謀部長（海軍）のタンニュン少将、副大臣が数名、ティンウイン中佐、ラショーから軍管区長のマウンティン少佐、第9大隊の隊長、タンエー少佐であった。クンロンからサンピャー村へ車で移動した。警護として治安部隊の兵士たち70人を同行させた。サンピャー村には国軍部隊の駐屯地があり、国軍のもっとも東にある駐屯地である。

　ここから先へ行くと、チンシュエホー、ラウカインなどコーカン武装勢力が支配している土地となる。コーカン武装勢力のトップであるポンチャーシンと幹部はチンシュエホー村で待機している。

**1989年6月、ラウカイン町にキンニュン第1書記とその一行が到着し、
コーカン武装勢力の幹部と面会した。**

信頼の構築

　サンピャー村に到着した時、私が考えたことは「今、コーカン武装勢力が支配している地域に入る所である。今から和平について話し合うため、コーカン軍の幹部はその兵力を見せ付けるだろうことは確実であろう。お互いの軍隊同士でまだ信頼関係が築けていないため、信頼を醸成することが重要である。彼らから信頼を得ることが大切な時期だからこそ、私たちの軍隊を少人数に抑えることが疑いを解き信頼を得ることにつながる。そのため「軍管区長、あなたは警護部隊の兵士を1部隊、2部隊ここに残し、1部隊だけで先へ進もう」と提案した。すると管区長はすかさず「キンニュン大将、それはいけません」と答えた。彼は「私にはキンニュン大将をはじめ皆さんの安全を守る責任があります。何か起きれば、私が責任を負わなければなりません。ですから、兵士全員を連れて行きます」と軍管区長のマウンティン少将が言った。

　私は事前によく考えてあったので、「マウンティン少将、もし、お互いに疑いを持ち戦闘に発展したら、私たちには70人の兵士しかいない。彼らには1,000人以上の兵士がいる。私たち全員死んでしまう。私も残らないだろう。あなたもこの世にいなくなるだろう。全員がいなくなるだろう。軍事裁判所に出廷するにもあなたは出席できないだろう。私も出廷できない。何を恐れているのか。私は彼らのことを信用している。彼らも平和を望んでいるので、トラブルは起こさないと私は信じている」と言うと、軍管区長も納得して兵隊は最小限にして移動を続けた。

1999年9月11日に開催されたシャン州北部特別区（1）コーカン地域の和平成立10周年を記念する式典に第1書記のキンニュン中将、コーカン武装勢力のトップであるポンチャーシンと親密に挨拶している様子。

ずらりと並んで兵力を誇示

　私の見立て通りに、私たちの車列の左側、木々がまばらに生えている山や谷に沿ってコーカン武装勢力の兵士たちがその兵力を誇示するがごとくずらりと並んでいた。兵士の数は軽く1,000人を超えていた。私たちが進む道の右側はナンケイン川が流れており、もし戦闘が勃発したら私たちには逃げ道がない。1時間ほど車で走行するとチンシュエホー村の入り口に到着した。そこには川を渡るための橋がある。以前は立派な橋があったが、今は大木を伐採してそれを橋代わりにして使用している。私はその時突然思い立った。警護の兵士2グループ分をこの場所に残して、1グループだけ同行させることにした。私に随行した政府の幹部たちはきっと不安だっただろう。私たちは300〜400ヤードほど進むと、コーカン武装勢力のトップであるポンチャーシン、ポンチャープー、リーチョンチャン、ヤンモーリャンと共にロシハン、ロシミンが待ち構えていた。丘の上に小屋が3軒建てられ、その小屋の中に通され、話し合いを行うことになった。

コーカン武装勢力と和平に関する話し合い

　私たちが彼らと面会したと同時にポンチャーシンとポンチャープーの二人が「キ

138

ンニュン大将、警護の兵士たちはどうしたのか」と歓迎しながら訊ねてきた。私は「私たちの警護ならあなた方が責任をもってやってくれているので私たちは兵士を同行させる必要はない。それで呼ばなかったのだ」と答えると、彼らはあっけに取られたような表情に変わったのを見て取った。はっきりとはわからなかったが、彼らの心情に何らかの影響を与えたと思う。

　しばらくして、真ん中の小屋の中で話し合いが始まった。私が「さあ、言いたいことをあなた方からまず話してください」と勧めると、ポンチャーシンが「ティンウイン中佐、タンエー少佐に託したことを事前に知るに及びました。これだけやって頂けるのなら、ほかに頼むことはありません。全て同意します」と発言した。これで、話し合いは終了したことになる。私たちからは事前に準備し伝えていたことを丁寧にはっきりわかるように再度説明し、話し合いを終えた。

信頼構築を優先

　私が事前に考えたように、兵士の数を重要視しないで信頼構築を重要視し、それを実際に見せたことが彼らから信頼を得ることにつながったと評価している。

食事会

　話し合いが行われたチンシュエホー村でコーカン武装勢力側が準備した食事会に参加して御馳走になった。和平が成立した記念式典をラショーで行うために打ち合わせをした後、私たち全員は喜んで彼らと握手を交わして、チンシュエホー村を出発した。その日、クンロン町に宿泊し、翌日ラショー経由でヤンゴンに戻った。

　ヤンゴンに戻ると議長と副議長に和平が成立したことを報告し、国民に公表することを提案すると、議長と副議長は非常に喜んでこれから進める事業の同意を得て、その通りに進めることができた。

第 29 節　ワ地域の平和

　ワ地域の幹部もコーカン地域の和平成立に影響され、ラショーにある情報部支部のタンエー少佐に対して接触を試みてきた。本当のことを言えば、コーカン武装勢力とワ地域の幹部とはお互いに連絡を取り合っていたのである。そのため、ワ地域の幹部はコーカン武装勢力と和平の進め方について事前に話し合いを行っていたのである。

タンエー少佐の報告に基づき、ティンウイン中佐をリーダーとする派遣団を送り、初めての話し合いを行った際、コーカン地域で行った和平の方法、手続きに従って、ワ地域も同様に和平を行いたいとの希望があることを知った。そのため、ワ軍の幹部であるチャウニーラインとパウユーチャンをリーダーとする代表団とホーパン町で 2 回、クンロン町で 1 回話し合いを行った後、ラショー市内にある軍管区本部で最終的な話し合いの末、和平協議が成立したことを発表できた。ワ地域は広大であり、各地のリーダー同士が何度も話し合いを行う必要があったため、コーカン地域のように早く手続きを進められなかった。

正直に言うと、ワ地域の県レベルのリーダーたちはミャンマー政府に対してあまり信用しておらず、彼らが我々のことを信用してくれるまで粘り強く話し合いを継続する必要があった。和平が成立した後も、郡や県のレベルに政府職員が入る許可を得るために、かなりの日数がかかった。

キンニュン第1書記、ワ地域モンパウ小学校を視察

粘り強く交渉

　和平成立後に地域の発展事業を行うために、教育、保健医療、農業、畜産に関する職員を派遣するにも困難があり、粘り強く交渉する必要があった。地域の発展事業を行うためマインモー町に最初に職員が入ろうとしたが、許可が得られず、森の中で野宿して、許可を待ったこともあった。当時、住宅局のアウンポン総局長（後の森林省大臣）をリーダーとして農業省のドクターミャマウン、保健省のドクターティンウー他、各省庁の官僚たちがクンロンから徒歩で出発し、マインモー町の入り口で入域許可が得られないため、そこで一泊して許可を待った。その後、パンサンにあるワ軍本部から許可が出て協議の結果、やっと入域の許可を得た。その後の地域発展事業は順調に進んだ。

ビルマ共産党幹部を中国へ追放

　私たちがワ地域の幹部たちと和平に関して話し合いを行っている時、ビルマ共産党中央のタキン・バテインティンをトップとする幹部たちを、ワ地域からパンサン町の対岸、中国領内に追放し、今後自分たちの力で中国国内において生活すること、ワ地域に戻らないこと、ワ地域の発展事業をミャンマー政府と共同で行うことなど

を正直に伝え、中国国内まで送ったことを知った。ワ民族は非常に根性があり忍耐力があり、仕事を一生懸命する性格であることがわかった。そのため、ワ地域は 1 年間で見違えるほど発展した。その後、トップのチャウニーラインが脳梗塞で半身不随となったため、パゥユーチャンがトップを引き継ぎ、ワ地域の発展事業を引き続き行った。

ミャンマー・タイ国境にワ族の軍隊を派遣

　ワ民族に関して特筆すべきことがあるのでここに記す。1994 年頃、ミャンマーとタイとの間で国境問題が発生したため関係が悪化した。その時、ルーラン、モントー、モンタ地域にはミャンマー国軍の駐屯地が手薄になっていた。そこで、国境地域の治安を安定させるため、タンシュエ議長が北部に駐留するワ軍の兵士 3,000 人をルーラン、モントー、モンタ地域に移動させるよう私に任務を与えた。そのため、ワ族のトップであるパゥユーチャンと協議を行い、1 週間以内に上記の地域に兵士を派遣することができた。これはワ族にどれだけ忠誠心があり、命令に従順で、ミャンマー国軍に対してどれだけ信頼しているかを示すものであったため、ここに記したのである。コーカン地域と同様に、ケシ栽培をなくし麻薬を撲滅するため、代替となる農作物の栽培事業を広範囲に渡り行った。特にゴム、茶、ライチー、ミカン、稲の栽培が広く行われるようになった。

ヤウンカ発展計画

　タイのタクシン政権時代、タイ国境近くのタチレク地域のヤウンカ村で、地域の発展計画のためにタイ政府から 8 千万バーツの支援を受けてヤウンカ発展計画という名称で教育、保健医療、農業の分野で発展事業を行った。ベッド数 16 床の病院、小学校 1 校、農業、畜産研修センターを建設し、教育を行い農業や畜産の効率的な運用などの支援が行われた。このヤウンカ発展計画も麻薬撲滅事業の一環であった。

コーカンとワ地域の平和を羨ましく思う

　コーカンとワ地域の少数民族武装勢力の幹部たちが政府と和平を結んで地域の発展事業を行っているのを他の武装勢力の幹部たちが羨ましく思い、ミャンマー政府と和平協議を行い地域の発展事業を行いたいと申し入れるようになったため、引き続き和平交渉を進めた所、以下の武装勢力と和平が成立した。
- (1)　チャイントン地域マインマ、マインラーを拠点とするコー815 部隊と呼ばれるサインリン（別名）リーミーシェーのグループ
- (2)　セーティンをトップとする南シャン軍(SSA)
- (3)　トゥマノーをトップとする KDA 軍
- (4)　ザコンテインヤンをトップとするビルマ共産党軍（101）部隊
- (5)　アィモンをトップとするパラウン軍
- (6)　KIA（カチン民族独立軍）とは何度にもわたる協議の末、1994 年和平成立
- (7)　アウンカンティーをトップとするパオー部隊
- (8)　ターカレーをトップとするパオー部隊
- (9)　クーテーブーペーをトップとする KNPP、一旦和平が成立するも後に脱退

（10）　トゥンチョーをトップとするカヤー部隊
（11）　タンソーナインをトップとするカヤー部隊
（12）　ゲーバイェーピャン、テーをトップとするパダウン部隊
（13）　ナインシュエチンをトップとするモン州新党
（14）　ナインサィチンをトップとするモン民族部隊
（15）　ソートゥンウーをトップとするラカイン州共産党部隊
（16）　クンサーをトップとするシャン州軍（その後完全に投降）

　コーカン武装勢力から始まった和平の果実が短期間で 18 のグループとの和平につながった。

**1989 年 11 月、ラショー市内で第 1 書記のキンニュン中将とその一行が
ビルマ共産党の支配下から離脱し、和平が成立したワ民族グループの
指導者であるチャウニーラインとその一行と握手を交わしている様子。**

マインラー地域の特筆すべきこと

　マインラー地域で起きたことも記しておきたい。サインリン（別名）パリーミーシェーをトップとするビルマ共産党コー815 部隊と第 768 旅団はミャンマー国内で非常に有名な黄金の三角地帯を拠点にして活動するアカ民族とシャン民族が合同で参加するグループである。

　マインラー村はミャンマーと中国の国境線をまたぐ形で存在している村であるため、中国から観光客が多く訪ねて来る。この地域の幹部は中国側からやって来る観光客を当てにしているため、観光客を魅了するイベントを行っている。それにより、中国だけでなく、他の国からも観光客が入って来たため、観光収入により多くの収入を得る地域となった。この地域にはケシを栽培する村が 200 以上あったため、ケシの生産量が非常に多かった。和平が成立した後、政府と UNDGP との協力により、麻薬撲滅 6 年計画を実施し、1997 年にマインラー、マインマ地域は麻薬撲滅地域として公式に発表でき、麻薬撲滅記念博物館も開館した。

黄金の三角地帯

　農業はゴム、スイカ、稲などを効果的に栽培でき、ケシ代替作物の農業が成功し

た。この地域はケシの生産地で悪名高かったが、今はケシ代替作物の農業が成功して観光地として有名になった。

パゥユーチャンをトップとするワ州合同軍のパンサン近くで水力発電所の開所式に
キンニュン第1書記が出席

第30節　ワ軍との和平

　コーカン武装勢力がビルマ共産党から離脱した後、ワ族の指導者であるチャウニーラインとパゥユーチャンがビルマ共産党から離脱したいため、1989年4月14日にワ族の指導者たちと離脱に向けて話し合いを行った。4月17日、ワ族の武装勢力がパンサン町にあるビルマ共産党を占領したことを知った。その後、1989年5月に和平に関して話し合いをしたいと要請があったため、国軍情報部のティンウイン中佐とタンエー少佐をナンティッ町に派遣し、チャウニーラインとパゥユーチャンと話し合いを開始した。
　1989年6月に双方の代表者が2回目の話し合いを行った所、お互いに理解が醸成できた。1989年11月にキンニュン第1書記、軍管区長のマウンティン少将、テインウイン少将、タンニュン少将、ミョータン准将、一部の副大臣、局長が参加する代表団がチャウニーラインとパゥユーチャンをトップとするワ族の代表団とホーパン町で話し合いを行った。話し合いの結論が出なかったため、クンロン町で再度話し合いを行った末、和平が成立した。

県レベルの問題で遅延が生じる

　ワ族の武装勢力と話し合いを行ったが、ワ地域には各県レベルでそれぞれの首領がいて、ワ族の武装勢力中央が命令したことでも、県レベルで同意が得られない場合があり、和平の実現に時間がかかった。時間はかかったが、コーカン軍との和平が成立した時、ワ民族のグループも和平を成立させると決意したことがわかった。しかし、各県のリーダーの希望である自治権、軍の配置、地域の発展事業に関して意見が異なったため、ワ族のトップがたびたび話し合いを行い解決する必要があり、かなりの時間を要することになった。

11 月 17 日、国境地域・少数民族発展作業委員会の議長で首相のキンニュン大将がシャン州北部特別区（2）のワ民族の代表者パゥユーチャン一行に対してヤンゴン市内で面会。

担架で運ぶ

　第 1 書記である私とワ族の幹部たちとホーパンで 1 回、クンロンで 1 回、我慢強く話し合いを行い、和平を成立することができた。私が聞いた話では、ビルマ共産党の支配下から離脱した際、ビルマ共産党の幹部に事情を説明し、パンサンの向こう岸、中国領土内にビルマ共産党の幹部を送り出したこと、ビルマ共産党の議長、タキン・バテインティンが歩けないため担架で川を渡り送ったこと、などを知った。ビルマ共産党の最後の状況は、中央の幹部は全員ビルマ族で、前線の兵士たちはコーカン民族やワ民族の少数民族ばかりであったため、ビルマ共産党から分離するのは特に困難ではなかったということである。

ワ族は中国人とは異なる

　ワ族は中国国境に住んでいるが、その顔形、容貌は中国人とは異なり、ビルマ族のアニャーダー（上ビルマ地方に住んでいるビルマ族）に似ている。つまり中華民族ではなくミャンマー固有の民族であることは明らかである。

　また、話し方を観察していると、彼らは素朴、誠実で包み隠さない性格であると思われる。彼らの元々の性格が素朴で誠実なため、彼らに対して誠実に対応できる人物、誠実に包み隠さず話せる人物が彼らと信頼を築けると思われる。ワ族の性格は、困難を耐える根性があり、努力家で命令に従順であることがわかった。

11月7日、国境地域・少数民族発展作業委員会の議長で首相のキンニュン大将がヤンゴン市内インヤー通りの国軍迎賓館でワ族の幹部、パゥユーチャンとその一行と会談。

1999年4月26日に行った「ワ地域の和平成立10周年記念式典」で第1書記のキンニュン中将がワ族の幹部であるパゥユーチャンに対して記念品を贈呈。

第31節　武器と和平を交換したクンサー

　クンサーを首領とする MTA というグループはミャンマーだけでなく国際的にも知られたグループである。なぜならば、麻薬の生産と取引を大規模に行っている麻

薬王として世界的に知られており、シャン州南部のミャンマー・タイ国境の広い範囲で活動する武装勢力のトップであるからである。このように世界的に知られ、強力な軍隊を持った武装勢力のトップであるクンサーが、1995年に彼の腹心の一人であるアウンラという人物をタチレク市内にある国軍情報部のテインハン少佐に派遣し、「和平協議をしたい。キンニュン大将とも面会したい」と申し入れを行ってきた。当時、国境地帯でワ族の軍隊と戦闘を行っていたため、「これはかく乱作戦に違いない」と思い、「テインハン少佐、私は信じない。考えておくと伝えてくれ」と回答させた。その後1ヶ月くらい経過した後、2回目の接触があった。今回はクンサーの片腕にあたる腹心のラウンタイン（別名）ティンマウンウインという人物をタチレク市内のテインハン少佐に派遣したのだ。今回はクンサーの声を録音したテープを持参していた。テインハン少佐から事情を聞いた後、サンプィン大佐を派遣した。私が言いたいことを言い付けて、ラウンタイン経由でクンサーにメッセージを伝えさせた。そのすぐ後、3回目としてラウンタインから接触があった。

麻薬王の汚名を返上したい

　3回目の接触でもクンサーの声が録音されたテープを持参して来た。テープの声でクンサーは「私はかなり年を取った。私も政府と協働したい。平和に暮らしたい。麻薬王という汚名も返上したい」とかなり詳しく気持ちを込めた内容となっていた。私はこれを信じて「4回目の話し合いをしよう。話し合いのための代表団を派遣してください。武装闘争路線を止めてください」と回答した。彼らは私の回答を受け取ると、4回目もラウンタインを派遣した。クンサーは多くの人を派遣しない。彼の配下の軍事責任者と2番目の指導者であるチャンスーシンと3,4人の部下と相談して極秘に動いたため、信用できる人物しか派遣しなかったからである。

4回目はタウンジーで面会

　4回目の面会の場所はタウンジーを指定した。そのため、ラウンタインはタンルイン（サルウイン）河を渡り、リンケー、モーネー経由でタウンジーに到着した。私たちのほうはチョーテイン大佐、サンプィン中佐、タウンジー市大隊長であるキンゾー少佐が話し合いに参加した。私が出した回答の通り、彼らは同意した。「無条件で全ての武器を捨てます。和平交渉を円滑にし、全てが円満になるようにキンニュン第1書記自身が話し合いに参加してください。第1書記が行う通りに私たちは従います」と録音されたテープをこちらによこしてきた。私はこれを本気だと信じて、経緯を議長と副議長に報告した所、両者とも同意してくれた。私とマウンエー副議長が相談して、私に和平交渉を進める権限を与えてくれた。

　それで、私は「第5回目の代表者を派遣してください。和平交渉の詳細を詰めるための事前準備のためである。これを機に更に和平交渉を進めましょう」と回答した。

5回目の話し合いにクンシェインが派遣される

　第5回目の話し合いのために、クンサーの叔父にあたるクンシェインをタウンジー経由でヤンゴンに派遣した。彼と一緒にチョーミィンという男が同行した。ヤン

ゴン市内で私と、情報部のチョーウイン副総局長、チョーテイン大佐、サンプィン中佐が迎賓館で面会し、和平の詳細に関して話し合った。議長と副議長から今後進めることについて許可を得ているため、クンサー、チャンスーシンなどの幹部に会って話し合い、詳細を決定するとクンシェインからホーメインにある本部に事前に報告させた。分裂した MTA 軍の部隊の中で事前に知らせても問題のない部隊の幹部にも通知しておいてほしいと依頼した。ホーメイン本部に出向く情報部隊が非常に重要となる。その部隊はサンプィン中佐、ニャンリン少佐、トゥントゥンウー大尉、写真家、通信技術者一人ずつ、合計 5 人の部隊となった。

　私たち陸軍方では、モーヘイン大佐をリーダーとする第 55 大隊の 10 部隊をクンサーがいるホーメインへ向かわせた。師団長のピィソン大佐をリーダーとする 10 部隊をチャイントンからルェーランへ向かわせた。ティハトゥラ・シッマウン大佐をリーダーとする 10 部隊をモントー、モンタ方面へ向かわせた。合計 30 部隊をタンルイン河の北側にエンジン付きのボートで待機させた。その時、情報部隊のサンプィン中佐、ニャンリン少佐を含む 5 人の部隊、モントー、モンタ方面から情報部のテインハン少佐、ルェーラン方面から情報部のサインアウンテイン少佐がそれぞれ部隊を作り、MTA 軍のいる場所に事前に派遣した。

両軍は戦闘を止めない

　ホーメイン本部にいる副リーダー格のチャンスーシンが MTA 軍に対して事前に命令を下していた。「情報部の部隊がやって来たら、彼らと話し合う必要がある。詳細は追って連絡する」と MTA の各軍に対して事前に伝えてあったが、ルェーラン地域だけ困難があった。なぜかというと、ルェーランの駐屯地がワ軍に包囲されていて、戦闘が発生しているためだ。戦闘を止めさせるのは容易なことではなかった。サインアウンテイン少佐とその部隊が戦闘が起きているルェーラン駐屯地のすぐ近くまで進み、ワ軍と MTA 軍の両者に対して戦闘を止めるように促したが、両者ともに戦闘を中止せず、最後にチャンスーシンが「武器を捨てなさい」と命令して初めてワ軍の兵士がルェーラン駐屯地を占領して戦闘が終結した。

タンルイン（サルウイン）河を渡る

　実際、この作戦は 1995 年 12 月 27 日に開始したのである。マウンエー大将と私たちの部隊は第 55 部隊の師団長と戦略部長に対してナンサン空港で詳細な指示を与え、タンルイン河まで進軍させた。サンプィン中佐とその部隊には、タンルイン河を渡らせるため、MTA 軍がエンジン付きのボートで迎えに来て、ホーメイン本部に連れて行くこと。ホーメインに到着したら、クンサー、チャンスーシンと話し合い、私たちが依頼したことを引き続き行うように指示した。

　マウンエー大将と私は飛行機でヘーホー、ナンサン経由でモーセッへ向かった。モーセッで必要であれば私たちが指揮できるよう待機するためである。サンプィン中佐に依頼した通り、全て順調に進めば私たちは指揮を行う必要はない。実際、何も問題なく順調に進んだ。クンサーのいるホーメイン本部では順調に行った。ルェーランでも順調に進んだため、他の駐屯地も困難はなかった。このように書いていると、何も困難がなかったかのように思えるが、実際に行ったことは非常に困難で

微妙な問題であった。実際の現場で交渉にあたった人たちを大変賞賛する。MTA軍を集結させ、武器を一カ所に集めて、その後歩兵部隊を呼び寄せ配置する段取りを取った。

クンサーとその一族を尊敬する

　実際の所、クンサーとチャンスーシンのことを私は尊敬している。非常に強力な武装組織の武器を全て捨てさせ、武装組織を解散させたことは容易なことではない。彼らの決心が強固であったからこそ、実現できたものである。

　私たちはクンサーとチャンスーシンの家族をヤンゴンに呼び寄せ、極秘に安全な場所で生活させた。米国政府からクンサーの身柄を引き渡すように要求があったが、米国とは犯罪人引渡条約を締結していないため、また、クンサー一族は武器を捨てて投降し、犯罪者ではないため、米国に引き渡すことなく政府が保護した。

　クンサーは仏教徒であり、仏像に対して常に祈りを捧げる人物であった。彼がヤンゴンに到着すると、私に対して礼拝を行い、仏像を記念にプレゼントしてくれた。私はクンサーに対して「クンサーさん、あなたは私より年上である。私は罰が当たります」と言うと、「罰は当たりませんよ。シャンの習慣として指導者や恩人に対して礼拝を行う必要がある。」と答えた。本当のことを言うと、クンサーは大変良い人柄であった。ヤンゴン市内で生活している時は、平穏に暮らしていた。しかし、今はもう亡くなっている。彼が亡くなった時に何も手伝えなかったこと、彼の家族に対しても何も世話ができなかったことを残念に思う。

第32節　カチン民族解放軍(KIA)との和平交渉

　軍事政権時代、カチン民族独立軍(KIA)との和平交渉は非常に特別であった。1989年、コーカン武装勢力とワ民族の武装勢力がビルマ共産党の支配下から離脱し、ミャンマー政府と共同で地域の発展事業を行うことにしただけでなく、他の少数民族武装勢力も政府と和平協議を行い、それぞれの地域を発展させる事業を行いたいと努力していることは大変喜ばしいことである。

和平交渉に協力する社会団体

　この章で記すカチン民族独立軍(KIA)の和平への努力の中で、和平交渉に協力する社会団体の活躍が顕著であった。この社会団体にはラワン氏（元大使）、サブェージュン氏（宗教指導者）、クンミャッ氏などが主導し、この団体のことを除外して考えることはできない。

　KIAの組織の中には地域ごとの指導者、宗教の指導者、民族ごとの指導者、若い知識人の指導者が参加しており、自分たちの組織の中でいろいろな考え方、思想をひとつにまとめあげるために、指導者同士でかなりの努力が必要であった。前の指導者であるバヤンサイン氏の時代から、和平に向けての努力が始まった。彼らと連絡が途切れないように、和平に協力する社会団体が粘り強く、私たちに対して頻繁に接触を試みた。

1994年2月23日、和平成立を記念するパダン・マノー祭りに参加する
キンニュン第1書記とサブェージュン氏（宗教指導者）、クンミャッ氏

和平交渉が成立したことを祝うパダン・マノー祭りに参加するキンニュン第1書記、
カチン民族独立軍のトップ、ゾーマイン氏と社会団体のサブェージュン氏

1994 年 2 月 23 日、カチン州ミッチナー市内で和平成立を記念するパダン・マノー祭りを開
催するため社会団体のラワン氏 (元大使)、サブェージュン氏 (宗教指導者)、クンミャッ氏、
キンニュン第 1 書記、KIA のトップ

KIA との和平交渉が成立したことを祝うパダン・マノー祭りに参加したカチン民族の
女性たちキンンニュン第 1 書記

国家全体が平和になってこそ

　私たちの側も国家全体が平和になってこそ、政治、経済、社会などが発展することができるため、誠実さを基本として純粋な心で彼らと接するようにした。しかし、バヤンサイン氏の時代には和平は実現しなかった。彼が亡くなったため、柱を失ったようになったが、次のリーダーであるゾーマイン氏の時代に和平交渉を進めることができた。

　最初、ラショー市内で和平交渉を行った。当時、北東軍管区本部の管区長エーチョー少将（後の情報省大臣、死去）が主導し和平交渉を開始し、その後、KIA 側の要請により、ミッチナーにおいて話し合いを継続した。

　その後、北部軍管区本部の管区長ソールイン少将（後のホテル・観光省大臣、死去）が引き継ぎ主導し、1994 年に和平が成立した。その後、カチン州の発展事業、州民の生活水準の向上、生活の安定、農産物の自給自足などの事業を引き続き行った。各民族の指導者の決意と誓いは認めざるを得なかった。和平に協力した社会団体の人たちも称賛に値する。

KIA との和平交渉の後、KIA の幹部、社会団体の指導者、キンニュン第 1 書記、軍管区長のソールイン少将とテインウイン少将

カチン州ミッチナー市内の高等学校を視察中

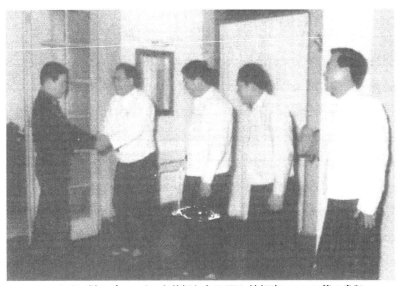

カチン州のゾーマインを首領とする KIA 幹部時ソニュン第1書記

1994年、KIAと和平協議が成立した後、ミッチナー市内の
軍管区本部会議室でKIAのゾーマイン首領時ンニュン第1書記が握手

国境地域・民族発展作業委員会の議長、キンニュン第1書記が
10月1日にKIAのゾーマイン首領に対して記念品を贈る

第 33 節　シャン州全民族国民解放評議会、ヤララパ・パオー部隊が法による支配に入る

　ヤララパ・パオー部隊は赤パオーと白パオーの 2 つのグループが分裂しているうちの赤パオーの方である。1970 年にインドー、チャウグー地域のビルマ共産党中部のボーキンニョーをトップとする部隊を拡張し、地元のパオー民族を組織化し、ビルマ共産党の基本理念に従って、各地で演説会を行い組織の強化を図った。

赤パオーグループ

　1973 年にビルマ共産党中央から肌黒のミョーミィンという男がやって来て、ビルマ共産党の支配下に入るよう説得したところ、同意する者と同意しない者でグループが二つに分裂した。同意した方はターガレー、セインシュエ、ソーアウンルインなどがいて、ビルマ共産党の配下に入り、赤パオーと呼ばれるようになった。

　1976 年 4 月、ターガレーをトップとする赤パオーグループの一部がビルマ共産党本部に出向き、軍事教練や基本理念に関する研修を受け、武器を得た。そのグループにビルマ共産党軍の第 4046 部隊を所属させ、パオー地域にビルマ共産党の活動を開始した。1983 年、ビルマ共産党軍はパンサン方面に退却した。ビルマ共産党による支配や人民に対する接し方を、地元民が受け入れなかったからである。

ヤララパ組織内で

　1989 年に入り、多くの少数民族武装勢力が次々と政府と和平を結び、法による支配の枠内に入って来た。そのため、ヤララパの組織内でも意見が分かれて来た。

　1993 年 11 月、私（キンニュン第 1 書記）はカヤー州ロイコー市で市民や宗教指導者に面会し、和平に向けて少数民族武装勢力と話し合いを行いたいと提案した。

　1994 年 1 月、タウンジー市内のヤララパから、私たち国軍情報部に対して代表団を派遣して和平協議を行いたいと提案してきた。3 月、シーサイン町で国軍の代表者とヤララパの代表者が第 1 回目の和平協議を行った。

和平協議の最終回

　1994 年 4 月、シーサイン町で建設的な和平協議を行うことができた。1994 年 6 月、タウンジー市内にある東部軍管区本部で代表団と激しい議論を行った。そして 8 月、軍管区本部で最後の和平協議を行い、和平に関して同意を得ることができた。

　1994 年 10 月 9 日、シーサイン町で開催された和平成立を祝う式典に、私（キンニュン第 1 書記）が出席し、赤パオーの幹部たちを歓迎して食事でもてなし、地元民からも喜ばれた。

　パオー地域全体で和平が実現したため、パオー民族、シャン民族が地域の平和の実感を味わうことができた。

ヤララパのターガレーから贈り物を受け取るキンニュン第1書記

第34節　KNUとの和平への努力

　1989年、少数民族武装勢力の多くは政府と和平交渉を行い、和平が成立して法による支配下に入ったが、KIAやKNUという大きな組織、一部の小さな組織はまだ和平交渉が行われず残されていた。ミャンマー全土で和平が実現して初めて、ミャ

ンマー全土で発展事業を本格的に行うことができる。そのため、国軍による掃討作戦を中止し、和平交渉を呼びかけるため連絡事務所を各地に設置し、粘り強く努力を続けた。

KNUからの申し入れ

1993年1月、KNUの首領ミャ将軍とテインマウン氏が和平交渉を行いたいとタイ軍を通して申し入れを行ってきた。私たちの側からは交渉の準備は整っていると回答した。

1993年4月23日、KNU議長のミャ将軍が国軍最高司令官のタンシュエ上級大将宛に公開書簡を送付した。その書簡には、ミャンマー全土停戦、ミャンマー全土の武装組織との協議会の開催、政治犯の釈放などが記されていた。

和平への働きかけ

1993年、国軍最高司令官の方針により、私（キンニュン第1書記）は11月17日、カヤー州ロイコー市を、11月25日にモン州イェー市とタンピューザヤ郡を、11月26日にカレン州パアン市とコーカレイ郡ミャパダイン村を訪れ、地元民や宗教指導者と面会し、ジャングルで活動する武装勢力に対して武器を使用した闘争を止めて平和のために話し合いに参加するように呼び掛けた。

ミャ将軍と在タイ武官が面会

1993年12月、タイのバンコク市内にある在タイ武官のテインスェー大佐はミャンマー・タイ国境にあるKNA本部へ行き、ミャ将軍と面会し、ミャンマー国軍の姿勢と和平交渉に関する事項を説明した。

DKBA（カレン仏教徒軍）が分離

1994年、ミャインジーグー師の仏教布教活動に関してKNUが禁止したため、KNUからDKBAが離脱し、様々な問題が生じたので、和平交渉が中断した。

1995年3月、KNU側から和平交渉を再開したいとの書簡が送付され、和平交渉に協力する社会団体に属するトゥンアウンチャン、エーソーミィン、ソーイッチェッ、ソーマーゲージー、ハンシンタダー、クンミャッが加わり、KNU本部で数回に渡り和平交渉を行った。

1995年9月、和平交渉に協力する社会団体は私（キンニュン第1書記）に面会を求めて、ミャ将軍との話し合いの状況について詳しく報告した。私からも和平が成立するよう努力を続けてほしいと社会団体に対してお願いした。

1995年9月、KNUから正式な和平交渉に先立ち、和平に関して政府の施設と立場に関して非公式に説明を行ってほしいとの要請があったため、10月に国軍情報部のチョーテイン大佐、サンピィン中佐をリーダーとする部隊を、タイのメーサウ近くにあるKNU駐屯地に派遣して、KNU議長のミャ将軍と幹部に面会し説明を行った。

1998 年 4 月に開催された和平成立の式典で KNU 中央執行部、
経済部の責任者であるパドー・アウンサン氏がキンニュン第 1 書記と握手

和平交渉を数回行う

　1995 年 12 月 14 日から 19 日まで、KNU 中央委員会のマンサリラをトップとする代表団はモーラミャイン市に到着し、国軍の東部軍管区本部の副管区長であるアウンテイン大佐と国軍情報部の副局長であるチョーウイン大佐とトップとする代表団の間で軍管区本部において第 1 回目の和平交渉を行った。12 月 21 日、KNU の代表団と私（キンニュン第 1 書記）がヤンゴン市内で面会し、和平成立に向けて努力するよう要請した。

ヤンゴン市内で面会

　1996 年 2 月 15 日・16 日、モーラミャイン市の軍管区本部において KNU のパドー・マンシャーをトップとする代表団と第 2 回目の和平交渉を行った。2 月 22 日、その代表団を私（キンニュン第 1 書記）がヤンゴン市内で迎え面会し、政府の平和に関する姿勢を説明した。

　1996 年 6 月 29 日から 7 月 2 日まで、KNU のターマラボーをトップとする代表団はモーラミャイン市内の南東軍管区本部においてアウンテイン准将と国軍情報部の副局長、チョーウイン大佐をトップとする国軍代表団が第 3 回目の和平協議を行った。そして、7 月 4 日、KNU の代表団と私（キンニュン第 1 書記）はヤンゴン市内で面会した。

　1996 年 10 月、KNU 議長ミャ将軍が非公式の話し合いを行いたいと要請してきたため、サンプィン中佐と部下をメーサウ市近くの KNU の駐屯地に派遣した。代表団はミャ将軍の要請事項をヤンゴンに持ち帰り、私に報告した。

1996 年 11 月 22 日・23 日、KNU のターマラボーをトップとする派遣団がモーラミャイン市に到着し、軍管区本部においてアウンテイン准将とチョーウイン大佐などと第 4 回目の和平協議を行った。

1996 年 2 月 22 日、国家法秩序回復委員会の第 1 書記、第 2 回目の和平交渉に来たカレン民族同盟(KNU)の代表者とヤンゴン市内で面会

1996 年 7 月 4 日、国家法秩序回復委員会の第 1 書記が 3 回目の和平交渉のためにヤンゴン市内に来た KNU の代表団とヤンゴン市内で面会。

アメリカの干渉

　1997 年 1 月 7 日から 14 日まで、KNU が主導し DAB および複数の少数民族武装勢力がアメリカのある団体が主催するセミナーに出席した。このセミナーの本当の目的は、和平協議を中断させ、和平が実現しないようにアメリカが介入、干渉することであった。

　セミナーの名称は「少数民族のためのセミナー」というものである。アメリカの団体が費用を負担し、セミナー全体で彼らの考えを中心に意見が述べられ、セミナー後、声明文が発表された。それは、政府主導の国民会議を認めず、民主化勢力、少数民族代表、政府による 3 者会議を行うことを要求する、ミャンマーがアセアンに加盟することを凍結し、民主主義と人民による民主化闘争を支持するというものであった。

　このセミナーが行われて、国内の和平協議が中断し、KNU の軍事活動が活発になった。しかし、その後和平協議に関心が移り、接触を再開するため、KNU 側は情報部と交渉担当者としてソーソーという人物を、政府側はサンプイン中佐を連絡担当者として決定し、接触が再開した。このように両者の関係を断ち切らないよう努力したこと、すなわち、クンミャッなど和平協議に協力する社会団体の人たちの努力により、KNU のミャ将軍と和平を希望する幹部たちが連絡を断ち切らないように努力していることは喜ばしいことである。

和平への光が再び

　KNU 議長のミャ将軍と和平を望んでいる KNU 幹部の意向に従い、和平協議に協力する社会団体があるヤンゴンとタイのメーサウ、ヤンゴンと KNU 議長と幹部のいるタイのある地方へ何度も往復して努力を重ねたため、2003 年に和平への光が見えて来た。

ソーボーミャ自身が来る

　2003 年 12 月、KNU のソーソー、ソーパードー、ソージョーニーをリーダーとする代表団がヤンゴン市内に到着し、国軍情報部の代表団と面会し、話し合いを再開した。KNU の議長であるソーボーミャ将軍から身の安全を保証するなら、将軍自らヤンゴンに出向き話し合いに参加するというメッセージを得たため、和平に関して話し合う準備を進めた。

　KNU の意向とソーボーミャ将軍がヤンゴンに来て話し合いに参加するということをタンシュエ議長とマウンエー副議長に対して報告し、意見を伺った。

　国家平和開発委員会の議長と副議長から許可を得て、その指示の通り、KNU の和平交渉団との協議のため在タイ・ミャンマー大使と武官に詳細を伝え、タイ国内で準備すべきことをするように伝えた。

2003 年 12 月にヤンゴンに到着した KNU 代表団と最初の和平協議を
私（キンニュン首相）が面会し、KNU 側からソーソー、ソーパードー、
ソージョーニー、社会団体のクンミャッが出席した。

ソーボーミャ将軍がヤンゴンへ

　2004 年 2 月、KNU 議長のソーボーミャ、テインマウン、トゥートゥーレー、エービットー、ゾージョーニーをリーダーとする代表団をヤンゴンに迎え入れるため、国軍が所有する航空機をバンコクへ向かわせた。タイ軍も必要な準備を整えてくれたため、KNU 代表団が無事にヤンゴンに到着することができた。ヤンゴンに到着すると、国軍迎賓館で安全、安心して滞在できるように準備を万端に済ませた。その日、首相である私自身が迎賓館に出向き彼らを迎え、食事でもてなした。

　2004 年 2 月 22 日から、トゥートゥーレー、エービットーの二人と、国軍情報部の代表団が和平に向けての詳細を協議した。話し合いが進むにつれ、お互いの理解、信頼、親しみが沸き、友好的な雰囲気に発展した。お互いの意向や気持ちを正直にぶつけ、お互いのことを知ることができた。

誕生日の食事会

　首相である私自身が KNU 議長の誕生日を祝う食事会を開催できたため、お互いに尊敬し、親近感を増すことができた。和平協議の進展状況を議長と副議長に報告し、指示を仰いだ。和平協議が 1 週間に渡って続いた後、信頼が醸成され、ゴールまであとわずかの段階まで到達した。

あなたを信用する

　KNU 議長のゾーボーミャは帰り際、私に対して「あなたのことを私は信用する。

私は今から帰ります。私たちの幹部と再度話し合った後、またお目にかかります。その時に和平協定に調印する。再度ヤンゴンに来る時も飛行機を手配してください」と言った。彼の言葉は心から発したもので、彼の純粋で正直な気持ちを表現したものに違いないと私は信じた。しかし、彼は健康を害してしまい、和平が成立する前に亡くなってしまった。

2004年2月、和平協議を行うためにヤンゴンに到着した**KNU 議長のソーボーミャ**と
キンニュン首相がヤンゴン市内国軍迎賓館で親密に話し合った。

2004年の初頭、タイ軍がミャンマーの和平のために非常に協力した。**KNU** のミャ将軍、
パドーソーモー、クンミャッとタイ軍の将軍たちと。

第35節　コー815部隊とビルマ共産党第768師団との和平

　コー815部隊のリーダーはサインリン（別名）リーミーシェーであり、少数民族のアカ民族を中心として構成された部隊である。第768師団はシャン民族を中心として構成され、1989年4月に第815部隊、第768師団とともに、ビルマ共産党の支配下から離脱し、離脱した2グループが合同でシャン州東部軍事・地域統治委員会を設立した。サインリンはコーカン軍の首領であるポンチャーシンの娘婿にあたるため、コーカン軍と同様の和平を望んでいると5月に接触を試みてきた。

　この情報を得るや否や、シャン州ラショー市内に滞在しているロシミン氏経由で、サインリン氏に連絡を取らせた。1989年6月、国軍情報部の部隊をマインラーへ派遣し、和平協議を開始した。コーカン軍やワ族の組織のようにチャンスがあれば、法による支配に入りたいとの意向が確認されたため、チャイントン市内で正式な和平協議を開始する準備を行った。

コーカン軍やワ族の組織と同じように

　第1書記である私、大臣、副大臣などを同行させ、1989年10月11日にチャイントン市内でコー815部隊、第768師団のリーダーたちとサインリンを代表として、正式な和平協議が開始され、コーカン軍やワ族の組織と同様の和平が成立した。当面、武器の所持はそのまま維持し、適当な時期が来れば武器を捨てることで同意がなされた。

マインラー地域のシャン/アカ民族のグループのサインリンをトップとする代表団と面会

和平が成立後、サインリンとトップとする代表団が第 1 書記と面会

ゴムや果物を栽培

　チャイントン市の北側、マインラー、マインマ、マインパゥ地域は中国と国境を
接しており、中国人の多くがマインラーやマインマに入り、観光などを行っていた。
そのため、コー815 部隊、第 768 師団は観光業で地域を発展させた。また、ゴムや
果物の栽培でも大変成功したため、自分たちの地域の発展を実現させたことがわか
った。中国の旅行業界と観光業を行い、農業も成功したため、麻薬の撲滅、防止の
事業に力を入れて実施することができた。まもなく、麻薬撲滅記念博物館もオープ
ンでき、麻薬のない地域として宣言することができた。

キンニュン首相が特別区（4）のリーダーであるサインリンと面会

第 36 節　ビルマ共産党軍第 101 部隊との和平

　1989 年、コーカン地域とワ族の地域はビルマ共産党の支配下から逃れ離脱した。その際、ビルマ共産党本部の委員とその家族、残党はカンパィティー地域に駐留するビルマ共産党第 101 部隊の陣地に避難した。1989 年 8 月 15 日、ビルマ共産党第 101 部隊本部のあるパンワー駐屯地において、ビルマ共産党中央の執行委員会を改編し、地下活動を再開すること、ビルマ共産党第 101 部隊の部隊長であるサコンテインイエンに対して政治指導委員会の委員に任命するための会議が行われた。同時にビルマ共産党設立 50 周年記念の式典も開催された。

サコンテインイエン

　上記の提案に関してサコンテインイエンが同意せず、9 月に第 1 書記である私に対して 1 通の書簡を送付してきた。私から返事の手紙として「あなたとビルマ共産党本部との関係が円滑でなければ和平協議を行うことはできない」と答えた。私からの返事を受け取ると、サコンテインイエンは彼の下の組織や幹部と極秘に話し合いを行った。ビルマ共産党の軍事優先、革命による政権の奪取などの方針を捨て、和平路線に転換するためビルマ共産党の支配下から離脱しミャンマー政府と交渉を

進めることに同意した。

　1989 年 10 月 15 日、ビルマ共産党第 101 部隊を民主軍（カチン）と名称を変更したことを宣言した。同時に、国家法秩序回復委員会と話し合いを行いたいと書簡を送付してきた。11 月 15 日、第 1 回目の和平協議をシャン州北部クンロン市内で行った。1989 年 12 月 5 日、民主カチン軍（NDA(K)）は政府と和平協議を行うとビルマ共産党に対して報告した。

1990 年 1 月 13 日、和平が成立した日、国家法秩序回復委員会のキンニュン第 1 書記がビルマ共産党第 101 部隊の部隊長であるサコンテインイエンとカチン州ミッチナー市内で面会

ミッチナーにおける話し合い

　1989 年 12 月 7 日、ミャンマー国軍と 2 回目の和平協議を行った。12 月の第 3 週目にビルマ共産党中央の委員らをパンワーから追放し、ビルマ共産党とその家族は中国側へ逃げ込んだ。一部は NDA(K) に協力した。

　1990 年 1 月、第 1 書記である私と話し合いを終えて、NDA(K) は法による支配の下に入った。サコンテインイエンとその部隊は和平が成立した後、地域の発展事業を懸命に行った。特にチーブエ郡の交通、水力発電所の建設、教育、保健医療などの事業をミャンマー政府の支援を受けて実施した。

第37節　南シャン軍（SSA）との和平

　南シャン軍(SSA)の指導者セーティンは 1989 年 8 月、ロシハン氏に手紙を送り和平協議を行いたいとの希望を伝えた。また、手紙に民主主義の確立、機会均等、民族団結などについても話し合いたいとの希望が記されていた。1989 年 9 月、第 2 回目の接触があり、国軍の代表者と話し合いを行いたいと希望していることがわかった。そこで 9 月 20 日に国軍情報部のティンウイン中佐（後の大使、大臣）をトップとする国軍代表団とセーティンをトップとする SSA 代表団がラショー市内の東部軍管区本部で話し合いを行った。

セーティンの提案
　セーティンからの提案は、自分たちの軍隊の立場、配置のために、武器は当面捨てないこと、全てが平和になった場合に武器を捨てること、地域の発展事業を政府とともに実施したいこと、などを述べた。
　9 月 24 日、北東軍管区本部の管区長マウンティン少佐、ティンウイン中佐とセーティンをトップとする SSA と再度面会し、部隊の配置と地域の発展事業について話し合いを行った。

ラショー市内でセーティン、マトゥーノー、ポンチャーシンと面会

第3回目の話し合い
　1989 年 10 月、北東軍管区本部の管区長をトップとする代表団とセーティンをトップとする代表団は第 3 回目の話し合いを行い、部隊の配置と地域の発展事業について協議した。
　1989 年 11 月 10 日、第 1 書記をトップとする代表団とセーティンをトップとする SSA の代表団は最後の話し合いを行い、法による支配下に入ることに同意した。

1989年11月、キンニュン第1書記と代表団は、SSAの
セーティン副議長をトップとする代表団と面会し話し合いを行った。

1989年11月、ラショー市内でキンニュン第1書記と代表団が、SSAの
セーティン副議長をトップとする代表団と面会し話し合いを行った。

キンニュン首相、少数民族グループの代表者と会談

第38節　パオー民族組織（PNO）の投降

　パオー民族武装勢力の元の正式名称はシャン州全民族解放機構であった。1973年、ビルマ共産党中央からミョーミィンという男がパオー民族の住む地域に来て、ビルマ共産党の支配下に入らないかと勧誘した。その際、賛成派と反対派で2つのグループに分裂した。賛成派はターガレー、パームー、セインシュエ、ソーアウンルインなどが主導し、反対派はタトン・ラペー、チョーセイン、アウンカンティーが主導し、パオー民族機構と名前を変更して和平に関心を持った。

　1990年、タウンジー市内の国軍情報部の隊長に対して、パオー民族のグループと接触して、和平協議を行うため招待するように任務を与えた。そして、社会団体（仲介者）のサンアウンとそのグループを通して連絡がついた。

　1990年12月、社会団体（仲介者）と話し合いを行った際、政府の和平協議への姿勢や地域の発展事業計画について歓迎するとのパオー民族グループの返答が得られた。

アウンカンティーという人物

　1991年1月、アウンカンティーという人物から和平について協議すること、および地域の発展事業について話し合うことに同意するという趣旨の返事の手紙が届いた。そこで、2月に国軍情報部の局長室から代表団を派遣し、パオー民族のグループと話し合いを行った所、同意が得られた。1991年の2月、私（キンニュン第1書記）、軍管区長を含む国軍側の代表団とカウンカンティーをトップとするパオー民族グループ（PNO）とタウンジーの東部軍管区本部において和平協議を行い、パオー民族グループは投降し法による支配の下に入った。

168

シャン州アウンカンティーが主導する PNO グループとチャウタロン町で面会

パオー民族の地域にあるカックー遺跡のパゴダを修復した後に開催した
潅水供養の式典にキンニュン首相夫妻とパオー民族の人々が出席

パオー民族の地域の和平が成立した後、キンニュン首相などがカックー遺跡を参拝

1991年4月11日、東部軍管区本部（作戦会議室）で行ったPNOグループの投降を
記念する式典にキンニュン書記長と管区長のマウンエー少将が出席

カックー遺跡を訪問中のキンニュン首相とパオー族グループの幹部

カックー遺跡でキンニュン首相とパオー族グループの幹部

カックー遺跡でキンニュン首相夫妻がパオー族グループの
首領アウンカンティーと歓談

第39節　パラウン民族グループ(PSLA)との和平

　1989年に少数民族武装勢力の多くは法による支配の下に入ったが、シャン州北部
で活動しているKIA第4部隊とパラウン民族グループ(PSLA)はまだ活動を行って
いたため、KIA第4部隊と連絡が取れた後、1991年の初頭にマトゥーノーをトッ
プとするKIA第4部隊が法による支配の下に入った。当時、パラウン民族グループ
(PSLA)だけがシャン州北部に残っていたため、権威ある高僧の仲介を得て連絡を取
り、ラショー市内の国軍情報部からも接触を試みた。

　1991年4月に入ると、パラウン民族グループ(PSLA)が代表団を派遣し、和平協
議を行いたいと提案してきた。4月13日に国軍から代表団を送り、第1回目の話し
合いを行った。4月23日に再度代表団を派遣し話し合いを継続した。1991年5月、
アィモン議長をトップとする代表団がラショーに来て、軍管区長をトップとする代
表団と話し合いを行った。

パラウン民族と僧侶が賛同

　1991年5月2日、ラショー市内にある北東軍管区本部において最終の和平協議
を行った後、法による支配の下に入ったことを宣言した。地元のパラウン民族と僧
侶たちは和平の成立を熱烈に歓迎した。

1990 年 5 月、ラショー市内にキンニュン第 1 書記と代表団がアィモン議長をトップとする
パラウン民族グループ(PSLA)の代表団と会談

国境地域・少数民族発展委員会の議長、キンニュン首相はシャン州北部特別区（7）の
アィモン議長とニーロン副議長にヤンゴン市内で会談。

第 40 節　KIA 第 4 部隊から再編成された KDA との和平

　北東軍管区本部が管轄するクッカイン、テインニー地域において活動していた
KIA 第 4 部隊は、1989 年コーカン民族とワ民族のグループが政府と和平を成立さ
せたため、マトゥーノー臨時師団長が和平協議を政府と行いたいと KIA 本部に打診
した所、時期尚早であるとの理由から和平協議には至らなかった。

マトゥーノーの部隊が離脱
　その時、マトゥーノーは KIA 中央本部から離脱して、和平を実現させるため極秘
に暫定委員会を設立した。1990 年 12 月、国軍と接触を試みるため、第 9 歩兵部隊

の部隊長であるタンエー少佐に対して代表者を派遣し、話し合いを開始した。その際、マトゥーノー臨時師団長の手紙を渡した。手紙には「KIA から離脱したので、政府と和平を実現したい。コーカン民族やワ民族のグループと同様に考えてもらい、地域の発展事業を行いたい」と書いてあった。当面、武器の所持は認めてほしいとのこと。

　1991 年 1 月、マトゥーノーと代表団がラショー市内に来て、軍管区長と最初の話し合いを行った。1 月 15 日、私（キンニュン第 1 書記）との話し合いの末、法による支配の下に入った。

クッカイン、テインニー地域の和平

　KIA 第 4 部隊との和平が成立した後、クッカイン、テインニー地域が平穏になったと同時に、ミャンマー政府が地域の発展事業として農業、畜産、交通の改善事業を実際に行った。

KIA 第 4 部隊の指導者マトゥーノーと代表団がラショー市内でキンニュン第 1 書記と面談

第 41 節　モン州新党との和平

　1993 年 11 月 25 日、私（キンニュン第 1 書記）はモン州のイェー町とタンビューザヤ町を訪問し、地元民と話し合いを行い、ジャングルで活動する武装グループ

に対して和平協議を行うことを提案した。同時に、タイのバンコクに滞在している武官のテインスェー大佐がモン民族グループの代表者であるナインシュエチンと初めての話し合いを開始した。

モン州新党との最初の話し合い

　1993年11月頃、モン民族グループの指導者と武官がバンコク市内で2回目の話し合いを行った。武官には話し合う内容と基本方針を事前に伝えてあったため、政府の方針に従って話し合いを進めることができた。1993年12月、ナインシュエチンと1回、ナインハンターと1回の話し合いを行った後、12月27日に正式な和平協議を行うために国軍機でバンコクからモーラミャインへ呼び寄せ、軍管区長のケッセイン少佐をトップとする代表団と、ナイントームンをトップとするモン州新党との第1回目の和平協議を行い、良い結果を得ることができた。

　1994年3月20日、モーラミャイン市内で第2回目の和平協議を行い、良い結果が得られた。

　1994年3月27日、モーラミャイン市内で第3回目の和平協議を行い、軍の配置など合意が得られた。1995年6月2日、モン民族グループはパヤートンスーから車でモーラミャインへ移動し、第4回目の和平協議を行った。

　1995年6月26日、ナイントームンをトップとするモン民族グループはパヤートンスーから車でモーラミャインへ移動し話し合いを行った後、1995年6月29日に和平協議が終了して和平が成立したため、法による支配下に入ることを記念する式典が開催された。武器と平和を交換する、その式典にはモン州新党ナインティン副議長などが出席し、7860人の兵士が武器8346丁を国軍に引渡し、法による支配下に入った。

キンニュン第1書記がモン州新党のナインシュエチン議長、ナインティン副議長と面会

1995年6月29日、モン州新党が法による支配下に入ることを記念する式典にモン州新党の
ナインティン副議長が国家平和開発委員会の第1書記のキンニュン中将に対して仏像の
贈り物として贈呈。

1995年6月29日、国境地域・民族発展委員会の議長、国家法秩序回復委員会の第1書記で
あるキンニュン中将がモン州発展計画に関する会議で演説

モン州新党のナインヨーサ事務総長に対してキンニュン第1書記が挨拶

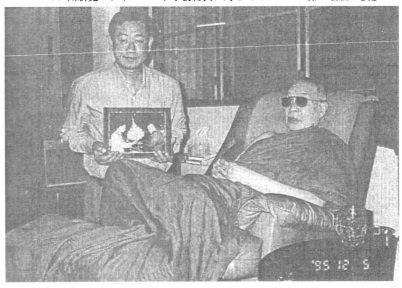

1995年12月5日、ウインガ師がモン州に平和が来るようにクンミャッ氏に対して説法

モン州新党が法による支配下に入った後、モン州の地方農村の
発展事業のためにモン民族グループと政府側の大臣、副大臣が協議

　1995 年 6 月、モン州新党が法による支配下に入った後、ナインシュエチン議長は
ヤンゴン市を訪問し、国家平和開発委員会のタンシュエ議長や私（キンニュン第 1
書記）と面会した。ヤンゴン市内とモーラミャイン市内に連絡事務所を設置するこ
とと、地域の発展事業や国軍との共同事業に関して話し合いを行った。モン州新党
の中でベィッ、ダウェーを拠点に活動していたアウンタィヒンをトップとする 270
人の兵士で構成されるグループはモン州新党から離脱し、1997 年 5 月 31 日にベィ
ッ県チャウンチー地域で武器と平和を交換した。モン州新党のベィッ、ダウェー、
沿岸地域で活動していた若者グループのリーダー、ナインサィチャンは 2001 年に
モン州新党から離脱し、モン州新党の残党 80 人とともに国軍と協調して沿岸地域
の治安を確保した。
　2001 年から 2004 年にかけて、タイからの密漁船の取り締まりが成功したのはナ
インサィチャンをトップとするモン民族グループの活躍のおかげである。モン民族
グループとの和平を成功に導いた仲介者（社会団体グループ）に対しても感謝しな
ければならない。仲介者は、クンミャッ、ナインペーティン、ナインキンマウンな
どである。パヤートンスー近くの寺院で布教活動を行っている高僧から協力を得ら
れたのも意義があった。

第 42 節　　国境地域の発展事業を実施

　1989 年に少数民族武装勢力の多くと和平が成立し、法による支配下に入った後、
発展が遅れている国境地域の発展事業を実施することを彼らに約束している。この
ことは、国家法秩序回復委員会の議長にも報告してあり、許可も得ている。国家政
策の一つでもある。彼らが求めていることも市民にとって必要なことばかりである。
特に少数民族が居住している国境地域は交通の便が非常に悪い。山岳や高原地域の
ため、米、麦、トウモロコシなどの栽培が困難である。少数民族たちは平野部で米
や塩を購入して持ち帰るしかない。交通の便が悪いため、1 年分の米や塩を買い集
めるしかない。その米や塩を買うにもお金が足りない。

そのため、彼らは安易にお金が稼げるケシの栽培に手を出し、実ったケシの実を背負い篭またはリュックサックに詰め込んで平野部の市場で売り、得られたお金で米や塩、その他の生活物資を買って持ち帰っていた。
　これは、彼らにとって伝統的な生活の一部になっていた。少数民族にとって山間部でケシを栽培することは習慣になっていた。そのため、少数民族武装勢力はケシの栽培を禁止せず、一部のグループはケシの栽培に関与していた。

**1990 年 3 月 24 日、キンニュン第 1 書記がガンディ町を訪問し、
地元の少数民族が歓迎する**

ケシの栽培と麻薬の製造
　ビルマ共産党（北東地域）はバゴー・ヨーマ山系を拠点とするビルマ共産党本部が崩壊するまではビルマ共産党の支部となっていた。その後、ビルマ共産党本部が崩壊すると、コーカン地域、ワ地域、チャイントンの北部にあるマインラー、マインマ地域、マインヤン、マインヤウン地域に活動の拠点を移した。ビルマ共産党は1980 年頃に入り、中国政府からの援助が中止されると、資金源を確保するため、ケシの栽培と麻薬の生産を奨励するとともに自ら関与するようになった。麻薬の売買に対して課税した税金によりビルマ共産党が存立するように努力していたことは顕著であった。

ケシ畑ゼロ宣言
　1989 年頃、コーカン、ワ、マインラーの各地域の民族グループは地域の発展事業が全く進まないため、荒廃し続けていた。そのため、彼らはビルマ共産党の支配下

から離脱し、政府と和平を結び法による支配下に入った。ミャンマー政府はこれらの地域を発展させるため、まずケシの栽培を止めさせ、代替作物となるゴム、サトウキビ、茶、コーヒー、小麦、のほか、日本政府の協力によりソバの栽培を奨励した。そのため、ケシの栽培面積は徐々に減少し、最後にはケシ畑ゼロを宣言するに至った。ケシ撲滅計画は成功したと言える。

　国家法秩序回復委員会は 1989 年から国境地域と少数民族の発展事業を実施するため、中央委員会と作業委員会を設置し、地域の発展事業に本格的に取り組み、中央委員会の議長には国家法秩序回復委員会の議長が就任し、大臣が委員となった。作業委員会の議長には私、キンニュン第 1 書記が就任し、一部の大臣と副大臣、各省庁の幹部が委員となった。中央委員会の方針に基づいて作業委員会が実際に事業を行った。

キンニュン第 1 書記、チン州パラン町へ発展事業のために訪問

最も必要なのは道路整備

　法による支配下に入った少数民族武装グループの支配地を均等に発展させる事業を実施した。最も重視したのは、交通の便を良くすることで、新しい道路の建設や旧道の修復、整備などを実施、1 年（乾季、雨季、涼季）を通してどの季節でも車が道路を利用できるようにすることを優先した。

　同時に、農業や畜産業が発展し定着するように専門家を派遣し、種子や耕作用の農機具を水牛や牛がいない地域に行き渡らせ、鶏や豚の畜産業の振興、米や塩が手に入らない地域にこれらの物資を支援するなどの事業を行った。これらの事業を実施するため、私（キンニュン第 1 書記）が何度も国境地域の村々を訪問した。

人材育成

　また、人材を育成するために必要な学校、保健所、診療所を不足している地域に建設した。国境地域など辺鄙な地域にある学校に勤める教師には給料を 2 倍にして定着を図った。

少数民族グループのリーダー

　少数民族グループのリーダーが自ら地域の発展事業に政府と共同で努力し取り組んだため、国境地域が急激に発展する姿が顕著に見られた。地域発展のスピードは非常に速かった。5年、10年の期間で、小さな村が近代的な都市に発展して行った。

　例えば、少数民族が住む地域は中国国境近くにあるため、国境付近で生産されたゴム、サトウキビ、コーヒー豆、茶などを中国側の商人が買い付け中国側に加工工場を作り、またゴムの卸し市場を作って商売を始めるようになった。茶の原料を買付け製品に加工、包装して中国側で販売するようになった。現在、コーカン地域のラウカイン、コンジャン、チンシュエホーは大都市のようになった。

　ワ地域では、パンサン、マインモー、ナンティッ、ホータウン、マインピャンも大都市のようになった。マインラー、マインマ、マインヤン、マインヤウンなども近代的な都市になった。

　カチン州、カヤー州、カレン州、チン州も地域のリーダーが積極的に発展事業を行ったため、ある程度発展することができた。2004年以降、どのようになったのかは私が自宅軟禁になったため、知る由もなかったことは言うまでもない。

連邦精神

　1989年から2004年までの15年間に少数民族が暮らす国境地域が発展したのは間違いない。私は彼らが住む地域をくまなく訪れ、少数民族の人々の生活水準の向上、国境地域と平野部との交通の発展、米や塩がなく飢えに苦しんでいる人々をなくすこと、ケシ栽培を撲滅することなどを目標として掲げ、発展事業を実施した。その経過で、少数民族同士の友好親善から連邦精神が育まれてきたと言える。

タチレク地域の発展事業を行うため、キンニュン第1書記一行がタチレク空港に到着

キンニュン首相一行、12月29日にカチン州ミッチナー市マリカ公邸で
行われた晩餐会で民族の指導者、カチン民族の若者らと記念撮影

地域発展大学2校

　国境地域に暮らす少数民族の若者たちが知識人になり、自分の地域の発展事業を
行うためにヤンゴンとマンダレーに国境地域発展大学2校を開校した。

　その大学で専門知識を習得した若者を国境地域の発展のために生かしてほしいと
いう目的で国境地域発展大学を開校したのだが、今はどのようになっているかは知

る由もない。

少数民族は素朴で正直

　1989 年から政府は少数民族の団結を基本方針の一つとして定め、少数民族と国境地域の発展に尽力した結果、大きな成果があった。また、同時にケシ栽培や麻薬撲滅事業も成功した。実際、少数民族は性格が大変素朴で正直である。物欲、怒り、邪心が非常に少なく、1 年分の食べ物があればそれだけで満足できる。国境地域は交通が非常に不便なため、少数民族同士のつながりが希薄である。道路、鉄道がなく歩いて移動するしかない。隣の村との往来でさえ困難である。

　私は国境近くの交通が不便な地域のほとんどにヘリコプターを使用して訪問し、必要な措置を行い、幸福な気持ちになった。少数民族は現状に満足し、あるがままの暮らしで満足できる物欲のない人々である。彼らと話しているとこちらの心が平穏になると感じたくらいである。

　カチン州の最北端プータオ県内のナウンムン、グーバー、パンナンディンという地域、東部のチーブエ、パンワー、カンパィティー、セインロン、ルェージェーなど中国国境近くまで地域の発展のための事業を行った。シャン州北部のモンコー、パウンサイン、コンジャン、ラウカイン、チンシュエホーなどの国境近くの地域、ワ民族の地域では、ナンティッ、マインモー、パンサン、ホータウン、マインピャンまで訪問し、地元の少数民族と面談し必要事項を補足した。

キンニュン首相は 2003 年 12 月 28 日、パンナンディン町を訪問し、
政府関係者、地元の少数民族と記念撮影。

シャン州東部

　シャン州東部はマインヤン、マインカッ、マインマ、マインラー、マインヤウンのほか、パーショー、チャインラなど以前、ビルマ共産党（白旗）が統治していた

地域まで訪問し、ミャンマー・ラオス国境、メコン河流域地域を視察して地域の発展事業を行った。シャン州南部のタイ国境地域にあるマイントン、マインサッ、ポンパーチン地域の村々まで訪問した。

　以前、麻薬王として悪名高かったクンサーが拠点とした町、彼の軍隊の本部があった町であるホーメイン町にもたびたび訪問し、町の管理委員会とともに学校、病院を建設することができた。

カヤー州

　カヤー州では KNPP グループが法による支配下に入った後に、我々がジャングル地域に入ったため、地域の発展事業を効果的に行うことができなかった。

カレン州とチン州

　カレン州もまた平和が実現していない時期であり、辺鄙な村々まで発展事業を行うことができなかったものの、都市と道路の発展事業はできる範囲で行うことができた。モン州についても、州の隅々まで発展事業ができなかったのは事実である。

　チン州では主に道路が整備されていないこと、農業が効果的にできないことが弱点になっている。しかし、リッ湖周辺のリコーダー村、チーカー村はインドとの交易ルートとして定め、発展事業を行うことができた。特筆すべきことは、カボー渓谷地域でゼーディー、タナンなどの地域で農業の発展や道路の整備事業を行うことができたことである。カレーとタムーを結ぶルートの道路改良のために、インド軍とミャンマー国軍が協力して行ったことは両国の友好親善のために寄与することができた。

ラカイン州

　ラカイン州では川が非常に多いため、交通に制限があり、乾季にしか利用できない道路にだけ集中して発展事業を行った。マウンドーのチェイン川、タウンピョーの左側まで続く道路、アウンダビェー（アントゥラー/ボートゥーラー）国境地域まで、乾季のみ通行できるように道路整備を行った。マウンドーから南部のシットゥエまで結ぶ道路を建設したが、今はもう荒廃していると思われる。

　国境地域の治安確保のため、長期計画により実施した新たな 11 村の開発、荷車、牛、農機具、農地などを支援したが、現在の情勢によりどのようになっているかは知る由もない。

シットゥエ～ヤンゴン道路

　特筆すべきことは、シットゥエとヤンゴンを結ぶ道路を莫大な予算をかけて建設したことである。道路の状態が良いか悪いか私は知らない。地域の当局、州政府、建設省などは地域の交通が良くなるように常に努力しなければならない。政府の幹部は下のレベルで何が起きているのかをよく知った上で、現場を視察し、必要な支援を行い、更に必要なことを幹部に報告しなければならない。地域の発展事業はその地域の発展事業を担当する者が辺鄙な村々を優先に開発に努力しなければならない。

第9章　家族生活

第43節　私の人生と家族

　私は 1964 年 3 月、医科大学の現役の女子学生であるキンウインシュエと結婚した。私は当時、シャン州ルェーリン町に拠点をおいている大隊本部の第 18 歩兵大隊で小隊長、キンニュン中尉であった。医科大学の 3 年生に在学していたキンウインシュエが第 3 学年の試験が終了してすぐにヤンゴン市内の裁判所で結婚宣誓書に署名して結婚したのである。私はナンサン町で小隊長としての任務を遂行している時に東部軍管区本部の管区長であるティンスェー大佐が私と面接し、彼が担当する第 3 戦略本部での仕事も兼務し、彼の付き人のような仕事をさせたのである。

結婚するためにヤンゴンに上京
　当時、10 日間の有給休暇を取得し、結婚するためにヤンゴンに上京した。事前に準備した通り、彼女の試験最終日の翌日、裁判所で結婚宣誓書に署名し、その夕方、汽車でシュエニャウンへ妻を連れて行った。シュエニャウン駅ではティンスェー大佐の奥さん（ママサン）が出迎えた。

タウンジーに到着すると、ティンスェー夫妻の家へ行き1泊した後、ナンサンへ向かった。私たち夫婦はナンサンに2ヶ月ほど生活し、医科大学の授業が再開する日の直前に、私の妻であるキンウインシュエをヤンゴンに帰らせた。そのように、休みになると私と生活し、授業が再開するとまたヤンゴンに戻るという生活が続いた。

ドクターキンウインシュエがモーラミャイン子ども病院に赴任（1970年）

息子2人と娘1人

　1965年に私の長男であるゾーナインウーがヤンゴン市内で生まれた。当時、私はパテイン市内の南西軍管区本部で参謀長（第3級）として赴任していたため、長男が生まれた時、私は妻のそばにはいられなかった。1968年、私の次男であるイェーナインウインがミンガラードンの軍病院で生まれた。当時、私は第77軽歩兵師団で師団長の参謀として赴任していたため、次男が生まれた時、私は妻のそばにいることができた。三女のティンミャッミャッウインはモーラミャイン市内の子ども病院で生まれた。当時、私は妻のそばにはいられなかった。当時、私は南東軍管区本部のティンスェー管区長とベィッに到着していたので、娘が生まれたことは電報を受け取るまで知ることができなかった。

　私には息子2人、娘1人、全部で3人の子どもがいる。長男は高等学校（10年生）を卒業して防衛大学に入学した。卒業後は士官となり、最終的には大隊長までなった。次男は高等学校（10年生）卒業後、医科大学に入学できることになった。そのため、医者になったが、医者として3年間務めた後、彼が興味のあるIT分野に転向し、IT事業に専念するようになった。そのため、ITの分野では国家に多大な貢

献をした。

　三女はコンピューター大学を卒業した後、結婚した。夫であるマウンティントゥッの経済事業を手伝う毎日となった。2004年に私が逮捕された時、二人の息子と娘婿も同時に逮捕され、それぞれ有罪判決を受けた。私が恩赦で釈放された時、同時に二人の息子も釈放された。しかし、娘婿は刑務所で受刑している。

キンニュン准将時ンウインシュエと子ども3人

第20歩兵部隊、部隊長のキンニュン中佐（ラカイン州）

2000 年、孫たちと平穏な生活を過ごす

ビルマ共産党の勢力が拡大
　私が師団長の下で参謀役として任務を遂行していた時、特筆すべき出来事があった。当時、タキン・タントゥンを指導者とするビルマ共産党がバゴー〜ヨーマ山脈を拠点としてミャンマー全国を統治するため、バゴー〜ヨーマ山脈の東側、西側、南側の村々をその影響下に置いて、共産党による政権を奪取しようと努力していたのである。
　ビルマ共産党内部で党を批判しようとした人物は、政府のスパイ、政府の手先として見做され、粛清された。そのため、バゴー〜ヨーマ山脈の一帯は平穏ではなかった。当時、第 77 軽歩兵師団および作戦部隊がバゴー〜ヨーマ山脈の東側、西側に分かれて、掃討作戦を大規模に展開した。第 77 軽歩兵師団は 1966 年、1967 年、1968 年の 3 年間、作戦部隊がローラー掃討作戦を継続した結果、ビルマ共産党本部は統制を欠き、グループに分裂して逃走するしかなかった。

タキン・タントゥンの部下、ミャジーが大砲を背負う
　当時、タキン・タントゥンの部下であるミャジーという人物が自分の上司に対して発砲し、逃走した。そのミャジーという人物が大砲を背負って国軍の最前線の陣地まで進入してきた。彼の証言によると、タキン・タントゥンは死亡し、ゼーリャワディ軍のミャヤービン村に遺体を埋めたという。投降したコーバケッという人物も我々の側にいるため、ビルマ共産党の情報を正確に確認できた。更に、ビルマ共

190

産党中央委員会のイェーボーミャは党本部から抜け出し、タキン・タントゥンの遺体に関する情報を提供した。その情報に基づき一帯を捜索した所、タキン・タントゥン議長の遺体が発見された。私たちは必要な記録を取り、きちんと火葬した。その遺灰は国軍最前線の本部内、私とコーバケッの寝床の間に暫定的に置かれて保管された。

タキン・タントゥンの遺灰

　タキン・タントゥンの遺灰を埋めることに関して、師団長が私に任務を与え、極秘にそれを執り行った。その詳細は以下に述べる通りである。遺灰はまずピストルの弾を入れる空き箱に入れ、鍵をかけ、河口近くまで行き埋めるように命令された。私とエーカイン大尉は師団長の命令に従い、ヤンゴンまでその箱を運び、エーヤワディ海軍が用意した PGM 艦船に乗り込んだ。艦船の船長はタントゥンアウン少佐だった。彼は私たちに与えられた任務のことを知らない。彼に与えられた任務は私たちをエーヤワディ河の河口まで連れて行くことだった。だいたい昼の 12 時くらいに河口へ向けて出発した。だいたい 2 時頃河口に到着すると、私たちはその箱を水中に投げ捨てた。

　箱が水中に沈むのを確かめてから、私たちは艦船の進行方向を変えさせた。それからまもなくチャウタン郡のミーピャ村の沖近くで船が座礁してしまったのである。ちょうど潮が引いていたため、中州で休憩するような形になった。それで潮が満ちるまで待つしかなかった。夜 7 時、8 時になってやっと潮が満ちてきて、船が運行できるようになり、深夜にヤンゴンに到着した。

　艦船の艦長であるタントゥンアウン少佐はこの航路を熟知している。このような座礁が起きるとは夢にも思わなかったそうである。座礁が起きて非常に驚いていた。この出来事は単なる偶然かもしれない。特別なことかはわからない。しかし、事実であることは間違いない。

南東軍管区本部へ

　1969 年、第 77 軽歩兵師団の師団長であるティンスェー大佐は南東軍管区本部のあるモーラミャイン市に軍管区長として赴任した。その時、私もティンスェー大佐の付き人としてモーラミャインに異動となった。当時、南東軍管区本部はモン州、カレン州、タニンダリー管区を管轄し、作戦や軍事行動を統括し、管区長がビルマ社会主義計画党の地域組織委員会の議長も兼任していたため、仕事は多忙であった。

　経済事業として、ゴムの栽培、生産、鉱物資源の採掘、真珠の養殖事業、水産業などを成功させるために努力した。当時、地元に拠点を置く兵士が少なかったため、軍事作戦を実施することがあまりできなかった。地域の治安の確保、地域の管理監督、国家の財政に貢献するための経済事業を行うことに力を注ぎ、タトン県内に第 77 軽歩兵師団と 3 つの大隊だけが軍事作戦を実施していた。

　私がモーラミャインに異動になったため、妻もモーラミャイン市内の子ども・産婦人科病院（現在はアメリカ病院）に医師の助手として転勤となった。当時、軍管区本部に副管区長として赴任したのはテイングェ大佐、キンマウンタン大佐、バンクール大佐であった。参謀長（第 1 級）はキンチョーニョ中佐、参謀長（軍事）

はバトゥエー中佐、参謀長（兵站）はソーミィン中佐であった。パアンには第11師団があり、師団長はサンミャッシュエであった。

ウーヌが先導する逃走グループ

　当時、ウーヌが主導するミャンマーから逃走した武装グループがタイ国境を拠点として、南東軍管区本部が管轄するイェー、ダウェー、タンピューザヤ、チャーインセィチー郡で活動していた。村人を脅迫するような行いをしていた。この逃走グループはまもなく彼らの内部でお互いに意見の相違が生じ、お互いに不満が生じ、お互いに権力闘争が行われ、最後にはバラバラに分裂して崩壊してしまった。

イェー町で大火災

　私がモーラミャインの軍管区本部に務めていた際の、特筆すべき出来事はイェー町で大火災が発生し、町全体が火事で焼け野原になったことである。管区長が非常に手際よく復興再建にあたり、ニュータウンを開発することができた。当時は闇商売が盛んに行われていた。モーラミャイン市内にはあらゆるタイ製品が大量に売られていた。闇商売の撲滅のため様々な政策を実施したが、大きな効果は得られなかった。下級の公務員の全てが闇商売と関わっていたため、これを力づくで取り締まることは困難であった。

艦船が岩に衝突

　もうひとつ特筆すべきことがある。軍管区長がベィッからパレー島へ艦船 PGM で視察に出発した際、タニンダリー管区海軍本部の F ピーター大佐も同行していた。パレー島で真珠の養殖状況を視察した後、コータウンへ向かう途中、ランピ島付近を航行中、船体が岩礁に激突して、PGM の船体に肘の長さほどの穴があいた。そして、その穴から大量の海水が船内に流れ込み、その時、海軍の兵士たちが自分たちの責任を果たしたため、大量の海水の流入を食い止めることができた。どのように食い止めたかというと、船内にあった排水ポンプ 4 台を使用して海水を排出したのである。また、ある兵士たちは海に飛び込み、枕から綿を取り出し、それで穴を塞いだのである。兵士たちの枕はほとんどなくなってしまった。ポンプについても一般的に船 1 隻につき 1 台しか常備していないが、ちょうど密漁船を取り締まり、その密漁船からポンプ 3 台を没収して艦船内に置いてあったのを利用したので、ポンプ 4 台で大量の海水を排水することができた。それと、枕の綿で穴をふさぐことができたため、海水の流入を食い止めることができた。何かトラブルが起きた時、自分の役割を知り、自分の職務を遂行することは非常に大切なことであると言いたい。

　私はティンスェー大佐（後の第 1 工業省大臣）から多くの知識を教わることができた。大佐の人柄、軍事の管理方法、兵士の統率の仕方、考え方などを学ぶことができた。そして、指導者が持つべき資質を教わった。そのため、大佐は私にとって恩師であり、父親のような存在なのである。

中隊長時代

　1973 年 6 月になると、第 1 シャン鉄砲部隊に中隊長（少佐）として赴任した。そ

の部隊はヤンゴン管区モービーにあるため、私の妻もヤンゴン地域保健局に異動となり、モービーの兵舎内に家族とともに生活できるようになった。私の部隊は第77軽歩兵師団の監督下にあるため、バゴー～ヨーマ掃討作戦に参加しなければならなかった。その際、現在のテインセイン大統領と同じ大隊で任務にあたった。作戦エリアは私にとって不案内ではなかった。以前、第77軽歩兵師団に属していた時、このエリアで軍事作戦に参加した経験があるので、この辺の地理には明るいと言える。当時、ビルマ共産党はバゴー～ヨーマ山脈の地域で勢力が衰えつつあったが、彼らは軍事戦略を変更したため、まだ生き残っているとも言えた。攻撃の部隊を2隊に分け、国軍側の兵力が弱い駐屯地を狙って奇襲攻撃をかけてきたため、ある程度の戦果を得たとも言える。

師団長のトゥンイー大佐

私たちシャン第1大隊はいくつかの小部隊に分かれて、バゴー～ヨーマ山脈を何度も横断してビルマ共産党軍を掃討した。当時、第77軽歩兵師団の師団長はトゥンイー大佐（現在、トゥンイー大将、退役、死去）で、作戦部長はマウンマウン大佐、ペーミャイン大佐、チョーセインウイン大佐などであった。

ミャンマーのナポレオン

師団長のトゥンイー大将は、作戦部長の任務にあった際、シャン州北部のクンロン町にビルマ共産党軍が大勢進軍した際、クンロン40日戦争という激しい戦争となった。ビルマ共産党軍はクンロンを落とすことができず、退却した。トゥンイー大将は功績が認められ、ミャンマーのナポレオンと言われている。師団長のトゥンイー大佐は軍事に関する知識が豊富で、バゴー～ヨーマ山脈で活動していたビルマ共産党は次第に崩壊に向かったのである。

僧院で初孫に袈裟を着せて喜ぶキンニュン第1書記

第44節　夫婦共働き

夫婦で国家のために働く

　この章では、私が逮捕され有罪判決を受けたが、刑務所に収監されることなく自宅軟禁に置かれた時の生活について書き記すことにする。自宅軟禁は庭の外には一切出ることができず、自宅の周りは治安警察によって包囲されている状態であった。当時の生活について息子、娘や孫たちに知ってほしいため、ここに記録するものである。

妻も国家のために働く

　息子、娘や孫たちに知ってほしいことは、父親である私は国家のために働いたことと、母親も国家や国民のためにできる範囲で貢献したことである。母親は1966年に医科大学を卒業し、医師の補佐役としてヤンゴン管区保健所、モーラミャイン市内の管区病院、ラカイン州シットゥエ市内のシュエピャーダィッ病院、ヤンゴン管区南オカラッパの子ども・産婦人科病院、第2工業省の第1診療所において1998年まで務めた。

　1998年3月になって初めて第2工業省が管轄する工場で医務官（副局長クラス）に昇格した。父親の地位を利用して母親を昇格させたわけではない。

ミャンマー母子協会が結合双生児のエーエーニェインとイイニェインの
分離手術に成功した医師や看護師に対して寄付金を贈呈

ミャンマー母子協会

　父親（私）が第1書記の役職に就いた時、母親に対して何かボランティア活動をやってはどうかと勧めた所、1991年からミャンマー母子協会において副事務総長の役職に就いた。当時、母子協会の会長はドクター・ティンティンムン、副会長がドクター・チューチュースェー、事務総長がドクター・ニョーニョーであった。1995

年に役員改選があり、会長にドクター・チューチュースェー、副会長にドクター・キンウインシュエ（妻）が就任した。ミャンマー母子協会の規約に基づき、4年ごとに役員が改選される。1999年の改選では、会長にドクター・チューチュースェー、副会長にドクター・キンウインシュエ（妻）がそのまま再選された。2003年の改選ではドクター・キンウインシュエ（妻）が会長に選ばれた。しかし、父親である私が2004年に逮捕されたため、同時に母親も会長の座から追われることになった。

　母親は1995年から1999年までの4年間、ミャンマー母子協会の副事務総長となって、14の管区・州を訪問し、出生間隔の調整に関して話し合い、教育啓蒙活動を行い、母乳育児政策を推進した。また、肺結核、マラリア、HIVの防止、撲滅に関して教育啓蒙活動を真剣に行った。1996年からラカイン州のヤテータウン、ブーディーダウン、マウンドーの各郡でUNHCR（国連難民高等弁務官事務所）と共同で「Project to enhance all reproductive lives（生殖生活強化プロジェクト」という名称のプロジェクトを国連の担当者と共に地方の村々まで足を運び話し合いを行い、事業を実施し、結果を分析した。

　1996年に入ると、UNFPA（国連広報センター）と共同で「Strengthening of Birth Spacing in 72 Township（72郡における出生間隔の強化プロジェクト）」を実施する際、実行委員会のトップとなり、このプロジェクトが実施される一部の郡を訪問して出生間隔の強化に関する講演を行った。また、保健省が主導し、ダラ町で行っているHIV予防、撲滅事業においても、事前の打ち合わせや準備をミャンマー母子協会として行った。

ミャンマー母子協会の副会長時代に幼稚園児と

ミャンマー母子協会で

ミャンマー母子協会は、出産に伴う母親や乳児の死亡率を下げることを目標に各郡に出産所を設置する事業を開始した。1994年3月にはパテイン市内に、1994年8月にはパコック市内に、1995年3月にはモンユワ市内に、1996年1月にはベイッ市内に、1996年3月にはザガイン市内に、1997年2月にはコータウン市内に、1997年の年末までにタウンジー市内に、1998年2月にはパンタノー市内に、1998年11月にはタチレク市内に、1999年2月にはチャイントン市内に、1999年8月にはシュエタウン市内に、2000年5月にはチャウタン市内に、それぞれ出産所を母親が立会いの下、開所することができた。

母親であるキンウインシュエは1991年から2004年までミャンマー母子協会の役員として務め、任期中はミャンマー全国の郡において出産所を設置したり、子どもの発展のための事業を行ったり、母親の収入になる方法を話し合ったり、託児所の開設や貧困の母親の家庭で収入を増やすため、家庭内職業の訓練学校を開講したりした。また、保健省が主導する国家保健医療計画の策定作業にも協力した。

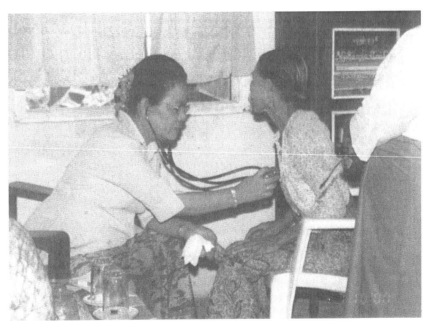

ミャンマー母子協会のキンウインシュエ副会長が地方の村々を回り診療中

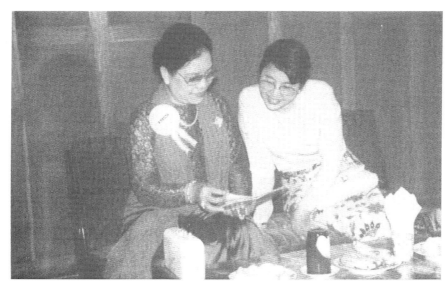

私、キンニュンと妻のキンウインシュエが結婚した当時のことを思い出す。結婚の立会人に
なってくれたティンティンリンさんは現在、眼科の医者になっている。

ミャンマー母子協会の会長時代に地方を視察

1990 年、キンウインシュエが教師養成講座に出席中、教育省のペーテイン大臣と食事

国際 NGO が参加

　国際 NGO と共催するセミナーに出席して講演を行ったり、レポートを作成し発表したりした。1996 年に行われた「女性の生殖機能に関するセミナー」において「女性の健康維持に貢献する NGO の役割」というテーマのレポートを提出した。「ミャンマーの農村における出産慣習に関するセミナー」ではアドバイザーとして話し合いに参加した。

　1997 年には、「女性の健康状態の向上に関するワーキンググループのセミナー」に出席し、話し合いに参加した。

　1999 年には、「女性に対する暴力と医療の役割に関する地域的なコンサルティング」に議長役として真剣に取り組み、積極的に意見を述べた。

全ミャンマー女性問題委員会

　ミャンマー女性に関わる問題について、以前はミャンマー母子協会が扱っていたが、1995 年に中国の北京市内で開催された「第 4 回国際女性デー大会」で女性の地位向上、発展のために各国に国家レベルの機関を設立することが決定された。ミャンマー政府の社会・救済省の大臣一行がこの大会に出席し、ミャンマーに帰国すると、大会で決定されたことを実行に移した。

　ミャンマー国内で第 1 書記の父（私）が主導し、女性の地位向上、発展のための会議を数回にわたって行った末、1996 年 7 月 3 日に「全ミャンマー女性問題委員会」を設置した。その日を記念として「ミャンマー女性の日」と定め、ミャンマー

女性の歴史に新たなページが加わった。

　全ミャンマー女性問題委員会は、社会・救済省の大臣が議長として就任し、各省の官僚やミャンマー母子協会の委員により構成された。

1998 年 11 月 3 日、各国の武官夫妻のプータオへの視察旅行に同行

ミャンマー女性問題委員会の会長、キンウインシュエが管区、州を巡回し講演会を行う

この委員会の主な目的は、女性の生活水準や社会的地位の向上、安全保障に責任を負うことで、そのために作業委員会をしっかりと組織した。作業委員会は以下の通りである。
　（1）　教育、保健、経済に関する発展委員会
　（2）　女性に対する暴力から守る委員会
　（3）　環境保護委員会
　（4）　文化保護委員会
　（5）　広報・通信委員会
　（6）　国際委員会
　（7）　女性に関わる法律の再検討委員会
　（8）　女子の社会的地位の向上委員会
　（9）　人身売買防止委員会
　この委員会は 1996 年から 2003 年まで、全国中央レベルから管区・州、県、郡、地区、村の各レベルで事業を活発に行った。母親は、女性に対する暴力から守る委員会と復興委員会のリーダーとして活発に活動に関わった。

人身売買の魔の手から救済する事業に参加

　ミャンマーの年少の女性たちは、人身売買ブローカーにより唆され、タイや中国に売り飛ばされる被害を受けていた。そのため、2002 年に作業委員会の委員たちは管区・州の農村をたびたび訪れ、地元の人々と気軽に話し合いを行い、教育啓蒙活動を行った。人身売買ブローカーに唆され、タイや中国に売り飛ばされ、暴力の被害に遭った女性たちをミャンマーに連れ戻し、両親の元に引き渡したり、教育研修を行ったりした。
　全ミャンマー女性問題委員会は 2002 年から 2003 年にかけて、国際連合の副事務総長、アムネスティ・インターナショナル、米国国務省の上級報告者、豪州協力機構、国際赤十字などの国際団体と面会し、女性問題に関する事業を話し合ったほか、人身売買の問題について広く話し合いを行った。

女性問題委員会

　全ミャンマー女性問題委員会は国連児童基金（ユニセフ）、国連人身売買撲滅計画（UN-IAP）、セーブザチルドレンと共同で人身売買撲滅に関するセミナーを 2003 年 5 月 25 日・26 日にヤンゴン市内のインヤーレイクホテルにおいて開催した。そのセミナーはミャンマーにおける人身売買の防止や撲滅のために非常に重要であり、私自身（第 1 書記）がセミナーに出席して演説を行った。また、そのセミナーにはドクター・メーメーイー時ンウインシュエが議長として活躍した。

全ミャンマー女性問題連盟

　全ミャンマー女性問題委員会は NGO 組織ではなく委員会であるため、ミャンマー全国の女性が参加するには困難で、海外の NGO 組織と共同で事業を行うためには制限があった。そのため、2003 年 12 月に全ミャンマー女性問題連盟として組織を改編した。

全ミャンマー女性問題連盟はミャンマー全国の女性の生活水準の向上と身の安全のために広く活発に活動を開始した。ミャンマー全国の女性が参加できるようになったため、旧委員会でペンディングになっていた事業や、女性の能力育成、再定住、団結、規則の遵守、財務、計画などの事業を拡張することができた。

　全ミャンマー女性問題連盟は旧委員会の事業をそのまま受け継ぐため、旧委員会で活動に活発に参加した人物を中心に人事が行われた。全ミャンマー女性問題連盟の新たな議長、副議長、委員は 2004 年 1 月から管区・州に出向き、連盟の組織構成、目的、役割などを説明し、管区、州、郡、地区、村に組織を拡張していった。

　全ミャンマー女性問題連盟は事業内容に関連する社会・救済・再定住省、内務省、保健省との密接な連絡が必要で、海外の NGO 組織との共同事業も頻繁に行った。海外の NGO の中には政府との接触を避ける傾向があり、そのような場合は全ミャンマー女性問題連盟が窓口になり共同で事業を行う場合もあった。そのため、全ミャンマー女性問題委員会や全ミャンマー女性問題連盟はミャンマー女性の発展のために重要な組織となった。

息子や娘に知らせたかった

　息子や娘の母親であるキンウインシュエは第 2 工業省において医務官（副局長クラス）の役職のほか、全ミャンマー女性問題委員会や全ミャンマー女性問題連盟において、女性の地位や生活水準の向上、身の安全の確保、保健医療の分野で 2004 年 10 月までボランティアとして活躍したことを知らせたのである。

第 45 節　一家の柱として

　私は 1959 年から国軍より与えられた任務を不退転の覚悟で誠実に果たし、45 年が経過した。国軍に入隊したのは軍隊に非常に興味を持ったためで、特にこれといった目的はなかったが、一生懸命任務を果たすことだけを考えて働いたのは事実である。下士官の時代から良い師匠につくことができ、正しい方法、正しい道、正しい真心を教わりながら、国軍のため、国家のため、国民のために、忠誠心をもって誠実に任務をこなしてきた。

　しかし、2004 年に不幸なことに国軍の幹部から処分を受け、裁判所から禁錮 44 年の有罪判決を受けたため、国軍としての地位も政府幹部としての地位も同時に奪われた。仏教的な考え方から言うと因果応報として捉え、喜んで刑を受けることにした。私は誰が悪いと非難するつもりはない。現在は、平穏な生活を送ることができているからだ。

ナワデー通りの自宅の敷地内にある商店

自宅敷地内に開店した土産物屋

自宅敷地内にある画廊

　現在は、幸運なことに受刑期間満了のずっと前に恩赦で釈放されたため、お世話になった人たちに感謝申し上げたい。しかし、残念なことに、私は国軍に45年間奉仕したにも関わらず、退職金や年金など得るものが何もなかったのである。このことは非常に残念だと思う。

　私は国軍としての任務のほかに、政府幹部の第1書記として、また首相として任務を果たしてきたが、国軍大将としての報酬しか受け取れなかった。これは政府のトップと話し合った末に、他の報酬を受け取らないことを決定したのである。このことはついでに記したのであり、他意はない。

　現在は、平穏なひとつの家族の生活を自分自身の力で過ごしている。私の自宅の敷地内には絵画を飾っている画廊、土産物屋、喫茶店を開店しているが、喫茶店は一時的に休業中で、建物を改築している。それから、家族の家計のためにレストランを開店するための準備を行っている所である。まもなく開店できると思う。自宅の敷地内で平穏な家族生活を送りながら、適度な収入がありさえすれば満足だという気持ちで、私の現在の生活状況を記したのである。

ナワデー庭園内の画廊

第 10 章　私と教育、保健、文化

第 46 節　私と教育分野

　私が第 1 書記の職務を遂行している時、教育省の大臣はドクター・ペーテインだった。ミャンマー教育委員会が設置された際、その委員長に私が就任した。ミャンマーの教育は非常に遅れている。頭脳の優れた人たちの多くは海外に脱出して、海外の大学に留学し、海外で就職することを、富裕層や中間層の多くが考えている。これは、国の発展が遅れていること、教育システムが時代遅れになっていることが原因と考えられる。教育システムを改革するためには様々な規則による制限や予算の制限があり、期待したほど教育システムの改革ができなかった。しかし、できる限りの努力を行ったことは事実である。

インセイン基本教育高等学校における教育補助特別教室のオープン式典に出席

チャウンゴン郡ニャウンターヤー村高等学校の新校舎の引き渡し式典に出席

教育指導要綱の改訂

　小学校レベルの教育指導要綱の改訂、中学校までの義務教育、学校施設の改築などを実施した。建設業者や寄付者の協力を得て、ヤンゴン管区内の多くの小学校の校舎を新築、改築、増設などを行った。第2段階として、中学校、高等学校の校舎の修復、新築などを建設業者と共同で実施した。

　特筆すべきことは、国家予算を全く使用しないで、国民の浄財、経済実業家や建設業者、海外に居住するミャンマー人、学校保護者会などの寄付により、全ての学校にコンピューターによるIT技術を取り入れた特別教室を設置できたことである。

ミャンマー教育委員会の委員長であるキンニュン首相はインセイン高等学校に設置された特別教室（マルチメディアルーム）のオープン式典に出席

ヤンゴン大学創立 75 周年記念式典

　大学などの高等教育分野に関しては、パンアウン大臣やドクター・タンニュン副大臣の時代、ヤンゴン大学の創立 75 周年記念の式典を大規模に行った。政府が大学当局、大学の教育職員、学生、卒業生と親しく、共同で式典を準備した。1995/1996年度はヤンゴン大学の 75 周年で、これを記念してヤンゴン大学の建物、施設を一新した。ヤンゴン大学キャンパス内の卒業式を行う大講堂、文科系・理科系学部の全ての校舎、学生によるイベントを行うリクリエーションセンター、学生寮の食堂などを全て大規模の改修、改築した。また、75 周年記念講堂も新築した。

ヤンゴン大学創立 75 周年記念式典にパンアウン大臣、
ドクター・タンニュン副大臣、キンニュン第 1 書記が出席

　ヤンゴン大学キャンパス内にある全ての建物の改築、改装工事が完了したことを祝って記念式典を行った所、関係大臣、関係各省の官僚、大学の卒業生、大学教員、寮生などが皆集い、楽しく会話を交わしているのを見ると大変嬉しく思った。その時出席した大臣たちも昔はここの大学生だった。私と教育省のパンアウン大臣、外務省のオウンジョー大臣、内務省のポウンミィン大臣、情報省のミョータン大臣、保健省のタンニュン大臣、運輸省のテインウイン大臣も皆が大学時代に戻ったかのように感じていた。

大学キャンパスが平和でなごやかな雰囲気に

　その後、大学の学部ごとに行われるイベントに私や関係する大臣たちが招かれたため、そのイベントでスピーチをしたり、賞の授与式などを行ったりして、ヤンゴン大学キャンパスは平和でなごやかな雰囲気となった。

　実際はヤンゴン大学メインキャンパスだけではなかった。ラインキャンパスの校舎、施設も改築、改装して、大学のボート部を新設し、ヨット部の建物を増設、改装、大学内の礼拝所も増設、改装した。また、外国語大学の校舎も大規模な改築、改装を行い、建物を増設した。通信教育大学の建物を改装、増設し、大学内のプール、サッカー場、テニスコートなどを改修し、屋内競技場も新設した。

　それだけではない。インセイン郡区にある技術大学の建物も大規模な改装工事を行い、ランマドー郡区の第1医科大学、北オカラッパ郡区の第2医科大学も外観が良くなるように大規模な改装工事を行った。マンダレー大学も改修を行い、ダウンジー大学、モンユワ大学、ミッチナー大学、パアン大学、モーラミャイン大学、バゴー大学、シットゥエ大学なども改築、改装、増設工事を行った。

このように、ヤンゴン大学の創立 75 周年記念式典と同時に全ての大学で建物の外観が良くなるように改築・改装工事を行っている最中に、大学生にとって思いがけない問題が発生し、全ての大学を一時閉鎖せざるを得なくなった。

チャウタン町シュエゴン地区の小学校の新校舎完成式典に出席。
各大臣、ヤンゴン軍管区長、寄付者である香港在住のミャンマー人の友人たち

都市部との距離を定める

　この事態が起きたことから、大学では問題が発生したり、その都度大学を閉鎖したりすることがないように、政府トップの方針に従って新キャンパスを作り、分散させる措置を行った。新キャンパスを建設する際、都市部からどれくらい離れていなければならないか、その距離が政府トップから定められた。その方針に従い、新キャンパスの立地が決定され、建物が建設された。

　上記の方針に従って建設された新キャンパスは、都市部と非常に離れていること、学生寮がないことなどの問題があるため、学生たちにとって更に困難が生じたのである。

　学生やその両親、大学教員にとって好ましいことではないことは承知している。それは当然のことである。都市部と離れているため、通学時の困難、長期的な交通の問題、両親にとっては交通費の負担が増加、大学教員にとっても通勤の困難などに直面しなければならなかった。

ミャンマー教育委員会議長、キンニュン首相が中央公務員養成学校（タウンジー）で
開講している教師養成講座の状況を視察中

ヤンゴン大学 75 周年記念式典

新たに新設された大学は以下の通りである。

1.	ダゴン大学	北ダゴン
2.	経済大学	ユワタージー
3.	東部大学	タンリン・チャイカゥ
4.	西部大学	タンダビン、ラインターヤー
5.	技術大学	ラインターヤー
6.	コンピューター大学	シュエピーター
7.	マウービン大学	マウービン
8.	マウービン教育大学	マウービン
9.	商船大学	ティラワ
10.	宇宙・航空大学	メィッティラー
11.	文化大学	南ダゴン
12.	経済大学	メィッティラー
13.	ピンロン大学	ピンロン
14.	コンピューター大学	ピンロン、ルェーリン
15.	ルェーリン技術大学	ルェーリン
16.	チャイントン大学	チャイントン
17.	バモー大学	バモー
18.	チャウセー大学	チャウセー
19.	ヤダナーボン大学	マンダレー
20.	ザガイン教育大学	ザガイン
21.	モンユワ経済大学	モンユワ
22.	カレー大学	カレー
23.	カレー技術大学	カレー
24.	シットゥエ大学	シットゥエ
25.	シットゥエ技術大学	シットゥエ
26.	パテイン技術大学	パテイン
27.	ベィッ大学	ベィッ
28.	ベィッ技術大学	ベィッ
29.	ベィッコンピューター大学	ベィッ
30.	ダウェー大学	ダウェー
31.	マグエー医科大学	マグエー
32.	タウングー大学	タウングー
33.	エーターヤー技術大学	タウンジー（エーターヤー）
34.	パコック技術大学	パコック
35.	パコックコンピューター大学	パコック
36.	ミッチナー技術大学	ミッチナー
37.	ミッチナーコンピューター大学	ミッチナー
38.	ピィー技術大学	ピィー
39.	パアン技術大学	パアン
40.	パアンコンピューター大学	パアン

41.	伝統医療大学	マンダレー
42.	上ミャンマー文化大学	シュエサーヤン
43.	上ミャンマー公務員大学	ジーピンジー
44.	ミンジャン大学	ミンジャン
45.	ミンジャン技術大学	ミンジャン
46.	モーニン短期大学	モーニン
47.	モーニン技術大学	モーニン
48.	ダウェー大学	カミャウギン

　教育省のパンアウン大臣が鉄道省に、ドクター・タンニュン副大臣が人事院に異動となったため、新大臣にはタンアウン氏が、副大臣にはミョーニュン氏がそれぞれ就任した。

第 47 節　私と保健分野

　保健省の大臣がドクター・ペーテインの時、私は国家保健委員会の議長に就任した。ミャンマーの保健医療分野について言うと、他の国々、近隣諸国に比べると非常に弱いことがわかる。1988 年に軍事政権が樹立してから、ヤンゴン市を含む地方の大都市から郡の単位まで保健医療システムが非常に遅れており、地方農村となると更に遅れていることがわかった。そのため、保健委員会の会合をたびたび招集して、保健医療の発展のための政策を、スピード感をもって実行した。

病院の建物を補充した

　特にヤンゴン人民病院から最初に手をつけた。病院の建物は 100 年以上経っているので、老朽化が進んでいた。そのため、大規模な改築、改装を行い、弱い部分は補強を行った。病院の敷地内にある病棟だけでなく、職員寮など全ての建物を補強し、清潔になるように大規模な改築、改装を行った。

　医師、看護師、医療技術者、医師の補助員以外の下級職員の住まいをダラ地区に建設して、住まわせた。ヤンゴン人民病院の向かいにある感染症センターも移転させ、脳神経外科だけ残し、大規模な改修、改装を行った。

　この他、ヤンゴン東部病院、西部病院、北オカラッパ病院、南オカラッパ病院で大規模な改修、改装を行い、整形外科病院も非常に朽ちていたため、大規模な改修、改装工事を行った。マンダレー人民病院も建物が込み入って複雑になっていたため、これを改築して清潔になるようにした。

ほとんどの病院で

　ミャンマー国内のほとんどの病院で医師不足、看護師不足、医師と看護師の数が不均衡、医薬品の不足が起きていたため、保健医療分野への国家予算の増額から対策を徐々に講じていった。医薬品の不足はもっともひどかった。医薬品は患者自身が外から購入することに依存していた。そのため、患者自身の負担額を安く抑え、大口の寄付者を募り医薬品のための募金も開始した。しかし、十分に医薬品が確保

できたとは言えなかった。ある程度は医療水準の向上に貢献はできた。

第1医科大学においてヤンゴン市内の全病院に勤務する医師や
医科大学の教授と第1書記が面会し話し合いを行う。（1990年）

結合双生児の分離手術に成功した医師団時ソニュン第1書記、ドクター・タンジン副大臣

医療機械、医療器具
　病院に設置されている医療機械や医療器具も非常に時代遅れのものを使用していたため、段階的に近代的なものに入れ替える政策を実施した。一部の病院では寄付者のおかげで近代的なものが補充された。

管区・州の状態は更に悪い
　管区や州の地方の病院は更に状況が悪かった。優先順位に応じて、病院の高度化、改築、改装を行った。郡レベルの病院のほとんどはベッド数が16床しかなかったた

め、25 または 50 に適宜増設した。

　保健医療の分野ではやるべきことが山積していた。保健医療の基本政策を策定し、国際機関との共同事業を優先的に行った。しかし、軍事政権という理由で、国際社会からの援助は非常に少なかった。ミャンマー国民の浄財や支援に依存することが多かった。

国民体育大会に出場する長男、ゾーナインウー（少佐）が落下傘（フリーフォール）の訓練を行っている際に父親と記念撮影

　ミャンマー国内で患者数が多い病気を削減するための政策を策定し、実施した。この政策を WHO（世界保健機構）、UNDP（国連開発計画）、UNICEF（国際児童基金）などと共同で行うこともあり、彼らから効果的な支援を得るために努力したこともあった。しかし、地方政府の下級役人との間で意思の疎通がうまく行かず、誤解が生じたり、問題を解決するために再度説得を行ったりすることが少なからずあった。正直に言うと、ミャンマー人のほとんどは国際社会との連携が苦手であることが原因の一つであると思う。一般国民が国際社会との連携に慣れていないのは問題ないが、各省庁の役人や、地方政府の下級役人が苦手であることは望ましくない。このような状態が続くのであれば、国家にとって不利益となる。このようなことが起きないように、役人に対する教育が必要とされている。

看護大学別館で実施中の実習を視察

伝統的医薬

　私たちミャンマー国の地方農村では、伝統的医薬（漢方薬）が主に利用されてい

るため、伝統医薬の発展に政府ができる範囲で支援を行った。伝統医薬の専門家による学会を政府が主導して開催し、専門家同士で技術交流を行ったり、伝統医薬展示会を毎年開催したり、支援を行った。そのため、伝統医薬の生産技術が向上し、地方農村に住む国民の保健医療に大いに貢献した。政府はマンダレー市内に伝統医療大学を新設したため、伝統医薬に関する優秀な専門家を毎年輩出できるようになった。これはミャンマーの伝統医薬の近代化のために大きな出来事となった。

マグエー医科大学

更に特筆すべきことは、ミャンマー中部マグエー市内にマグエー医科大学を新設したことである。これにより、ミャンマー中部出身の学生たち、シャン州、ラカイン州の学生にとって非常に便利になった。大都市だけでなく、地方の各都市にある病院の高度化、医薬品の補充、医師や看護師の補充、地方農村に至るまで保健医療制度の充実、教育啓蒙をきちんと計画を立てて実施しなければならない。保健医療に関する責任者、医療従事者は地方農村に至るまで医療活動を行い、教育啓蒙活動を行うことが必要とされている。

国家法秩序回復委員会のキンニュン第1書記がインドネシアの女性問題担当大臣と会談

ミャンマー国民体育大会が開催されたトゥワナスタジアムでキンニュン第1書記が演説。

第48節　私と文化、芸能分野

　私が国家法秩序回復委員会の一員として国家の要職に就いた時、ヤンゴン市内にある、現在は人民広場、人民公園になっている広大な場所は雑木や雑草が無秩序に生えていたため、都市の中心部にありながら非常に景観の悪い場所になっていた。そのため、雑木や雑草を全て取り払い、シュエダゴンパゴダから旧国会議事堂に至るまでの景観が広々としてすっきりと見えるようにした。

広大な公園
　このように立派で広々とした景観のある公園を更に整備するよう、政府トップが私に任務を与えたので、私は専門家と話し合い、各委員会を組織して大規模な公園造りを開始した。白いゾウの彫像が取り囲んでいる噴水を中心として、人民広場の

建設を開始した。この広場の左側に様々な花が年中咲いている公園を設置し、その場所には公園を散策する市民のためにレベルの高いレストランを開店させた。

　また、国民に常に連邦精神を持ってもらうために、木々に囲まれた連邦宿舎と少数民族の伝統的な住居、早朝ウオーキングしている市民のためのスポーツ施設、若者たちが楽しめるようにウオータースライダーなどの施設を建設した。

（ナワデー公園の開所式）

人民広場内に

　その人民広場の敷地内に歴史博物館を建設するよう国家のトップが私に任務を与えた。起工式を行った後、十分な場所が確保できないことがわかったため、旧博物館の場所に変更し、2回目の起工式を行った。その後、現在の国立博物館の建設を開始した。

国立博物館

　当時の文化省大臣はアウンイェージョー大臣であった。ミャンマーで唯一の国立博物館であるため、時間をかけて少しずつ段階的に建設していった。この博物館が完成した後、箱の中に保管してあった歴史的資料をきちんと展示することができた。ミャンマー最後の王であるティーボー王が使用した玉座も、特別に展示室を設けて豪華に展示している他、ミャンマーの誇るべき長い歴史や文化を様々なコーナーを設けてこの博物館に展示している。

　この博物館にはミャンマーの歴代の王様が使用した品物、調度品、ミャンマーの

高度で伝統のある歴史的な物品を数多く展示することができた。

ナワデー公園の開所式にボーガレー・ティンアウン、マウンマウンジー、ティンアウンの各氏。

ピュー民族の文化

　このほか、人類の創成期、霊長類の化石やピュー古代民族の文化に関する物品、石器時代の化石、古代仏教の仏像、古代の書物、古代の絵画、楽器、地方農村に関係する物品など、非常に価値のある歴史的文化や宗教、愛国心を表す歴史的な物品を展示することができた。

ハンティン氏の腕前

　博物館の正面にはミャンマーを最初に統一したアノーヤター王の彫像、2番目にミャンマーを統一したバインナウン王の彫像、3番目にミャンマーを統一したアウンゼーリャ王の彫像の3体が堂々と展示されている。彫刻師のハンティン氏は現代の彫刻師として非常に有名となった。私が最初にハンティン氏と仕事をしたのは、南部コータウンの町にバインナウン王の彫像を制作することを相談した時だった。チャウイェードゥイン町にある彼の自宅の敷地内にバインナウン王の姿が泥で表現され始めた。1週間に1回、制作途中の彫像を視察したり、手直しする部分を手直しさせたり、手を入れるべき所に手を加えたりしてもっとも素晴らしいバインナウン王の彫像が出来上がった。この彫像が完成した後、博物館の正面に飾る3人の彫像の制作を続けたのである。この博物館のバインナウン王の彫像が非常に気に入ったので、この彫像と同じサイズのものをタチレク市内に設置するためもう1体を制作してもらった。

文化大学を新設

　政府トップの意向に従い、文化大学を開校するよう私に任務が与えられた。そこで、私はチェッチャウン荘と呼ばれるカンボーザ荘において文化大学をすぐに開校した。この場所での開校は暫定的なものであった。1 年以内に南ダゴンに大学の建設を開始し、2 年間で本格的に文化大学を開学することができた。大学の建物が完成するとカンボーザ荘から南ダゴンに移転した。

　次のステップとして、上ミャンマーのマンダレー市近郊のシュエヤン荘に 2 番目となる文化大学を開校した。当時、文化や芸能に興味を持っている若者のために就学機会を与えるとともに、ミャンマー文化や芸能に関する学士を取得した若者が輩出されたため、ミャンマーの伝統的文化や芸能が世界に紹介できるようになった。

霊長類の研究

　外務省のウインアウン大臣が英国大使として赴任している時、霊長類の歴史に関して解説してくれたことがあった。これに関してミャイン郡で以前、霊長類の化石や骨が発掘され博物館に保管されていることがわかった。ミャイン郡で更に新たな化石や骨を発掘するために計画を策定し、研究者、情報部隊員が共同で発掘作業を再開した。その後、フランスや米国の専門家も協力してバヒン地域で発掘作業を継続した所、発掘は成功した。バヒン地域で発掘された大量の霊長類の化石や骨は国立博物館に展示されることになった。専門家の話によると、この化石や骨は 4 千万年前のものであることがわかった。

宮廷

　私たちの国ミャンマーは、数千年前から独自の文化を有する世界でも有数の国である。しかし、歴代の王様が住んでいた宮廷はマンダレー王宮（ヤダナーボン王宮、ミャナンサンチョー王宮とも言う）の 1 カ所のみ現存している。そのマンダレー王宮も第 2 次世界大戦の時に英国軍の空襲により焼け落ちた。ミャンマーで最初の王朝を築いたアノーヤター王の王宮も現在は残っていない。インワ時代の王宮もレンガの残骸だけ残っていて、城郭のみが見える状態となっている。

　2 番目にミャンマーを統一したバインナウン王の王宮もバゴー市内の居住区の中に埋もれてしまったため、現在は見ることができない。バインナウン王の王宮は金色に燦然と輝き絢爛豪華なものだったため、当時王宮を訪れた外国人が旅行記に記したほどである。しかし、その王宮は、今はなくなってしまった。今は居住区になっているため、元あった場所を探すのは非常に困難だった。実際は、この黄金の王宮は不法居住者たちが建てたニッパ椰子の屋根の小屋の下に埋もれていた。それで、歴史を後世に伝えるため、このスラムを撤去し、王宮があった場所に王宮を復元した。

マンダレー王宮

　マンダレー王宮はマンダレー軍管区長がトゥンチー少将だった時代に管区長自身が主導して元の王宮の姿に建設し復元したため、マンダレーのミャナンサンチョー王宮は元の姿のまま荘重な雰囲気に包まれている。建物の基礎のまま保存している

と、破壊された王宮のままでしか見えない。一部の人たちは基礎のまま残したいと希望している。人というのは一人一人意見が異なるものだ。批判したい人たちは自由に批判できる。

　ハンタワディ王宮（別名）カンボーザターディ王宮については、居住区内に王宮の基礎が埋もれているのを管区長のエータウン少将が発見した。その後、バインナウン王の会議室、寝室、王妃の寝室などを復元して建設した。僧院の住職や地元民と何度も話し合いを行い、きちんと移転させたため、現在は非常に荘重な雰囲気の王宮がよみがえった。

　王宮の設計図については、僧院のテッテイン師が保管していた資料に基づいて、建築家のウインマウン氏が改めて設計図を作成し、建物を完成させた。王宮の建設工事の際、土地を掘り起こしている最中に地下からチーク木材で作られた柱が出て来た。これは、王宮の復元工事のために非常に参考になった。当時の文化省大臣はチーアウン少将で、大変興味を持ってこの作業に注目していた。

アウンゼーリャ王宮

　アラウン王ウーアウンゼーリャの王宮はシュエボーに建てられたが、王朝は短期間であった。タンパワディ・ウーウインマウン氏が旧王宮の形になるように王宮を設計した。当時の文化省のウインセイン大臣自身が直接指揮監督して建設、復元した。歴史的に言うと少し相違があるかもしれないが、絢爛豪華な王宮が復元されたことにより、シュエボー王朝の栄華を再現することができた。

バガン文化博物館

　バガン文化博物館は、私自身が指揮監督して建設したものである。専門家のウインマウン氏が設計を担当し、建設省に所属するエンジニアが担当し建設した。バガン時代の建築様式を再現するために、バガンに存在しているパゴダや寺院の壁に描かれている壁画やバガン時代の素晴らしい建築様式をそのまま博物館の建設に取り入れた。そのため、ミャンマーの品格のある誇るべき博物館として完成された。博物館の中に所蔵されている歴史的な資料は文化省のヌミャザン局長のデザイン、監督により展示されている。多くの歴代の画家による絵画もこの博物館に展示されている。もっとも著名な画家はタウンハン氏である。

　オールドバガン（旧バガン村）は以前歴史的パゴダ群の中に雑然と民家が点在していて、見かけが良くなかった。外国人からこの点を批判されていたため、マンダレー軍管区長のトゥンチー少将の時代にバガンニュータウンを開発し、旧バガン村の民家を全てニュータウンに移転させた。最初は移転にあたり様々な不満があったが、今は町全体が賑わい、住民の生活水準もかなり向上している。旧バガン村に存在している歴史的なパゴダの保存状態も良くなり、外国人観光客が鑑賞に来る名所となっている。

バガン王宮

　バガン王宮に関しては、アノーヤター王とチャンジッター王の王宮跡から発掘された古代遺跡をありのままの状態で残し、歴史研究家が研究できるようにしている。

また、新王宮が王宮跡のすぐ近くに建てられ復元された。絢爛豪華な王宮と王宮跡を同時に見ることができる。

伝統芸能大会

　私が主導し行ったイベントの中で特に伝統芸能大会は特筆すべきものである。この大会は毎年、歌謡、踊り、作詞、演奏の各パートに分け実施している。政府トップから許可を得て、私にこの大会を指揮監督する任務が与えられた。この大会は、ミャンマーの伝統的な文化芸能を失わないように、外国文化の影響から我が国の伝統文化や芸能を守ることを目的に実施している。ミャンマーの伝統芸能の専門家が監修して、毎年この大会を華やかに開催し、成功に導いている。この大会で金賞、銀賞、銅賞を獲得した人はプロの歌手、踊り手、作詞家などとして活躍している。

ヤンゴン大学インヤー寮に住む女性学生たちによるアニェイン（掛け合い漫才）

伝統ボート大会

　この他、外国人の支配を拒むミャンマー人の国民性、愛国心、郷土への誇りを表現するボート大会や競馬を開催した。このようなイベントを通して愛国心や郷土への誇りを高める努力をした。我が国ミャンマーはピュー時代からタイェーキッタヤー時代、バガン時代、ピンヤ時代、インワ時代、タウングー時代、ハンタワディ時代、ニャウンヤン時代、コンバウン時代、ヤダナーボン時代など時代ごとに固有の文化を育んできた。仏陀が悟りを開いた時代のことを想起すると、トゥワナブミ時代がもっとも早い時代となる。そのため、ミャンマーにおける固有の文化の確立や仏教伝来は非常に古い時代だったことがわかる。その古い文化や仏教は現在までしっかりと残っている。ミャンマー固有の文化や歴史的遺産、歴史のある古都を朽ちることなく保存、維持することが大切である。歴代の博物館、文化的な施設を維持管理し、見学者たちが歴史的遺産を興味深く見学できるようにしっかりと管理するべきであると国民に対して助言したいと思う。

バガンの歴史的パゴダの修復

　1967 年だったと思うが、バガンで巨大な地震があり、多くのパゴダや寺院が崩壊したり破壊された。そのため修復工事を行ったが、パゴダの基礎となる部分が破壊されているため、修復工事は基礎の部分から当時の様式に合うように行った。一部の修復されたパゴダに装飾物をかける式典は寄付を行った檀家の希望により行われた。修復工事は歴史文化の専門家チームの監督により進められた。

　第 1 書記の私が指揮監督して修復したパゴダはバガンに 2 基ある。バガンで布教しているアロードーピィ師の指導に基づき、その 2 基のパゴダを昔の様式の通り修復、復元した。アロードーピィパゴダは洞窟型のパゴダであり、洞窟の天井が低くなっていたため、洞窟が崩落しないように鉄製の枠で補強し、壁画が腐食しないようにガラス板で覆った。ダマヤーザパゴダについては、歴史的な様式が破壊されないよう大規模な修復工事を行った。パゴダの装飾物（傘、セインプードー、フゲッミャナー）を新たに設置し、僧侶に対する袈裟の寄贈式典を歴史学者の監督指導に基づき実施した。私は大変功徳を得たと思う。指導してくださったアロードーピィ師に対して感謝申し上げる。

アロードーピィ師時ンニュン

第 49 節　ヤンゴン大学 75 周年記念式典

　ヤンゴン大学創立 75 周年を記念する式典を開催するため、当時の教育省のパンアウン大臣とドクター・タンニュン副大臣が 1995 年に式典の計画について私に提案してきた。私は当時、第 1 書記であり、ミャンマー教育委員会の議長に就任して

いたため、私に対して提案してきたのである。

　実際、ミャンマーにおける高等教育は英国植民地下にあって数々の困難に直面してきた。その中でヤンゴン大学の創立 75 周年記念の行事を盛大に行いたいという気持ちが生まれてきた。私自身もこの大学で学問を学んできたので、大学関係者と話し合いを行い、75 周年記念の行事を卒業生や現在在学している新世代の若者たちと共に政府が主導して行うことになった。

ヤンゴン大学創立 75 周年式典で優秀賞を受賞した医学部の学生と第 1 書記が懇談

　私はヤンゴン大学ザガイン寮に 1957 年から 3 年間生活した。当時の学生時代を思い出すと、ザガイン寮、ピンヤ寮、バゴー寮、タトン寮、インワ寮の 5 つの寮は「中央寮」と呼ばれていた。建物が非常に古く、中でもシャワー室やトイレの状態がひどかった。悪臭が本当にひどかったのである。トイレに入る時は必ず肌着を脱いで、下は古いロンジー（腰巻）をはいて入ったものである。そうしないと、悪臭がついてしまうため、肌着を着て入ることもできなかった。トイレから出ると、すぐにシャワー室に入り水浴びした。そうすることにより、トイレの臭いが体にこびりつくのを防ぐことができた。全ての「中央寮」はこんな調子であった。

床と壁にタイルを張る
そのため、75 周年の年に教育予算を多く使用して男子学生寮、女子学生寮全てを改装した。特にトイレ、シャワー室を清潔にして、床と壁にタイルを張り、悪臭が出

ないようにした。水浴びに使用する水槽も新しいものと入れ替え、清潔にした。
　寮内の食堂についても、床と壁にタイルを張り清潔にした。ヤンゴン大学の全ての施設がピカピカになるように改装を行った。卒業証書授与式典を行うホールや全ての校舎も大規模な改装工事を行った。

ヤンゴン大学75周年記念式典において妻のキンウインシュエがティリー寮の写真展に出席

創立75周年記念式典

　特筆すべきことは、創立75周年記念講堂を新たに建てたことである。大学内の礼拝堂を拡張し、大規模な改装工事を行ったり、大学のボート部の建物を新たに建てたりした。また、プールを修復し、サッカー競技場も基準に達するように改良した。テニスコートを新しく張替え工事を行ったり、屋内競技場を新たに建設したりした。

大学のレクリエーションホール

　大学内にあるレクリエーションホールも大規模に改装を行い、各専門分野の行事が行えるようにした。各学部の学生たちの行事を行ったり、賞状の授与式や講演会が行えるようになった。ヤンゴン大学ラインキャンパスにおいても、全ての校舎を改装し、老朽化した屋内競技場を修復して利用できるようにした。2つの大教室を大規模に改装したため、学生にとっては学習環境が良くなったと言える。

見栄えが良いように改装

　ヤンゴン大学創立 75 周年記念式典に向けて大学キャンパス内にある全ての施設をきれいに、見栄えが良いように、アディパティ通りから大学正門に至るまで全面的に改装、改築して清潔な雰囲気になったことに満足することができた。

　ヤンゴン大学創立 75 周年記念の年に同窓会のパーティー、卒業生と在校生との交流会、各専門分野の授賞式などが行われ、大臣、副大臣、各省庁の官僚が招かれ在校生と交流している光景を見るのは大変喜ばしいものである。

ヤダナー寮の改装工事が終了後、女子学生たちと懇談するキンニュン第 1 書記

思い出になるシーン

　ヤンゴン大学創立 75 周年記念式典の当日、式典会場やレクリエーションホールで各学部の学生たちが教員たちの指導の下、腕によりをかけて自慢の料理を作って来客者に振舞っているシーンは思い出に残るものであった。

お囃子隊

　当時、大学のキャンパス内にはドーパ（太鼓を中心とするお囃子隊）の音が響き渡っていたのを思い出す。私が住んでいたザガイン寮のお囃子隊は非常に有名であった。当時の寮管理人はチョーアウンさん（作家）、副管理人はチンティンさん、お囃子隊のリーダーはセインウイン（林業省）で、学生組合の選挙で組合の執行部や各役員を選出し、その中にお囃子隊のメンバーが主に含まれていた。

　お囃子隊のおかげで、大学キャンパス内はウキウキするような楽しい雰囲気に包まれた。学生の本能として、あちらで食事のふるまいがあれば、あちらに行き、こちらでふるまいがあれば、こちらに来て、何か見かけたものに興味を示し、賑わっている所に群がって楽しんでいるのが普通であった。しかし、この光景は今では見られなくなった。当時の人たちが語り継いで、初めて後世の人たちが知ることができる光景となった。

　私たちの学生時代、午前と午後は自分が専攻する学部の授業に出席することで暇な時間はなかった。夕方になってやっと自由時間があり、S&R と呼ばれる図書室（ロビー）で新聞を読んで水浴びをした。午後 4 時には食堂に行って食事をし、食器は二人分入る大きなものなので、後の人のために少なめによそって残したものである。食事の後は、自分が住んでいる寮の友人またはその辺で出くわした友人と一緒にアディパティ通りを散歩して、卒業証書授与式ホール側の出口からインヤー湖に出て、散歩した。インヤー湖周辺には当時、商店は全くなかった。インヤー寮前のボート部の入り口近くにブーディージョー（冬瓜のフライ）を売る店があった。ブーディージョーの店へ行くことにかこつけてヤダナー寮やインヤー寮のほうを散歩して、時々ブーディージョーを食べることもあった。しかし、ほとんどの場合は関係なかった。インヤー寮の前を通って、インワ寮の前を通り、ザガイン寮へ戻った。時々、ヤダナー寮の前を通って卒業証書授与式ホール側の出口から入って、アディパティ通りに戻りピンヤ寮前の門からザガイン寮に戻った。

　私は 3，4 人の友人を誘って大学の礼拝堂前の喫茶店でコーヒーを飲んだりした。それから、ミニゴンのサンティリ映画館で夜 9 時半から映画を見た。映画は夜 11 時半から 12 時に終わった。インセイン方面へのバスがあればそれに乗って寮に戻ったが、バスが来ない時は歩いて寮へ戻った。これは私たち大学生の日常生活の一コマである。しかし、現在はサンティリ映画館も、礼拝堂前の商店もなくなってしまった。レーダンのロータリーや大学の学生組合もなくなっている。仏教的な観点から言えば、諸行無常ということである。

　ヤンゴン大学創立 75 周年記念式典が行われた年に忘れられない出来事があった。内務省総務局の総局長はティンラ氏であった。ティンラ総局長はザガイン寮の元寮生であり、当時、ティンラ総局長はザガイン寮に来て学生のためにいろいろと手助けをしていた。基金に寄付をしたり、新世代の学生たちに会って食事会を開いたり、

講演会を開催してくれた。ある日、ザガイン寮の前でイベントについて話し合っている最中、ティンラ氏が心臓病のため急に倒れたのである。すぐに大学病院へ搬送したが、その途中で息を引き取った。病院で医師が診察した所、心臓が止まっていたそうである。この出来事は忘れることができない。

　75 周年記念の当時、通信教育大学の施設、建物も拡張したり、改築したりした。そのため、大学全体がピカピカに生まれ変わった。現在、在学中の学生と卒業生が共同で芸能大会、講演会、スピーチ大会、同窓会の食事会のシーンを見るにつけ大変喜ばしく思う。私も当時、学生時代に戻ったかのように感じたものである。

妻のキンウインシュエのこと

　私の妻、キンウインシュエは最初、マーラー寮に住んでいたが、1 年後にインヤー寮に移った。その後、ダガウン寮に移り医師になった。私が大学に在学中、彼女とは恋人の関係にはならなかった。私が国軍に入隊して下士官になって初めて恋人の関係になり、彼女が医師になる前の学生時代に結婚した。彼女は結婚した後も大学に通い続け医師になった。以前、プレメディカルという研修医制度があった。彼女は第 4 期生であり、ミャテインハン准将と同期だったが、今はその制度は廃止されている。

インヤー寮の元寮生のスお母さん

　ヤンゴン大学創立 75 周年の年、インヤー寮の元寮生であるスお母さんは記念行事のたびに出席していた。年齢は当時 90 歳で、とても立派な人物であった。私たちは親しみをこめて「スお母さん」と呼んでいた。彼女は、今はもう他界している。保健省のドクター・ティントゥン局長の祖母にあたる。話が非常に上手で、愛嬌のあるお婆さんであった。記念としてここに書き記した。

　現在、ヤンゴン大学は再度、改装工事が行われ、更にピカピカに新しく生まれ変わったと聞いて非常に嬉しく思う。ヤンゴン大学のキャンパスが再び学生たちで賑わうことを願っている。

ヤンゴン大学キャンパス内のローズウッドの大木

　ヤンゴン大学キャンパス内の思い出深いものとしてティッポッピン（ローズウッド）という大樹がある。樹齢が非常に長い歴史のある大樹である。以前、大学に関係する歌にはこの大木のことが歌詞の中に織り込まれていた。私の大学時代にも有名な学生歌手が誕生した。プロの歌手も輩出した。私が覚えている限りでは、ザガイン寮の元寮生であるコータンラインが歌手となった。

　竪琴奏者のニーニー、ラトゥッ、作詞家のレールイン、歌手のシーレー、ヌェインウイン、カドードー・ミョーアウン、タカトー・エーマウン、タカトー・レレなど数えきれないほどだ。このように楽しかった学生時代のことはどうして忘れられようか。

　また、映画俳優のカレッジ・ネーウインやワーワーウインシュエは大変有名な芸能人になった。

ヤンゴン大学創立 75 周年記念式典の一コマ

ヤンゴン大学創立 75 周年記念式典で教育省大臣、副大臣が学生たちの歓迎を受ける

ヤンゴン大学創立 75 周年記念の年、インヤー寮の元寮生と写真に収まる第 1 書記

第 11 章　私とヤンゴン大学

第 50 節　私とヤンゴン大学

　私が大学生活を始めた 1956 年頃、ヤンゴン市の様子はスラム街がたくさんあり、景観が非常に悪かった。その頃の市内バスは戦前からあった車両にミャンマー風のボディーを乗せたバスしかなかった。ヒノ（日野自動車）のバスなどまだなかった。ヤンゴン大学から市内ダウンタウンに向かうバスはドラゴンのマークが掲示されたバスだった。市内に入る他の路線のバスも同じような型だった。当時、路線の区別は動物のマークと路線番号で示されていた。バスの乗り心地は悪くなかった。車内で立たなければならないほど込んでいない。ヤンゴン大学からダウンタウンまでは 1 マッ（＝25 ピャー）しかかからなかった。近代的な都市ではなかった。しかし、交通の便や飲食するには都合が良かった。当時、私の 1 ヶ月の教育費と生活費の合計は 75 チャットだけだった。節約して生活したのでこれで足りたのである。

発展のために注力できない

　パサパラ（＝反ファシスト人民自由連盟）政府時代、国内には数多くの反乱軍が跋扈していたため、国内の治安を維持することしか政府は注力できず、国を発展させる余裕がなかった。ピードーター計画（＝経済発展 8 ヵ年計画）など空論に過ぎなかった。都市発展計画なども効果的に行うことができなかった。ヤンギンニュータウンの開発のみ実施できた。

暫定政権時代

　暫定政権時代、ヤンゴン市の美化事業をかなり行うことができたと思う。南オカラッパ郡区、北オカラッパ郡区、タケタ郡区というニュータウンを開発し、不法占拠家屋を排除、撤去し移転させることができた。革命政権に移行した後、トゥワナニュータウンを開発して低価格の公務員住宅を建設、公務員たちを移転させることができた。

第 1 書記と第 2 書記

　1988 年、国家法秩序回復委員会の時代、ヤンゴン市内の景観は非常にひどい状態だった。そのため、政府トップの任命により、第 1 書記と第 2 書記の二人が都市の

美化と都市発展事業を担当した。独立する前のヤンゴン市は東南アジアで最も美しい都市だった。

ダゴンニュータウンの開発状況を視察中のキンニュン第１書記が移転してきた住民と面会

ヤンゴンを見本としてシンガポールが町作りを行った

シンガポールが町作りを開始する前に、ヤンゴン市を視察して模範とした。植民地時代のイギリスがヤンゴン市を整然とした街並みにしたことは事実である。

イギリスから独立した後、ヤンゴン市は次第に荒廃してきたと言えるだろう。国内に反乱軍が跋扈していた時代であったため、地方の人々はヤンゴン市が平和であること、就業の機会があることなどにより、ヤンゴンに上京し不法占拠家屋で苦しい生活を送った。このようにして、不法占拠家屋がどんどん増えてスラム街が広がり人口密度も高くなった。そのため、公衆衛生上また社会生活上、非常に悪い状況となった。

都市計画を担当する機会を得た

ビルマ社会主義計画党時代、私はドイツ、スイス、英国を訪問して、ヤンゴン市もこれらの都市のように美しくなればいいと思った。そして今、その任務を与えられて、ヤンゴン市が美しくなるように少しずつ美化を行った。

公園を建設

最初に市内の主な道路を拡幅し、道路を良くし、そして公園を造った。最初の公園はピィー通り沿いの人民公園である。不法占拠家屋や雑草を取り除き、建築専門家と話し合いを行い、きちんと公園を造ったので、シュエダゴンパゴダのお膝元も、

旧国会議事堂の正面も非常に見栄えが良くなった。

　ミンガラードン国際空港からダウンタウンまで続くピィー通り上の交差点の中で、マヤンゴン交差点、レーダン交差点、ミニゴン交差点を対象に見栄えが良くなるように工事を行ったり、インヤー湖の湖畔一帯が美しく立派になるように改良工事を行ったり、インヤー公園のカーブがある所を2車線に拡幅したり、道路に花壇を設けてきれいにしたりして、外国から来た観光客の目をひきつけた。

　ヤンゴン市の中心には自然が作り出し、植民地時代に手を加えたカンドージー湖とインヤー湖があり、その景色を楽しむことができるように歩道を整備した。湖畔を整備して公園を造成し、レストランをきちんと開業させ、都市の景観に合うようにした。

シュエダゴンパゴダ北門、トゥエーセー池近くにあった不法占拠の家屋を撤去し、美化を進める

不法占拠家屋の移転

　国際都市ヤンゴンとして相応しくなるように、不法占拠家屋の住民を新たな場所に移動させ、土地が所有できるように手配した。最初は大変困難が伴った。国民の多くが移転により精神的に苦痛を受けたことは事実である。しかし、不法占拠家屋のある一帯はスラム化していて保健衛生上悪く、人々の生活水準も低下させ、大火災が発生する可能性もあったため、移転計画は必ず実施せざるを得なかった。計画の第一段階として、ニュータウンの場所を選定、測量を実施、街の区画割り、道路の建設、電線や水道管の敷設、建設資材を安価に購入できるよう手配、などの一連の準備を行ってから、住民の移転およびニュータウンの開発を実行した。

ニュータウン

　ダゴン、シュエピーター、ラインターヤーの３つの場所をヤンゴン市郊外に位置するニュータウンとして定め、住民の移転をきちんと行った。住民の移転にあたり、政府は無視することなく、国軍の車両を利用して国軍兵士自身が住民の移動を手助けした。家を建てるのが困難なため、最初は暫定的に小屋を作り、それから時間をかけて家屋として建て替えた。

小屋から団地へ

　上記のように不法占拠家屋をニュータウンに移転させたが、景観や見栄えが悪く、システム化していない地区もあった。そのため、都市の景観に相応しくなるように、それらの地区で区画化をきちんと行い、地区を整備した。これでもう不法占拠者ではなくなり、土地の所有者になったのである。しかし、資金がないため家を建てることができない人たちのためにお金をかけないで「小屋から団地へプロジェクト」を実施した。まず、建設業者ときちんと話し合いを行い、２年かけて団地を建設させた。その期間中、住民には他の場所で家を賃貸させ、２年後に団地が完成して住民を移転させた。住民の中には１室だけでなく２室、３室を得た人もいた。このような方法でヤンゴン市を都市として相応しくなるように努力したが、他の都市と比較すると、やるべきことが山積している。

　ヤンゴン市を都市に相応しく整備する事業は、ヤンゴン市開発委員会だけで行わず、他の省庁が参加する委員会を設置して、複数の省庁と合同で実施した。

住居から出る排泄物をヤンゴン川に捨てないでボータタウン埠頭近くの
浄化場で処理している状況をキンニュン第1書記が視察

工業団地の状況を視察中

工業団地の造成

　ヤンゴン市の郊外に位置するダゴン、シュエピーター、ラインターヤーの各ニュータウンに隣接して工業団地を造成した。その目的は、ニュータウンに移転してきた住民のために工場労働者として就業機会を与えることである。このようにニュータウンを開発したものの、都市に相応しくするために行うべき事業が山ほど残されている。ヤンゴン市開発委員会と地元の管理委員会との共同事業は、絶えず行う必

要があると言える。

経済制裁の中で建設

私たち軍事政権の時代、上記のようなニュータウンを開発しただけでなく、以下のプロジェクトも実施した。

国立博物館
麻薬撲滅記念博物館
ヤンゴン国際空港の新ターミナル
鉄道の跨線橋
バインナウン大橋
アウンゼーリャ大橋
マハーバンドゥーラ大橋
ヤンゴン-タンリン第2大橋
シュエピーター大橋
カンドージー公園の整備
ヤンゴン動物園の整備
新テインジー市場の建設
コンベンションセンターの建設
ボータタウン汚物浄化処理場の建設
民族村の建設
ダゴン大学の新設
ヤンゴン東部大学の新設
ヤンゴン西部大学の新設
技術大学（ラインターヤー）
コンピューター大学（シュエピーター）の新設
商船大学（タンリン、ティラワ）の新設
経済大学（レーダウンカン）の新設
歯科大学の新設
国際仏教大学の新設
文化大学（ダゴンニュータウン）の新設
ヤンゴン人民病院の改装
眼科大学の新設
耳鼻科・気管支系専門病院　など、

首都として欠かすことができない施設を新たに建設したり、修復・改装したりした。欧米諸国から経済制裁を受けている中、できる限りのことを努力して実施した。もし、経済制裁がなかったら、もっと多くのことができたことは事実である。

ヤンゴン市内の交通渋滞

現在、ヤンゴン市内を走行する車の台数が急激に増え、道路の通行能力と合わなくなったため、酷い交通渋滞が発生し、目的地への到着が遅れるなど毎日市民は困

難に直面している。また交通ルール違反をする車が多くなり、交通秩序がなくなっている。この問題を解決するため、真の専門家やアドバイザーが必要になっている。

排水溝の詰まり

　　雨季にいつも起きている排水溝の詰まり、水の流れが不規則になっていること、道路上が冠水して車が立ち往生することなどの現象が起きている。高層ビルなど新しいビルを建てる時に排水溝をつぶしたり、排水溝にゴミや土、砂がたまって詰まったりしたことが原因である。シンガポールの町づくりを行った際、ヤンゴン市の排水システムと汚物処理システムを見習ったと聞いている。当時のすぐれたシステムによりヤンゴン市内の排水システムが再建されることを望む。

カンドージー湖とインヤー湖

　　ヤンゴン市内のカンドージー湖とインヤー湖は英国統治時代に整備された。この二つの湖を常にきれいに保つために、清潔な水と入れ替え、たまった汚泥を取り除き、きれいな花や木を植えるなど毎年維持管理を行うべきであると思う。

第51節　ヤンゴン市周囲にニュータウンを開発

　　ヤンゴン市はイギリス植民地時代に建設されたため、非常に整然とした町作りが行われ、東南アジアで最も美しく、最もきちんとした首都であった。そのため、シンガポールの町を開発する際、ヤンゴンを模範にして建設されたという誇るべきことがあった。しかしながら、ミャンマーが英国から独立した後、国内で反乱軍が跋扈し各地で戦闘が絶えなかったため、ヤンゴン管区内の農村に住んでいる住民たち、エーヤワディ管区などデルタ地域に住んでいる住民たちは就業機会の多いヤンゴンに大挙して押し寄せるようになった。その時から、ヤンゴン市が拡張し始め、特に地方から移住して来た住民が住む地区や不法占拠家屋が無秩序に立ち並ぶようになった。

ダゴンニュータウンの開発工事を視察するキンニュン第1書記とヤンゴン軍管区長の一行

　そのため、ヤンゴン市は英国植民地時代のような雰囲気ではなくなり、スラム街があちこちに発生して首都に相応しい景観が失われた。地区の区画割りもきちんとなされていないため、地区の家並みも雑然となった。そして、社会生活的にも、公衆衛生的にも、火災などの防災の観点からも憂慮される状況となった。このような状況となっているため、暫定政権の時代に南オカラッパ、北オカラッパ、タケタという3ヶ所のニュータウンを開発し、スラム街の住民を一部の地区に移転させた。

　1988年に国家法秩序回復委員会の時代になり、ヤンゴン市内の人口は急増し、スラム街がまた急に増えてきた。この状況は社会生活的にも、公衆衛生的にも非常に悪い状況となった。火災の際に消防車が入ることができないほど家々が密集しているため、大火災が起きることが非常に憂慮された。これらの問題を解決するための方策が検討された。

　ニュータウンをひとつ開発する際、全てのことを完全に満たすのは非常に困難であった。開発資金も莫大にかかった。しかし、現在国民が直面している生活上の問題を解決し、国民が自分の土地と家を所有できるようにするためにはニュータウンの建設は不可欠であった。また、首都に相応しい景観を維持し、スラム街の住民が自分の土地と家を所有できるようにするため、ニュータウンの開発を政府トップの承認を得て開始した。

ダラからレッコゥカンに続く道路を建設、修復している状況を
視察しているキンニュン第1書記が地元住民と面会

1989 年からラインターヤーとシュエピーターの二つのニュータウンを開発した。まず、道路を作り、電柱を立て電線を敷設し、生活用水を確保するために井戸を掘り、貯水池を作った。道路が整備され、電気が開通し、清潔な生活用水が確保された後に、スラム街の住民を国軍の車両でニュータウンへ移動させた。家を建てるために都合が良くなるように竹、ニッパヤシ、割り竹の資材を安価に調達できるようにした。

1990 年に入ると、更にきちんと整備されたダゴンニュータウンの開発を開始した。ダゴンニュータウンの南部にはスラム街の住民を移転させ、北部には勤続年数 20 年以上の公務員を前半に移転させ、後半には勤続年数 20 年未満の公務員を移転させた。これらのニュータウンの開発エリアはもともと田んぼであった。そのため、都市・農村・住宅局の専門家と十分に話し合いを行いながら、きちんと設計し、区画整理し、段階的に街づくりを行った。ニュータウンに相応しく、学校、病院、薬局、市場、公園、貯水池、パゴダ、僧院、管理委員会の事務所、警察などの施設や建物を設計通りに建設していった。ダゴンニュータウン・セィッカン郡区、ダゴンニュータウン（東部）郡区では後になって住宅開発プロジェクトや工業団地開発プロジェクトを策定してきちんと実施した。その後、豪華で立派な校舎を誇るダゴン大学やヤンゴン文化大学も建設した。

住宅開発プロジェクトおよび工業団地開発プロジェクトの模型を見学

ダゴンニュータウンの開発にあたり排水用の運河の建設状況を視察

　ラインターヤーニュータウンについて言えば、最初に最も貧しい住民をこのニュータウンに移転させ、就業機会が得られるように工業団地の開発を行った。現在、ラインターヤーは最も繁栄した、経済事業が盛んな町に発展した。ラインターヤーニュータウンの特筆すべきこととして、パンライン総合病院とパンラインゴルフ場が完成したことがあげられる。また、バインナウン第1大橋、第2大橋が建設され完成したと聞いている。これはラインターヤーに住む住民だけでなく、デルタ地域の住民にとっても嬉しいニュースとなった。

　シュエピーターニュータウンについても、家や土地のない不法占拠家屋の住民をこちらに移転させ、公務員の官僚クラスに住居を割り当てた。その後、工業団地を開発し、ニュータウンに住む住民にとって就業機会が得られるようになったため、好都合となったと思う。

軍事政権時代、ニュータウンを次々と開発したことは、家や土地のない不法占拠家屋の住民たちに家や土地を与え、更に工業団地の開発により就業機会を与えることができ、生活が良くなったと私は信じている。ニュータウンの開発計画は軍事政権時代に完了したため、ヤンゴン市全体にとってある程度良かったと思う。もし、民主主義政権の時代だったら、困難だったと思う。しかし、現在ラインターヤー工業団地沿いの運河一帯に不法占拠家屋がずらりと建てられているのは見栄えが悪い光景であり、これをどのように解決するのか思いもつかない。

第12章　麻薬撲滅に関して行ったこと

第52節　麻薬撲滅に関して行ったこと

　ミャンマーはケシの栽培や麻薬の製造について非常に有名で、国際社会から常に批判を受けてきた。麻薬の製造と流通に関して悪名の高い黄金の三角地帯もミャンマー、タイ、ラオスの国境に接しているが、ミャンマーが中心とみられていた。

ケシの主な栽培地
　ミャンマーのケシの主な栽培地はシャン州北部と東部、シャン州南部からタイへ麻薬の密売人を通して運び出されていた。実を言うと、麻薬を製造するために必要な化学物質はミャンマーには存在していない。麻薬密売人がその化学物質をタイから持ち込んでいるのが一般的である。現在は時々、中国から化学物質が持ち込まれ、中国へ麻薬を運び出しているケースが見られる。

　以前から、麻薬の密売人と少数民族武装勢力とが共同で麻薬の製造および国外への運び出しを長年にわたって行っていたことがわかった。

シャン州東部特別区(4)において1997年4月22日、麻薬撲滅記念博物館の開館式が行われた
シャン州東部特別区（4）（マインラー地域）で麻薬撲滅記念館の
開館式においてキンニュン第1書記がスピーチ

麻薬代替作物

　1988 年以降、ジャングルで活動していた少数民族武装勢力の多くが政府との停戦協定に調印したため、政府は武装勢力と共同で麻薬撲滅事業を開始し、麻薬代替作物の栽培事業が開始され、特に、コーカン、ワ、マインラーの各地域で初期段階としてゴム、サトウキビの栽培、養豚、養鶏の事業を政府の支援により実施し成功を収めた。

ソバの栽培

　次の段階として、日本政府がソバを栽培するため、ソバの種を支給し農業専門家を派遣してコーカン地域で最初に試験栽培を行った。最初の試験栽培として 3 エーカー分を栽培した所成功したため、翌年は 30 エーカー、その翌年は 300 エーカー、その翌年は 3,000 エーカーと栽培面積を拡張していった。収穫したソバの余剰分は日本が買い取った。コーカン地域の成功を見て、ワ地域でもソバの栽培を行いたいとの要請があった。そこで、ソバの種をワ地域に送り、試験栽培を行った。ワ地域ではソバより、ゴム、茶葉の栽培と地下鉱物資源の採掘のほうが成功した。ミャンマー政府からは米を支給したり、耕運機のレンタルセンターを設営して耕運機の貸し出しを行ったり、養豚や養鶏の事業を起業するまでの支援を行った。このように、麻薬撲滅事業が成功したため、UNDP（国連開発計画）からも支援が入った。

麻薬撲滅ゾーン

　ケシの栽培や麻薬の製造を完全に撲滅し、麻薬代替作物の栽培と養鶏、養豚事業が成功したこと、麻薬撲滅事業に奮闘努力したこと、麻薬撲滅記念博物館を開館したことなどによりマインラー地域は 2005 年に最初の麻薬撲滅ゾーンとして認定された。そして、コーカン地域も麻薬代替作物としてソバ、ゴム、サトウキビの栽培が顕著に成功したため、麻薬撲滅記念博物館を建設し、地域の住民に対して麻薬撲滅に関する教育啓蒙活動を行い、麻薬撲滅ゾーンに認定されるよう努力を続けた。以前、麻薬王として知られたクンサーと自身が率いる武装グループ MTA は全ての武器を捨てて法律の支配下に入った。そのため、欧米諸国はワ地域の首領であるパゥユーチャンを新たな麻薬王として仕立てた。実際、ケシの栽培、ヘロインと呼ばれる麻薬の製造は、麻薬の密売人が大きなシンジケートを作り、ケシの栽培、麻薬の製造、麻薬の運び出し、流通、化学物質の輸入、運び込みを行っている実行犯であるから、一国だけ特定して非難するより、麻薬のシンジケートを摘発するべきである。

　麻薬撲滅に関して軍事政権時代に特別作戦としてケシ畑を焼き払ったり、没収した麻薬や化学物質を焼却処分したりしたことからある程度の成功を収めることができた。教育啓蒙活動としてヤンゴン市内に立派な麻薬撲滅記念博物館を建設、開館して若者や大学生、小中高の生徒たちに教育指導を行ったり、麻薬撲滅に関する講演会を開催したり、麻薬を焼却処分する式典を行ったり、学校で麻薬に関する知識についての講演会を行ったり、麻薬が人間を廃人にすることを説明したり、話し合いを行ったりした。麻薬に手を出した若者に対して、教育指導や矯正、リハビリ訓練を行うための昔からあった施設（ウェッティーカ訓練センター）を改装して、シュ

エピーエー訓練センターとして新たに開所した。また、クッカイン町に新しい訓練センターを建設し、麻薬撲滅事業を急ピッチで実行した。また、麻薬撲滅協会を設立して国際 NGO と連携して麻薬撲滅事業を展開した。

ヤンゴン市内にある麻薬撲滅記念博物館

麻薬の焼却式典に出席している第1書記、大臣、各国大使、武官、外国人記者など
麻薬撲滅特別作戦

麻薬撲滅事業を国際社会と協調して実施

　私が国軍情報部の局長として就任した 1983 年から、米国政府、麻薬取締局 (DEA) と接触して麻薬撲滅事業を開始した。当時、麻薬掃討作戦を実施するにあたり、米国大使館内の麻薬取締局の担当者から情報を得ていた。1988 年頃、麻薬撲滅事業を米国大使館と共同で行うため、チョーテイン少佐を担当者として任命した。米国大使館側は麻薬取締局のグレッグ氏、航空写真に精通した CIA のスティーブ氏と緊密に接触した。1988 年 2 月に実施した「モーヘイン作戦 (2)」のために、ミャンマー・タイ国境一帯や UWSA（ワ州連合軍）の支配地の航空写真を米国大使館から受け取った。この作戦を実行するにあたり、大変役に立った。UWSA（ワ州連合軍）は現在、平和協議を行っているグループとは別物である。昔からシャン州南部で結成された組織である。今はそのグループはなくなっている。

麻薬に関する特別総会

　1990 年、第 17 回国連麻薬撲滅特別総会が米国のニューヨーク、国連本部で開催された。その総会には当時外務省副大臣だったオウンジョー氏を出席させ、随行員として情報部のチョーテイン少佐を同行させた。総会が終了すると、すぐにワシントン市に移動し、米国議会の麻薬撲滅委員会のチャールズ議長に面会し、ミャンマーにおける麻薬撲滅計画について詳細に説明した。

　同じく 1990 年に開催された麻薬統制に関する東京サミットの会議にチョーテイン中佐を出席させ、UNFDAC（国連薬物乱用統制基金）の担当者だけでなく、G7 の代表者やオーストラリアの代表者と、ミャンマーにおける麻薬撲滅計画について話し合いを行った。更に、1990 年の年末、タイで行われた、UNFDAC の担当者、ミャンマー、タイ、中国の代表者による会議に、外務省のオウンジョー副大臣、チョーテイン中佐が出席して、3 カ国が協調して麻薬撲滅事業を行うこと、情報交換やフォーカルポイントなどについて話し合った。

麻薬焼却式典

　1990 年 6 月、ミャンマー政府と米国麻薬取締局 (DEA) の新担当者であるアンジェロ氏が共同で麻薬焼却式典を開催した。その後、世界麻薬撲滅月である 6 月に毎年行われるようになった。米国議会、麻薬撲滅委員会のチャールズ議長をはじめ議会の議員 3 人が、1992 年にミャンマーを訪問して国境地域で行った麻薬焼却式典に出席した。1994 年にオーストリアのウイーンにある国連事務所で行われた国連麻薬委員会 (CND) の年次総会にチョーテイン大佐をリーダーとする派遣団が出席した。2004 年まで 8 回に渡り出席し、ミャンマーにおける麻薬撲滅事業について説明することができた。

　1994 年 9 月にアセアン機能別協力委員会（麻薬）に出席するチャンスがあった。ミャンマーは当時アセアンに加盟していなかったため、オブザーバーとして出席した。しかし、非公式会議に出席することができた。アセアンの一員になってからは、毎年総会に出席することができたため、アセアン諸国に対してミャンマーの麻薬撲滅事業について知らせることができた。

1992年2月、特別区（2）ワ地域のバヒン村近くで行われたケシ畑焼却式典に第1書記が出席

毎年6月に行われる麻薬焼却式典に第1書記、軍管区長、大臣、各国大使、警察関係者が出席

没収した麻薬や化学物質を焼却する式典に出席した各国大使

没収した麻薬や機械類を破壊する式典

4カ国による麻薬撲滅計画

2002年にミャンマー、タイ、中国、インドの4カ国による麻薬撲滅合同委員会の

会議に内務省のティンライン大臣とチョーテイン准将が委員として出席した。会議はタイのバンコクで行われたため、外国人記者からの質問に堂々と答えることができた。また、タイ国境からミャンマーのタチレクまで移動できるように措置を取ったので、外国人記者の取材に便宜を与えることができた。

麻薬撲滅事業を実際にやっていることを明らかに

1992 年から米国の犯罪麻薬センター(CNC)とミャンマー政府、国軍情報局が主導して、ミャンマー警察、農業灌漑省の代表者を同行させ、ミャンマー国内のケシ栽培の実態を知るためにヘリコプターで上空から調査活動を行った。この調査は毎年 2 月に実施し、ミャンマーのありのままの実態を国際社会に知ってもらう目的で行った。この活動を 2004 年まで毎年続けたため、ミャンマーの麻薬撲滅計画が実際に行われていることを世界に知られることになった。

ミャンマーの麻薬撲滅活動が認定される

ミャンマーにおける麻薬撲滅活動に関して米国に広く知ってもらうために、2002 年 5 月に国軍情報部の副局長をリーダーとする代表団を米国へ派遣した。この代表団は米国ホワイトハウスの麻薬政策を策定する麻薬統制局の担当者と面会、米国国務省のランディ国務次官、マット・デイシー国務次官補、米国司法省の法務次官、米国財務省の次官補、米国 CIA の犯罪麻薬センターの担当者、米国麻薬取締局(DEA)の代表者などと面会し、ミャンマーの麻薬撲滅活動や米国が望んでいることについて話し合いを行った。面会した米国側の全ての組織はミャンマーの麻薬撲滅活動に関して理解を示した。しかし、当時は軍事政権であったので、政府に対する直接の支持は表明しなかった。CNC や DEA の組織は今後もミャンマーと共同で麻薬撲滅事業を進めることに関して話し合った。

シャン州東部特別区(4)、マインラー地域で 1997 年 4 月 22 日に
麻薬撲滅記念博物館を開館した。

2004 年まで実施

　上記の麻薬撲滅活動に関して、国際社会に対する広報に力を注ぎ、一方で麻薬撲滅事業を国軍情報部とミャンマー警察が合同で行い、ケシ畑の焼却、麻薬密造工場の摘発、麻薬シンジケートの摘発、麻薬製造過程で使用する化学物質の摘発、少数民族武装勢力と協議し麻薬撲滅ゾーンの設定などの取り組みを 2004 年まで行った。

　私が逮捕された後のことはわからない。国際社会との協調でどれだけ麻薬撲滅事業が進んだのかもわからない。現在、麻薬が国内の至る所に行き渡っていることはニュースで報道されている。これは国民の能力を低下させる兆しである。以前、没収された麻薬類を焼却する式典をしばしば行ったが、今はそのような式典や麻薬撲滅活動が活発に広く行われていないように思える。

第13章 私と国際社会との交流

第53節　私と国際社会との交流

　国軍が政権を掌握し軍事政権が樹立されてからというもの、常に国際社会から攻撃や圧力を強く受けて来た。特に欧米諸国からの圧力が強かった。国際社会では民主主義のみが重要視される時代であったため、軍事政権に対する嫌悪感は相当なものであったことは事実である。欧米諸国の政治家、政治評論家、メディアの記者たちが非常に多くミャンマーを訪問して取材や質問攻撃を次々と行うようになった。

キンニュン君が代わりにインタビューに答えてくれ

　軍事政権が樹立し始めた頃は、ソーマウン上級大将が相手と直接面会してインタビューに答えていた。しかし、後になると「キンニュン君、私はもうインタビューには答えない。君が代わりに話すべきことを話してくれ。私はもう説明し過ぎて声が出ないから。彼らは我が国の内情を知らないから説明してもわかってくれない」と言ったので、その後多くの場合、私が彼らと面会して質問に答えるようになった。表敬訪問など形式的な場合のみ、ソーマウン上級大将が面会を受け入れた。

　1992 年にタンシュエ上級大将が国家法秩序回復委員会の議長になってからも、この傾向は変わらなかった。しかし、個人的に親しい人物やアセアン諸国の首脳の場合はタンシュエ議長が面会に応じた。また、各国大使の信任状捧呈式や表敬訪問の場合もタンシュエ議長が面会に応じた。その他の政府間の協議や政府の政策に関する質問を受ける場合は、第 1 書記である私が応じることになった。そのため、欧米諸国からの要人、メディア、国会議員がミャンマーを訪問した場合は、私が面会し質問に答えることになった。議長はあくまで表敬訪問など形式的なものだけ顔を出した。米国や欧州各国からミャンマーを訪問する人物と私は何度か面会するうちに親しくなった人も多くいた。私が、彼らが納得するまで詳細に渡り国内の事情を説明したため、中には納得し、満足してくれる人もいた。特に政府の政治、経済、社会問題に関する基本政策、国内平和、全民族の団結、国境地域の発展、麻薬の撲滅事業など、これから先に行うことについて公に説明できたため、彼らは納得、満足

してくれた。しかし、彼らの国に帰国した後、自分の国でミャンマーのことを説明して納得してもらうことが困難だったと彼らが明かしている。これは当然のことである。なぜかというと、国際社会の中では軍事政権というだけで受け入れず、民主政権だけが望まれているわけだから。私たちの国はそれで苦境に追い込まれた。

非常に公平な見方をする人物

　国際社会の研究家や専門家の中には非常に公平な見方をする人物がいた。米国や英国にもそのような人物がいた。ミャンマー国内で起きていること、少数民族武装勢力が多いこと、中国やインドという大国に囲まれている地政学的なことなど、ミャンマーで起きている苦境についてこれらの人物は理解を示し、彼らから適正なアドバイスを受けている。

　私と非常に親しい人物がいる。国連難民高等弁務官事務所の緒方貞子特別代表である。彼女は日本人で、ミャンマーのことを非常に理解してくれた女性であり、私たちは彼女からたくさんのことを教わった。

　もう一人は、国連事務総長特使のラザリ・イスマイル氏であった。彼は軍事政権と野党との間で協調するように努力してくれた人物であり、彼はマレーシア人で、マハティール首相自身が人選した人物だったので、人間的に優れた人物であった。

2014 年、国連元特使のラザリ・イスマイル氏が私の家を訪問

日本・ミャンマー協会の渡邊会長が 2013 年に在ミャンマー日本国大使館の公使と
私の家を訪問した

非常に紳士的な人物

　もう一人は、国連副事務総長の J. V. Reed 氏であった。彼はミャンマーを 1 年に 2
回訪問し、国際社会の状況、米国のミャンマーに対する姿勢、国連が直面している
国際問題など説明してくれただけでなく、ミャンマーの国益のために有益なアドバ
イスをしてくれた。非常に紳士的な人物であった。

米国がミャンマーに対してやったこと

　米国政府はミャンマーに対して政治体制や人権問題を盾にして、様々な圧力を加
えてきた。様々な非難をして、政治的な圧力、経済制裁、貿易の制限、外国人旅行
者の制限、縫製工場の閉鎖、米国入国ビザ発給の制限などの攻撃を軍事政権が崩壊
するように加えてきた。

2012年にシンガポールのゴーチョクトン元首相が私の家を訪問

2012年にシンガポールのゴーチョクトン上級首相が私の家を訪問

中国政府は歓迎

このように米国政府や米国議会がミャンマーに対して、全ての出口をふさぐように攻撃を仕掛けてきたため、新しい出口を探している時、中国が救いの手を差し伸べてくれた。

中国がミャンマーに対して親密な関係を構築し、長期的な互恵を目指す意図があるので、ミャンマー政府を歓迎した。一方で、経済制裁を受け、一方で歓迎を受ける状況になったことは事実である。これは当然のことである。

一方で自分を追放する者がいれば、歓迎してくれる方を選ぶのは当然なのだから。しかし、長期的な国益を考えて付き合うことが必要である。決して操り人形にならず、中立であることが必要である。

ASEAN 諸国の首脳が希望すること

ミャンマーは 1997 年 7 月 23 日に ASEAN（東南アジア諸国連盟）に加盟した。これは、当時のタイ首相（チャワリット・ヨンチャイユット首相）の尽力とアセアン加盟国首脳の強い希望があったからである。当時、各国のリーダーは、インドネシアはスハルト大統領、ブルネイはボルキア国王、マレーシアはマハティール首相、タイはチャワリット・ヨンチャイユット首相、シンガポールはゴーチョクトン首相、フィリピンはラモス大統領であった。当時、これらの首脳全員がミャンマーのアセアン加盟を希望したため、提案がすぐに承認された。

アセアン総会がある場合は、必ずタンシュエ議長が出席し、私が同行した。議長が望むことがあれば、私と外務省大臣が側についてお世話をしたため、私は各国首脳だけでなく、各国の大臣、副大臣とも親しくなれたのである。

私が首相になって初めてのアセアン総会

私は 2003 年に首相に就任して、インドネシアのバリ島で開かれるアセアン総会に首相として出席することになった。この時期はディーペーイン事件が起きた時期と重なっていたため、政治的に窮地に追い込まれていた。しかし、タイのタクシン首相やシンガポールのゴーチョクトン首相が特に協力してくれた。当時、政治的に苦しい立場であったし、首相に就任したばかりだったので、ミャンマーはあらゆる困難に直面していた。しかし、私が事前にうまく根回しした結果、国にとって良い方向に導くことができたと思う。

その経緯はこうである。インドネシアのバリ島に出発する 2 日前、外務省のキンマウンウイン副大臣と話し合いを行った。当時、外務大臣はウインアウン氏でアセアン総会のために事前に出発していたため、副大臣と相談せざるを得なかった。今度のアセアン総会でミャンマー問題が取り上げられるのは確実であった。しかし、私たちはミャンマー問題が議題にならないように事前に準備を行った。アセアン総会の習わしとして、総会の前日の夜に晩餐会が開かれ、その後非公式の話し合いがある。その時に、アセアン各国の首脳に対して根回しをしたいと考え、そのために書類を作成することにした。アセアン各国の首脳が納得できるように、4 ページにわたる書類を作成した。私が草稿を作成し、副大臣と何度も読み合わせ添削を行い完成した書類は私がインドネシアへ持参した。

タクシン首相の協力

　アセアン総会の前日の夜、非公式の晩餐会と会合が行われた。私の横に座ったのはタクシン首相だった。その時、私が望んでいることを話した。タクシン首相が「この晩餐会が終わったら、私たち首脳全員、部屋に集まって非公式の話し合いを行おうではないか。ミャンマーのキンニュン首相が提案することがある」と事前に呼び掛けを行ってくれた。

　晩餐会が終わり、事前に準備した部屋に集まり作成した書類を各首脳に配り、書類に書いてある通りに説明した。その時、マハティール首相が「キンニュン首相の提案は非常に良い。私はこれを気に入った。他の人たちはどう思いますか。質問があればキンニュン首相に質問してください」と呼びかけると、タクシン首相、ゴーチョクトン首相が「何もありません。私たちも気に入りました」と答えた。それから、インドネシアのメガワティ大統領も「質問することはありません」、フィリピンのアロヨ大統領も「何もありません。皆と同意見です」と答えた。このような状況になったため、「それでは、明日の総会の議題で1番目を削りましょう。議論することはありません」と言い、首脳たち全員と握手を交わし、喜び勇んでホテルに戻った。

タイの陸軍最高司令官がミャンマー訪問時にキンニュン第1書記が空港に出迎え歓待した

アセアン総会が開始される

　翌日、アセアン総会が開始された時、ミャンマーに関する問題について話し合いが行われず、質問もなかったため、各国のメディアや欧米諸国の関係者たちが驚いたことがわかった。これは政治的な危機をうまく回避できたと言えるだろう。

　タイとの関係は非常に重要だ。タイとは長い国境で接しているので、経済的にも、社会的にも、宗教的にも、文化的にも非常に重要である。2カ国間の関係が良くなる

につれ、経済的にも、国内の安定のためにも、2カ国にとって、大きな影響があった。タイには農業、畜産業、経済事業などで見習うべきこと、模範とすべきことがたくさんある。2カ国間の関係が良くなるにつれて、2カ国間の貿易が更に活発になった。特に、首相と国軍最高司令官の考え方や認識が良ければ、2カ国間の関係は更に良くなることがわかった。タイは国王の存在が非常に大きい。国民全てから尊敬を受けているため、何か困難があると国王が解決に乗り出す。私たちと親しいタイ国王軍の将軍はスチンダ将軍など数多い。

優れた指導者、リークワンユ元首相

　私たちが尊敬する指導者はシンガポールのリークワンユ首相だった。1993年に第1書記の時代にシンガポールで表敬訪問した。その時、元首相は私に対して親しく接し、ミャンマーのために建設的な意見やアドバイスをくださった。彼はミャンマーに対して思い入れがあり、ミャンマーを発展させたい気持ちが強かった。軍事政権を長期化せず、民主政権に移行すること、中国やベトナムを見習うこと、政治政党とうまく関係を築くこと、国内経済の発展が第一のためこれを最優先で行うこと、国際社会とうまくやっていくこと、国際社会の仲間に入るように努力することなど、まるで兄弟の仲のように親しく忌憚なく話してくれたことは非常に尊敬に値する。現在、ミャンマーは彼が望んだような形になっているため、喜ばしいことだ。経済を良くすることだけが残されている。

1993年、キンニュン第1書記がシンガポールのリークワンユ首相を表敬訪問

国連ポスターコンテストを開催した際、国連の担当者、各国大使、第１書記が出席した

偉大な指導者、スハルト大統領

　尊敬すべき偉大な指導者としてインドネシアのスハルト大統領があげられる。彼はミャンマーに対して思い入れがあり、恩を忘れない人物であった。帝国主義者から独立を勝ち取るため奮闘努力している最中、戦闘が激しくなった。その時、ミャンマーがイギリス軍用輸送機ダコタ１機分の武器と弾薬を極秘に援助したこと、この援助のおかげで、帝国主義者との戦闘に大変役に立ったこと、このことをずっと忘れることができないことなどを私と面会した時に話してくれた。恩を忘れない人物であると感じた。しかし、彼の息子や娘の欲望が起こした事件により、彼は花道を飾ることができずに引退した。

タイ国王軍総司令官一行がミャンマーを訪問した際に親しく歓談

第54節　ミャンマーと ASEAN

　1967年、インドネシア、マレーシア、シンガポール、フィリピン、タイの5カ国でASEAN（東南アジア諸国連合）が設立された。ミャンマーも加盟国として参加しないかとの打診があったと聞いているが、当時のミャンマーの外交方針に従い加盟国にはならなかった。当時は東西冷戦の時代で、ベトナム戦争が起きていた。また、アセアンに加盟のタイとフィリピンは米国主導の軍事同盟に参加していたため、中立政策を重要視する観点からアセアンに加盟しなかったのである。

戦略研究所の会議

1980 年から 1990 年代初頭にかけて、共産党や社会主義政権の国家の情勢に変化があり、冷戦が終結した時代に、ミャンマーでは 1988 年に民主化運動の騒乱により、軍事政権が樹立されることになった。1989 年にマレーシアのクアラルンプールで開催された会議に、マレーシアの戦略研究所から招待を受けたため、外務省のキンマウンウイン副局長を派遣した。

この会議では、ミャンマーで軍事政権が樹立されたことの経緯について、アセアン諸国の専門家だけでなく米国や英国の専門家が出席してそれぞれの意見を述べた。そこで、ミャンマーを代表してキンマウンウイン副局長が、軍事政権が樹立された経緯と事情を説明した。それ以降、アセアン戦略研究所の会議にミャンマーが毎年招待されることになった。ミャンマー政府もミャンマーの正確な事情を説明できる機会が得られたため、アセアンに加盟していないが毎年この会議に出席して意見を述べた。

2003 年にインドネシア、バリ島でアセアン総会が開催された際、空港で歓迎を受ける

アセアン外相会議

1994 年、タイ外相のプラソン外相がミャンマーを訪問した。タンシュエ議長と面会し、1994 年 7 月 22 日に行われるアセアン外相会議に出席するよう招待した。外相会議にはミャンマーの外務大臣が出席してほしいと公式に招待された。ミャンマーはアセアンの加盟国ではないが、タイから招待を受けた外相として出席できると要請を受けた。それを受けて、外務省のオウンジョー大臣時ンマウンウイン副局長が会議に出席した。アセアン外相会議および開会式、閉会式に出席したのだ。会議で発言することはなかったが、ミャンマーが将来アセアンに加盟することを目的として、またアセアンに関心を示すように仕向けるため、オブザーバーとして参加させたわけだ。1995 年 7 月 29 日にブルネイで開催されたアセアン外相会議にもホスト国のブルネイがミャンマーを招待し、外務省のオウンジョー大臣が出席した。

この会議で、アセアンに加盟するために必要な最初の手続きであるアセアン友好協力条約に締結したい旨の申請書を、議長国ブルネイの外相宛てに提出した。この申請書の提出はミャンマーがアセアンに加盟するための突破口となった。

2002 年、シンガポールの元外相が私の家を訪問した

2002 年 7 月 15 日、ブルネイ国王の誕生日を祝う式典に大使から招待を受け、
キンニュン第 1 書記が出席した。

ASEAN 首脳会議へ

　1995 年 12 月 14 日にタイのバンコクで開催されたアセアン首脳会議に、議長国タイ

の招待により、国家法秩序回復委員会のタンシュエ議長が初めて出席した。この会議ではアセアン加盟国になっていないミャンマー、カンボジアの首脳が招待された。

この会議ではアセアン設立30周年記念の年に加盟国を10カ国に増強することが主に話し合われた。1996年にインドネシアで行われたアセアン首脳会議にも、議長国インドネシアの招待客としてタンシュエ議長が出席した。

1997年、マレーシアのマハティール首相の招待に応え、タンシュエ議長がマレーシアを親善訪問した。両国の首脳が個別に話し合いを行った際、マハティール首相から、マレーシアで開催される予定のアセアン設立30周年記念式典に合わせて、ミャンマーをアセアンの加盟国にしたいと要望された。その際、タンシュエ議長は自国に戻って委員会のメンバーと相談し決定すると回答したそうである。その後、1997年に行われた外相会議でアセアン加盟国として正式に承認された。タンシュエ議長は1995年から2002年までアセアン首脳会議に毎年出席した。2003年のアセアン首脳会議には首相になったばかりの私が出席した。アセアンではアルファベット順に議長国が輪番で回ってくるが、ミャンマーは2007年に議長国の番となる。そのため、首脳会議など開催できるように準備を開始した。しかし、国内の政治情勢など様々な事情により2007年に議長国となれず、その代わりに2014年に議長国になったことを知った。7年遅れたとはいえ、アセアンの議長国になれたことは、わが国にとって非常に名誉なことである。2014年の年末、アセアンの各種会議を議長国として成功させることができ、非常に喜ばしいと思う。

国家法秩序回復委員会のタンシュエ議長が2003年5月5日にラオス訪問時、ラオスのカムタイ・シーパンドーン大統領に対してキンニュン第1書記夫妻を紹介している様子

アセアンは国際社会で重要な存在

強固に組織されたアセアンは国際社会の中で非常に重要な位置を占めている。アセアン加盟国はそれぞれがお互いに尊敬し合い友好的であるため、国際社会から一

目を置かれていることがわかる。現在、アセアンの交渉相手国は、日本、韓国、インド、オーストラリア、米国、ロシア、カナダ、ニュージーランド、欧州委員会(EC)に拡がっている。

タンシュエ議長がマレーシアを親善訪問した際、
マレーシアのマハティール首相がキンニュン第1書記夫妻と握手

ミャンマー女性問題委員会の委員がインドネシアを訪問

ブルネイ国王の誕生日を祝う式典にキンニュン第1書記夫妻が出席

263

アセアン経済

　特にアセアン諸国の経済は安定しており、国と国が協調、協力し、アセアン経済共同体の実現を目指して、更に努力している最中であるため、将来性があり非常に可能性の大きな組織であることに満足している。

　私たちミャンマーは、アセアンの中で最も発展したシンガポール、マレーシア、タイ、ベトナムを見習い、更に発展のスピードを速める必要があると私は助言したい。

タンシュエ議長がシンガポールを訪問した際、キンニュン第1書記が同行した

第 55 節　タイで行われた BIMSTEC（バングラデシュ、インド、ミャンマー、タイ自由貿易地域に関する枠組協定）の会議に出席

　タイのバンコク市内で開催された第1回 BIMSTEC（バングラデシュ、インド、ミャンマー、タイ自由貿易地域に関する枠組協定）の会議にタイのタクシン首相の招待を受け、首相である私が外務省のウインアウン大臣、キンマウンウイン副大臣とともに出席するため、2004 年 7 月 30 日にヤンゴン国際空港を出発し、タイのバンコク国際空港に到着した。到着すると、タイのタンマラック副首相が出迎えた。その日の午後、タイのタクシン首相と面会し、2 カ国間で実施している全ての分野につ

いて忌憚なく話し合いを行った。この話し合いでタクシン首相から以下のような発言があった。

　「タイ国はミャンマーと発電事業、運輸交通、通信、深海港の建設を共同で行いたい意向がある。2カ国間の経済関係や外交関係を更に緊密にしたい」と親しみを込めて語った。

BIMSTEC（バングラデシュ、インド、ミャンマー、タイ自由貿易地域に関する枠組協定）の会議でスピーチするキンニュン首相

タイ国王に謁見

　第1回BIMSTEC会議に出席するため、タイを訪問中の私たちと各国首脳は7月30日、タイ国ホアヒン市内にあるクライカンウオン宮殿でタイのラーマ9世（プーミポン・アドゥンヤデート）国王に謁見した。謁見の儀式には私たちの他に、バングラデシュの首相、ブータンの首相、インドの首相、ネパールの首相、スリランカの大統領、タイの首相が出席した。

　タイ国王は、各国の首脳と親しく握手をし、「お会いすることができて嬉しく、タイ国は各国と友好親善を進める。自国の発展に努力してください。自国の伝統文化と文学を大切に保護してください」とお話になった。その後、私たちは特別機でバンコクに戻った。

首相主催の晩餐会

　7月30日の午後9時、バンコク市内の政府官邸でタクシン首相夫妻の主催で行われた歓迎晩餐会に、私を含めBIMSTECのメンバー各国の首脳が出席した。夫人同伴の場合は、夫人も出席した。

　7月31日午前9時にタイ外務省が主催する第1回BIMST EC総会の開会式が行われ、各国の元首、大臣、副大臣、高級官僚などが出席した。開会式の式次第に従い

タイのタクシン首相が歓迎のスピーチを行った後、各国首脳によるスピーチがあり、その後休憩した後、記念撮影を行った。

　午前11時に会議を再開し、地域内で観光業、農業、エネルギー開発事業、水資源事業、伝統薬品事業の発展、テロの撲滅事業、貧困の削減などの分野について忌憚のない意見交換を行った。その後、BIMST EC 会議の共同声明の草案を承認した。共同声明に盛り込まれた内容は以下の通りである。

(ア)　この会議の名称は「ベンガル湾多分野技術経済協力イニシアチブ」（BIMSTEC-Bay of Bengal Initiative for Multi-Sectoral Technical & Economic Cooperation）とする。

(イ)　BIMSTEC 自由貿易地域に関する枠組協定の締結、2004/2005 年 BIMSTEC 観光年の開始と、1年間の事業計画を作成したこと、BIMSTEC 経済事業家協会の設立、タイ・プーケット島で第1回 BIMST EC 青年サッカー大会を開催したこと、タイ・バンコクに BIMSTEC センターを設立したこと、ミャンマー国内にバイオガス発電施設を建設したことなど、満足の行く成果があったこと、および今後も活発に活動を行うことを約束した。

(ウ)　BIMSTEC として行う共同事業として特に定めた、貿易および投資、運輸交通、通信、観光、エネルギー開発、人材育成、農業、水産業、科学技術の分野を重視すること、実際に共同事業を進める際、これらの分野だけに制限しないことに同意した。
　BIMSTEC の共同事業を行う際、文化、教育、保健医療、全ての生物の分類、伝統的教育の保護、地方農村社会の発展、中小企業の振興、建設、環境保護、情報通信技術、バイオテクノロジー技術、気象に関する研究、自然災害の防止、防衛の各分野に共同事業を拡張するための方策を探すことに同意した。

(エ)　BIMSTEC が貿易および投資の可能性を満たすために、自由貿易圏の設定に関する協議を早急に進め、共同事業を行うことを同意した。共同事業を行う際、BIMSTEC の加盟国の各国の事情を考慮すること。

(オ)　BIMSTEC の将来的な事業として、各加盟国内で観光業、貿易および投資が順調に進むように運輸交通、通信などの基礎インフラが必要であることを認識する。従って、加盟国内で陸上交通に関して地域ごとの発展計画を早急に実現させることに同意した。

(カ)　エネルギー分野に関して、資源を効率的に使用することを推進するため、石油および水力発電所計画、送電線、天然ガスパイプラインの敷設、燃料使用のエネルギーの保護、再生可能なエネルギー技術の発展を行うよう同意した。

(キ)　観光業の分野において、加盟国は自然、文化、歴史に関する魅力を最大限発揮できるよう協議することを同意した。また、BIMSTEC 加盟国同士の観光業の拡張が必要であることを認識した。

(ク)　経済事業のため、交通手段がより便利になるよう行うことに同意した。これを行うに際して、BIMSTEC 観光カード、ビザの使用を同意した。

（ケ）　BIMSTEC 加盟国の経済事業の機会を十分に利用できるように、民間部門の活用を促進することに同意した。

（コ）　BIMSTEC 加盟国の国民同士が更に活発に交流できるように、加盟国のメディア、学生、大学関係者、スポーツ選手などがお互いに交流する事業を策定し、映画、テレビ番組、音楽会などの芸術、芸能分野の交流を促進することを決定した。

（サ）　BIMSTEC による共同事業に関する話し合いを行うため、各国の外務大臣にその任務を与えること、次の BIMSTEC 首脳会議を 2006 年にインドで行うことを決定した。

ミャンマー発展のためにタイ政府が1億ドル融資

この外遊の期間中、ミャンマーにとって特筆すべき出来事があった。それはタイのタクシン首相が、私と個人的に親しい間柄であることから、私たち二人きりで会談を行った際、タクシン首相から「あなたの国の発展のために、私たちは経済協力をするつもりである。利息は低利にし、融資金額は1億ドルである。外務大臣同士で話し合って具体的に決めてください」と言ってくれたので、私は大変喜んで、「あなたが融資してくれるお金を借りる。外務大臣同士で話し合って、融資条件に従って具体化する」と回答した。

ヤンゴンに戻るとタンシュエ議長に報告し、議長も同意した。大臣を集めて特別会議を開き、各省庁で本当に必要とされている重機、機械などのリストを省庁ごとに作成させた。融資の実行、返済、利息の決定に関する規則、条件などを財務省の大臣が主導して購入、委員会を副大臣が主導して、委員として総局長、局長により設置した。

アスファルト10万トン

各省庁が必要な機械、重機に関して、融資額の限度内に収まるように大臣たちと数回に渡り会議を開き、短時間で決定した。私が覚えている限りでは、アスファルトが10万トン、建設省、灌漑省、電力エネルギー省、第1工業省のために重機、高層ビルの火災に使用できる消防器具、ヤンゴン市開発委員会とマンダレー市開発委員会のためにアスファルト舗装用のタイヤローラーなど本当に必要とされているものをタイの会社から購入した。このことは両国間の友好親善を基盤にしたもので、国の発展のために大いに資するもので良い結果をもたらした。隣国同士が築いた友好の証であると言えよう。

タイで開催された第 1 回 BIMSTEC 総会

第 56 節　キンニュン首相が中国訪問時に
2 カ国間で協定書に調印

　中国の温家宝首相の招待により、ミャンマー連邦共和国のキンニュン首相は 2004 年 7 月 11 日から 18 日まで各省庁の大臣、副大臣、高級官僚を同行させ、中国を親善訪問した。歴訪中、中国の温家宝首と 2 カ国間の共同事業について協議したほか、胡錦涛国家主席を表敬訪問した。また、滞在中に北京市内にある北京サイエンスパークを見学し、仏舎利が祭られている寺院を参拝した。
　中国政府が準備したスケジュールに従い、上海方面へ移動し三峡ダムを見学し、

上海市内の工業団地を視察した。また、深圳市内の経済特別区を訪問した。

両国の首相が儀仗兵を閲兵

　北京市内に滞在中、温家宝首相と2カ国間の共同事業に関して話し合った結果、以下のような協定文書に調印した。

1. 情報通信事業分野において共同で事業を行うことを確認する覚書にタンゾー大臣と中国側の大臣が署名した。
2. 国際コンベンションセンターの建設に関する覚書
3. ミャンマーにおける水力発電所建設に関するマスタープランの作成に関する覚書
4. タンリン～チャウタン工業団地に関するマスタープランの作成に関する覚書
5. 中国の無利子融資による鉄道建設に関する覚書
6. ミャンマーにおける通信ネットワーク構築に関する協定書にミャンマー通信公社と中国のZTE社が調印
7. ダガウン山ニッケル採掘計画に関する事前調査実施についての契約書に調印
8. パルプ工場の建設に関する同意書にチョーミィン総局長と中国の建設グループの会長が調印
9. 借款の返済に関して中国の保険会社とラテインスェー副首相が契約書に調印

　上記の2カ国間の協定書、同意書、覚書の調印式において2カ国の首相の前で、

署名が行われた。

ミャンマー女性問題委員会の委員が中国を訪問中

第14章　ミャンマー国民のための民主化に向けた 7 段階のロードマップ

第 57 節　ミャンマー国のための民主化に向けた 7 段階のロードマップ

　現代の世界では軍事政権の国家などほとんどなくなっている。民主化の実現は世界の主流となっており、ミャンマーを訪問する外国の賓客のほとんどは、軍事政権は嫌いだと忌憚のない意見を表明している。軍事政権が嫌いだというのはもっともなことである。現在世界で最も主流となっている民主主義に移行すべきとの意見ばかり主張された。彼らから、しばしば国を発展させるための「ロードマップ」が必要との意見を頂戴した。

　私が個人的に非常に尊敬しているシンガポールの指導者リークワンユ元首相からも同じようなことを言われ、また、私と個人的に親しい米国の上院、下院の議員たちも同様のことを言っていた。私の耳に「ロードマップ」という言葉がこびりついていたため、タンシュエ議長に対して「ロードマップ」のことをたびたび提案した。しかし、議長から「時期尚早だ」として却下されたため、私は「ロードマップ」を実施する時期が来る時に備えて事前に準備を進めた。

「ロードマップ」を実施しよう

　2003 年に私が首相の役職に就いた時、タンシュエ議長が私を呼び出し「君がたびたび話していたロードマップというものを実施しようじゃないか。君自身が最高裁判所長官や法務長官と相談して私に報告してくれ」と指示があったので、私は大変嬉しかった。それで私は時間を空けずに最高裁判所長官と法務長官を呼び出し、私が事前に準備しておいた「ロードマップ」の詳細について彼らに説明した。私たち 3 人だけで条文を添削し、法律的に整合性があり、国際的な慣習にも合致するよう議論を重ねた。その結果、完成したロードマップを議長に提出した。議長からは条文の内容に対して何も異論はなく、軍事政権の政策により実現した成果の説明と、ロードマップを含む今後の基本政策を実行に移すことを国民に対して発表するよう指示があった。「7 段階のロードマップ」の発表は、ヤンゴン市内旧国会議事堂において行った。その全文は以下の通りである。

ミャンマー国のための民主化に向けた7段階のロードマップ

キンニュン首相による「民主化に向けた7段階のロードマップ」に関する声明文

　本日の式典にご出席の政府関係者、各省庁の幹部、特別に招待された賓客の皆さんのご健勝をお祈りする。本日発表する内容は、政府関係者、各省庁の幹部だけでなく全ての国民の皆さんが知っておくべき国の重要な政策に関するものである。これを3部に分けて説明していく。

　第1部は、私たち軍事政権が樹立され今日に至るまで、我が国を近代的に発展した国家にすることを目標として、私たち政府と国民とが一致団結して昼夜を問わず取り組んできた事業により、あらゆる分野に渡り国が発展してきたことを説明する。

　第2部では、国の政治面における発展について説明する。

　第3部では、現在の国家の政治、経済、社会の状況、国の歴史、国民性、文化、習慣を基本として、将来近代的な民主国家を実現するため、今後行うべき事業計画を説明する。

キンニュン首相

第1部の報告を行う

　現在、国家平和開発委員会は母国ミャンマー連邦国を世界各国と肩を並べることができるように発展させ、国家経済の発展、国民の生活水準の向上を目標として掲げ、平和で近代的な国家を建設するためにあらゆる分野において努力を続けている所である。

　このように、国家的な目標である平和で近代的な国家の建設に向けて歩んでいる時、国内の平和、繁栄、発展という果実を実現させるだけでなく、連邦国家を永遠に確固としたものにするため、基盤となる全民族の団結および連邦精神という精神的支柱を更に強固なものにして拡げるために、正確で強固な政治、経済、社会の目標を定め、スピード感をもって取り組んできた。

　国家の平和、平穏、国家経済の発展、全民族の団結と連邦国家の永続的な安定は同時にそれぞれが関係し合っている要素である。全民族の団結があって初めて国内の平和が実現し、国内の平和が実現して初めて国を発展させるための基盤、インフラが実現し、このことは、国家経済の発展のスピードを促進するものである。

　同様に、国家経済の発展は全民族の団結および連邦国家の永続的な安定をもたらし、国内の平和と繁栄を実現させる。従って、私たち軍事政権が政権を担った時から、全民族の団結、国内の平和、法による支配を最優先課題として取り組み、同時に国家経済が強固となり、近代的で発展した国家を実現するため、経済や社会を発展させるためのインフラを整備するための国家計画を策定し、努力しながら実施してきた。

また、国家計画の実施にあたり、国内にある天然資源、ミャンマー国民の研究者や専門家と国民の力により、自分たちが努力し建設中のインフラを基盤として、自国の発展のための事業を具体的に行ってきた。私たちミャンマー政府は、自国民の能力と力を結集させ、全員参加の奮闘努力により実施したため、現在母国ミャンマー連邦は正しい発展への道に乗り、全民族の統一という良い基盤、国家経済の発展という基盤、社会生活の基盤、技術発展の基盤などの発展のために必要な基盤が整いつつある。私たち軍事政権が政権を担当した当時、国の経済は非常に悪く、破壊分子らの破壊活動や略奪行為などにより国内の工場などを含め国内の発展のために必要なインフラなどほとんど全てが破壊し尽されていたことは皆さんもご承知のことと思う。

　更に、国内の交通網、通信網も遮断され、国内のあらゆる事業が中止に追い込まれていた時期であった。

　当時、国内の経済状況は、1986 年から毎年下降を続け、1988 年度の国内総生産（GDP）は 471 億 4,100 万チャットと最低の水準まで落ち込んでしまった。

　私たち軍事政権が政権を担当してからの経済基本政策は民間部門を優先させる市場経済主義を導入し、そのため、国家計画を策定する際も、この点に合致するように修正しました。同時に荒廃した工場や工房、経済の基礎となるインフラの再建を進めながら、国の発展のために特に必要な道路、河川を渡る橋、農業用堰、大学、短期大学、病院などの発展の基礎となるインフラを全土に建設した。

　このように、昼夜を問わず奮闘努力した結果、国内の国民総生産（GDP）は上昇に転じ、1988 年度の 471 億チャットの水準から、1990 年度の国内総生産は 502 億 6,000 万チャットに増加し、1989 年度から 1992 年度までの 3 ヵ年の国内総生産の伸び率は 5.9％に達した。更に、1992 年度から 1995 年度までの 3 ヵ年の国内総生産の伸び率は 7.5％に上昇したのである。そして、1996 年度から 2000 年度まで第 2 次 5 ヵ年計画を策定し、実施した。

　この第 2 次 5 ヵ年計画を実施するにあたり、既存の経済インフラを安定させ、ミャンマー経済を急速に、永続的に発展させるための正しい軌道に乗せるため、きちんと検討して努力したため、5 ヵ年計画が終了した時点で国内総生産の伸び率は 8.5％に成長した。現在、実施している 2001 年度から 2005 年度までの 5 ヵ年計画では、現在 2003 年のため、3 年目に入っている。

　この 5 年計画では、1 年あたりの国内総生産の平均伸び率の目標値を 10.7％に定めていたが、2 年目にあたる 2002 年度の国内総生産の伸び率は 11.1％に達し、一人あたりの国民総生産も 2002 年度末には 105,940 チャットとなった。

　この他、私たちの政権では国内の失業率を削減するため、就労機会の創設をあらゆる方法を使って実施しました。その結果、1 千万人の失業者に仕事を与えることができ、1988 年当時の労働者人口 1,00 万人から 2,900 万人に増加させることができた。

農業分野について報告する

　このように、国家経済を急速に発展させるように努力する際、農業を基本として工業やその他の産業も発展させる経済システムを国家経済の基本政策として定め、

全ての分野に渡り発展させることを政府の重点目標として努力してきた。

　第 1 に国の最も主要な作物である米を基本として、作付面積の拡大、近代農法の導入、ハイブリッド純正種の使用、灌漑用水の確保などの方策を重点的に実施してきた。私たち軍事政権が政権を担当した当時の米生産量は年間で 6 億 5,400 万バスケットしかなかった。そのため、雨季米だけでなく二毛作として乾季米の栽培を奨励して、年間 10 億バスケットの生産量を目指した。

　その結果、1995 年度から 1997 年度までの間、毎年の生産量が 8 億バスケットに伸び、1999 年度は 9 億 6,500 万バスケット、2000 年度には目標値の 10 億バスケットに達することができた。

　農業分野発展のカギとなるのは農業用水の確保で、農業用の堰および貯水池、水門、川の水を汲み上げるプロジェクトのほか、井戸掘りによる地下水確保のプロジェクトをミャンマー全土で展開している所である。この農業用水確保のためのプロジェクトは、水力発電所が併設される大型のものから、農業用堰のみの中小プロジェクトまであり、1988 年から現在に至るまでミャンマー全土に 150 カ所、水がない地域で 265 カ所の河川の水を汲み上げる事業を実施した。これにより、作付面積が 20 万エーカー拡張することができ、150 カ所の農業用堰の建設のために、国家予算から 634 億 9400 万チャットを拠出した。現在も、39 カ所の農業用堰のプロジェクトが建設中で、更に 84 カ所の農業用堰を建設する計画もある。

水産業分野について報告する

　農業分野と関連して、ミャンマーの地理自然環境からもっとも可能性のある分野として水産業があげられます。政府は水産業の振興にも特に力を入れて推奨している。そのため、民間部門も政府部門も水産養殖事業を急ピッチで進めたため、1992 年度から 1995 年度までの第 1 次短期計画で年間平均 4.6%、1996 年度から 2000 年度までの第 2 次短期計画では年間平均 12.7%の成長率を記録し、2001 年度では 12.6%、2002 年度では 12%と堅調に成長を続けてきた。

　淡水、海水合わせて魚やエビの生産量は 1987 年度に 681,000 トンだったが、2002 年度には 1,579,000 トンと増加させることができた。

林業分野について報告する

　農業、水産業分野に次いでミャンマー国内の大規模な天然資源は森林資源である。ミャンマー全面積の 52.28%は森林で覆われている。世界的に有名なミャンマー産のチークを始めとして、価値のある貴重な樹木がミャンマーの森林に生い茂っている。森林の保護や植林事業を行っているため、1988 年度の森林保護区の面積は 2,480 万エーカー、自然林の面積は 135 万エーカーしかありませんでしたが、2002 年度には森林保護区が 3,505 万エーカー、自然林の面積は 336 万エーカーにそれぞれ拡張できた。

　植林地の面積もチーク特別植林地を含み、1998 年から 2002 年の間に 110 万エーカーに増加した。このように林業分野の発展と同時に、林業を基本とした付加価値のある製品を生産する製造業にも力を入れている。

工業分野について報告する

　私たち軍事政権の時代、近代的な工業製品を生産できる経済に発展させるため、政府が運営している国営工場の生産能力を引き上げ、工業製品の生産量を増やし、地域ごとに工業を発展させ就業機会を創設するため、管区・州に 18 の工業団地を新たに開発した。この民間による工業団地において自動車や農業用機械の製造、電子部品の生産、工業用の部品の製造などのほか、石鹸工場など小規模の工場ができるなどの発展を見ることがでた。

　国営工場の生産能力を引き上げ、高品質の輸入代替製品を生産するため、大規模、中規模、小規模の工場を 257 ヶ所建設しました。その結果、1988 年に国内にあった国営または民間の工場数は 27,430 ヶ所しかありませんでしたが、現在は 51,980 ヶ所に増加している。これは、工業国として生まれ変わるために、政府部門と民間部門が工業化をゆっくりとしたペースで進めている努力の現われと言えるであろう。

道路や橋の土木分野について報告する

　このように経済成長の基盤となる、最も効果的なものは、政府がミャンマー全国に建設している道路や河川を渡る大橋の建設である。私たち軍事政権時代に河川を渡る大橋だけでなく、国土を東西に横断、南北に縦断する道路を建設したため、ラカイン州やエーヤワディ管区など河川の多い地域や国境地域を含む全ての管区や州を直接つなぐ交通網を構築することができた。

　そのため、1988 年当時、461 本の道路（全長 13,600 マイル）しかなかったが、新たに 55 本の道路を建設し、全長 2,000 マイルを延伸することができた。橋については、1988 年以前はエーヤワディ河を渡るザガイン大橋、シッタウン河を渡るシッタウン大橋以外に顕著な大橋はなく、現在はエーヤワディ河を渡る大橋が 7 本、チンドゥイン河を渡る大橋が 2 本、タンルイン河を渡る大橋が 3 本など、新たに 180 フィートを超える 158 本の大橋を完成させることができた。

　現在も、ミャンマーで最長となるタンルイン大橋（モーラミャイン）、エーヤワディ大橋（ヤダナーボン）など 35 本の大橋を建設中で、更に 23 本の大橋を建設する計画がある。

鉄道輸送分野に関して報告する

　鉄道輸送分野に関しても、シュエニャウン～ヤッサゥ、アウンバン～ピンラウン～ロイコー、ナンサン～モーネー、シュエニャウン～ナンサンなどシャン州内に新たな鉄道を建設し、高度なトンネルを掘削して鉄道を通すチャウンウー～パコック～ガンゴー～カレー区間の鉄道、ヨーマ山脈を回る鉄道など新鉄道を建設してきた。そのため、1988 年当時、ミャンマー全国の鉄道距離は 1,976 マイルしかなかったが、軍事政権時代に 1,012 マイルを延伸したため、現在の鉄道距離は 2,900 マイル以上、3,000 マイルに届くほどになっている。

　国内の経済があらゆる分野で急速に発展している時、国際航空、国内航空、国内水運の分野がバランス良く発展するよう、政府がきちんと政策を策定して実施してきた。このように適正に政策を遂行してきたため、国内航空分野では 1988 年に国内線が利用できる空港は 21 ヶ所しかありませんでしたが、現在では 27 ヶ所に増設することが

できた。また、フォッカー28 が離着陸できる空港の数は、以前は 6 ヶ所しかなかったが、現在では 18 ヶ所に増えている。更に、既存の空港の滑走路を延伸、拡張して大型機が離着陸できる空港に高度化する事業や新空港を 7 ヶ所建設中である。

同様に、水運分野に関してはティラワ国際埠頭、タケタ埠頭、アローン埠頭、ミャンマー・セッムー埠頭などの他、近代的な設備を導入した港湾施設、近代的なコンテナヤードの整備など発展が続いている。特筆すべきことは、水運と航空分野においてミャンマーで初となる商船大学と航空宇宙大学を開校したことで、国際的なレベルに達する船舶の専門家、船舶の造船、航海士やエンジニア、航空専門家、建築家、エンジニアなどを輩出できるよう教育を行っていることである。

通信分野について報告する

ミャンマー全国のそれぞれの地域で暮らしている各民族や国民同士のコミュニケーションを円滑にするため、通信分野の発展を目指しスピード感をもって実施してきた。特に全世界的に拡がっている情報通信技術を使用して、全世界との通信網が容易にできるように通信環境を整えてきた。

更に、セルラー式携帯電話、CDMA 式携帯電話、GSM 式携帯電話の普及に努め、ICT と呼ばれる情報通信技術の発展のためにデータコミュニケーション、E メール、インターネット、イントラネットのシステムを実現した。コンピューターによる通信システムとしてヤンゴン市内とマンダレー市内にパケット・スイッチング・システムを設置し、データラインと E メールラインを利用できるようになった。

電力分野について報告する

国が発展することに伴い、国民の生活水準も向上すると同時に電力需要も増え、不足している電力を補強するため、きちんと計画を立てて取り組んでいる。このように、電力増強計画をきちんと立てて実施しているので、1988 年の電力消費量は 22 億 2,645 万ユニットだったが、現在は 50 億 6,420 万ユニットと 2.27 倍に伸びていることがわかる。

私たちの政権では電力需要を賄うため、水力発電所 28 ヶ所、天然ガス発電所 6 ヶ所を既に建設した。この中には、発電能力 280 メガワットのパウンラウン水力発電所、780 メガワットのイェーユワー水力発電所など 11 ヶ所の発電所を建設中で、これらが完成、稼動すれば、発電能力が 1,960 メガワット増強される。

教育分野に関して報告する

国が発展するに伴い、発展の果実を後世に至るまで維持し、高めて行かなければならない。そのために、全ての分野に渡り人材の育成を行うことは国家的な責務である。この責務の他に、世界的に発展し変化し続けている科学技術を私たちの国にも普及、発展させるためきちんとした政策を策定し実施しなければならない。

国家教育の向上のための特別 4 カ年計画には教育省だけでなく保健省、科学技術省、その他の省庁の傘下にある高等教育機関も参加した。教育を受ける機会をミャンマー全国に広げるために、基本教育高等学校、大学、短期大学を新設した。そのため、1988 年には基本教育学校（小学校）の数が 33,747 校しかなかったが、2003 年

には分校を含め基本教育学校（小学校）の数が40,049校に増加した。

　地方農村地域に住む子供たちに中学校教育を受ける機会を増やすため、全国に中学校を新設し、3,800校に増え、小学校が増えてきたことに伴い、教師数も1988年当時は173,000人だったが、2003年には222,000人以上に増強することができた。小学校に通う生徒数も、1988年当時は520万人（5,239,878人）だったが、現在は750万人強（7,550,896人）に増えたことがわかっている。

　わが国は植民地時代の負の遺産や歴代政権の不十分な政策により、読み書きができない大人がたくさんいた。私たち軍事施政権が政権を担当してから、読み書きができない人を減少させ、なくすために、ミャンマー全土辺境地域に至るまで読み書き教室を開催し、読み書きができるようになった大人の数は500,963人に上っている。また、識字率も78%から92.2%に増加させることができた。

　高等教育の分野においても、連邦国家の全ての地域で高等教育が受けられるようにして、各地域で高度な人材教育を行い、優秀な人材を輩出させることを目標に掲げ、14の管区・州の中で特別区を24カ所設定し、その24カ所を中心に大学や短期大学を新設し開校させた。このように大学や短期大学を新設、開校したことにより、1988年当時、大学や短期大学が32校しかなかったが、現在は大学、短期大学合わせて154校に増やすことができた。

　このように、大学や短期大学を短期間のうちに急速に増やすことができたおかげで、大学教育を受ける機会が増え、1988年当時は大学や短期大学で学ぶ学生数が13万人しかいなかったが、現在2003年には89万人にまで増加した。教務の側から言うと、1988年当時は教授から助手までの大学教員数は5,600人しかいなかったが、現在は16,600人にまで増えている。

　また、1988年当時は修士課程までしかなかったが、現在は教育省傘下の大学、短期大学で2003年に研究修士号が18種、修士号が40種、博士号が20種など、ディプロマ課程を含め150種類の課程を教育できるまでに至っている。医療関係の大学においては修士号、博士号合わせて90種、技術大学とコンピューター大学で開講している課程の修士号、博士号は73種など合わせると、ミャンマー全国で313種類の課程が開講していることになる。そのため、1988年当時はミャンマー全国の大学で修士号の卒業者は266人しかいなかったが、私たちの軍事政権時代の2001年から2003年の3年間に修士号取得者9,474人、博士号取得者206人を輩出することができた。

科学技術の分野に関して報告する

　科学技術の分野に関しても、私たち軍事政権の時代に科学技術大学、科学技術短期大学をミャンマー全国全ての管区、州に開校してきた。そのため、現在は科学技術大学4校、コンピューター大学2校、ミャンマー航空宇宙大学1校、国立技術大学26校、国立コンピューター大学24校、国立手工業大学9校を開校することができた。

　技術大学では以前、修士号までしか取得できず、1988年当時、技術大学で修士号を取得したのは22人しかいなかったが、私たち軍事政権時代に博士課程で19種、修士課程で27種など含め学士、ディプロマ課程で72種にまで拡張することができ

たため、2000 年度から 2002 年度までの 3 年間で修士号 1,424 人、博士号 128 人を輩出することができた。

保健医療分野について報告する

　国を発展させるために奮闘努力している時、自国民の教育水準を引き上げると同時に、保健医療も重要な分野になる。国民が高度な医療サービスを受けられることは国民の生活水準を向上させることにつながる。

　保健医療分野の基礎インフラの発展について見ると、1988 年当時は専門病院、総合病院などを含め全部で 617 カ所しかなかったが、現在 2003 年には 757 カ所に増えている。地方に薬局が 84 カ所、農村地域に 1,414 カ所の保健所を全国的に配置した。新たな大型病院を 140 カ所新設し、病院のレベルを引き上げる政策を実施した所、25 床から 50 床、100 床から 200 床、最終的には 300 床の大型病院を 114 カ所高度化することができた。

　1988 年当時、医科大学は 4 校しかなかったが、現在は保健省傘下の医学系の大学を全国 14 カ所に増加させることができた。以前はディプロマ課程 10 種、修士課程 13 種のみだったが、現在はディプロマ課程 28 種、医学修士課程 26 種、DR. Med. 博士課程 7 種、PH. D 博士課程 29 種に拡大することができた。

国境地域の発展に関して報告する

　私たち軍事政権時代に全民族の団結のために努力をしたため、得られた果実として、国境地域が平和で安定してきたことにより、国境地域に住む少数民族たちの発展事業をきちんと計画、策定し実施することができた。国境地域の発展事業を更に重視し、スピード感をもって取り組むために新たに国境省という省を新設し、国境地域の発展と少数民族の生活水準の向上をスピード感をもって実施した。

　最初は、平和が回復し安定した地域だけを対象に国境地域の発展事業を行っていたが、その後発展が遅れている全ての地域を対象に事業を拡大することができた。

　現在、国境地域発展事業を 7 つの州と 2 つの管区の 68 の郡、18 の地域で実施しており、対象エリアは約 83,415.34 平方マイルに達している。このエリア内に約 530 万人の少数民族や国民が暮らしており、人道的な支援を広く行っている。国境地域を発展させるために、実施している事業も実際に効果のある道路、橋、教育、保健医療、農業、畜産業、電力、交通通信、鉱山開発などの事業を実施し、国境地域に暮らす国民のために大いに利益をもたらした。

　国境地域の発展のための計画を策定し、1993 年度から 1995 年度までの最初の 3 カ年計画、1996 年度から 2000 年度までの 5 カ年計画、2001 年度から 2005 年度までの第 2 次 5 カ年計画と段階的に実施し、国家計画とは区別し実施してきた。国境地域に暮らす少数民族の発展のためにあらゆる分野できちんと計画し、スピード感をもって実施し、国境地域の発展事業が開始された 1989 年から 2003 年までの期間中、国は国境地域の発展事業のために 457 億 6,287 万チャットおよび 5 億 600 万ドルを拠出し、国境地域が目覚ましく発展したことが分かる。

　現在、発展が遅れていたカチン州のパンワー、シャン州のラウカイン、ナンティッ、パンサン、マインラーなどの国境地域の町はヤンゴンに引けを取らないほど近

代的なビルや国際級のホテル、高級デパートが建つなど立派に発展している。このように実施したことで、民族の団結心、連邦精神が更に強固なものになりつつある。

第2部の報告を行う

　私たちはなぜ軍事政権として政権を担うに至ったのか、政権を担ってから政治面でどのような変化や発展があったのかについて本日政府の大臣や国民に対して真実を知ってもらうために報告していきたいと思う。

　私たちは1988年9月18日にやむを得ず政権を担うに至ったことは時代の要請による。国内で起きていた騒乱やデモの背景には政治的な悪巧みにより恐るべき無法な行為が行われるようになったため、この事態を避けるわけにはいかず、私たち軍部が政権を担当することになったわけである。

　否定できない歴史の形を破壊して、悪意を持った者たちが1988年に起きた騒乱、騒擾を民主化運動という聞こえの良い言葉で置き換えても、しっかり分析してみると、この騒乱、騒擾の内実は、政治的な利益を得ようとする者たち、欧米諸国の扇動により踊らされ、なびいてしまった人々、民主主義の衣を着た左翼主義者たちが合流して、以前の政権に対して不満を抱いていた人々を取り込み、無法な行為を行わせるよう仕向けたものであった。政治的な利益を得ることを目的として騒乱、騒擾を起こしている者、チャンスを窺ってここぞとばかりに略奪を行う者が大多数となったため、国内で無法な行為が国全体に横行し、連邦国家がバラバラに崩壊する危機を迎えたのである。

　国民の皆さんも多くの困難や苦境に直面するに至っては、国軍が国を守るために行動を起こさざるを得なくなったことは真実であり、私たちが国の責務を担った時から、平和や平穏が失われた国を平常の状態に戻す政策を実施したばかりでなく、ミャンマー連邦国を将来に渡り近代的で発展した国にさせるという歴史的な使命を帯びてきた。

　世界的な政治や経済の情勢の変化に伴い、ミャンマー連邦国を平和で安定した国家になるよう民主主義の原理に基づき国家の基本政策、方針をきちんと策定し、実施することを認識した。つまり、私たちの国、私たちの民族に合った形の民主主義国家を建設することを決意したため、私たちが政権を取ったその日に総選挙を行うこと、複数政党制を導入することを宣言したことは皆さんもご存知のことと思う。

　真の複数政党制に移行するため、段階的に政治的な変革を行ってきたが、私たちが行ってきたことは行き当たりばったりのものではなく、過去に行った民主主義の欠点とよい点を研究分析し、歴史の傷を癒しながら、将来がもっとも良くなるように努力しているものである。

　実際、民主主義というのは、当該国の歴史的な背景や地理的条件に基づいて具体化しなければならない。民主主義の形態は国によって異なることは言うまでもなく、現在、民主主義を実践している国とわが国とは歴史的背景、地理的条件、民族や文化、習慣などの点で異なっている。このような違いがあるため、私たちは他の国の民主主義をそっくりそのまま模倣して実践できないことは真実である。

　わが国、ミャンマー連邦国は地理的条件により、流れの速い河川が豊富にあり、険しい山脈もたくさんある。しかし、交通が不便なため、国内間の移動が困難な状

況にある。

　ミャンマー連邦国の国内には多くの少数民族が暮らしている。言語、文化の違いのある民族が全国に散らばっており、交通が不便なため、発展から取り残されている地域もある。

　また、ミャンマーが独立して以来、考え方の違いから国内に多くの少数民族武装勢力が誕生し、国内の平和や発展に多くの障害となった。現在に至っても、国境地域の一部では武装勢力が活動している。このような困難な状況により、国境地域や少数民族が暮らす辺境地域では教育、保健医療、社会、経済など全ての面で発展から取り残され、発展が遅れ、国内民族の団結は非常に弱くなってきた。このように国内の平和がないため、近代的国家の樹立が非常に困難になり、わが国は独立した後、50年以上に渡り、他の国と比較した場合、発展の遅れと生活水準が低いことは否めない。

　このような歴史的な傷を癒すことなしに、短期間で民主主義を実現させることは容易ではない。そのため、私たちが政権を担った日から国境地域や少数民族の発展を、最優先事業として行ってきた。政権を担当した当日の声明文（1/88）を読み返してみると、交通の安全と利便性の向上、国民の生活水準の向上をはっきりと謳っていることが皆さんもわかるだろう。国内で民族による団結を強固に確立し、地域の発展、経済インフラの整備、生活水準の向上を行うことは、民主主義のために必要なインフラであると信じている。

　私たち軍事政権は全民族が再び団結するために、国境地域と少数民族の発展事業をしっかりと計画を立て、スピード感をもって実施していると同時に、少数民族武装勢力が法による支配に入るように、お互いに信頼をもって話し合いを進めた結果、少数民族武装勢力17グループが投降し法による支配の下に入った。このように少数民族武装勢力が法による支配の下に入ることは一般的に考えても、非常に困難なことである。

　40年以上にわたって同じ国民同士が血を流しながら戦い続け、お互いに多くの犠牲者を出してきた不幸な出来事から解放されるのは容易なことではないのは確かである。これまでの政権で成し遂げられなかったことを私たちの政権が行っている。お互いに尊敬し合い、お互いに理解し、お互いに信頼し合うこと、および誠実な気持ちで話し合いを続けたので、このような結果を得ることができた。現在、少数民族武装勢力のリーダーたちは彼らの支配する地域だけでなく、ミャンマー全体の発展のためのインフラ作りをし、政府の事業に参加していることは本当に喜ばしいことである。

第3部の報告を行う

　これから報告することは、私たち政府がこの先、引き続き実施する政治に関する段階的な政策についてである。

　我が国ミャンマー連邦国は100を超える民族が数千年に渡り共存してきた連邦国家で、民族の団結を最優先に重視している国家である。そのため、国家の基本原則として、連邦が崩壊しないこと、民族の団結、国家主権の安定の3原則を定めた。

　上記の国家の基本原則に基づき、近代的で発展した国が実現するよう国家の基本

方針 4 項目、経済の基本方針 4 項目、社会の基本方針 4 項目をそれぞれ定め、国家の最終目標に向かって前進している所である。

　ここで、最も重要な国家の基本方針 4 項目をもう一度掲げる。
1.　国家の安定、農村の平和と法による支配を確立する。
2.　全国民が再び団結する。
3.　強固な新憲法を制定する。
4.　制定された新憲法に従い、近代的で発展した新国家を建設する。

　この国家の基本方針 4 項目の中に、国をどのように発展させるかについてはっきりと明記されている。そのため、強固な新憲法を制定することは将来国作りを行う際にもっとも重要なカギになる。私たち軍事政権は以下に述べるように段階的な政策を策定し実施していきたい。

第 1 段階
1996 年から中断されている国民会議を開催する
第 2 段階
国民会議が円満に終了した際、真の規則正しい民主主義制度を実現するため、必要な政策を段階的に行う
第 3 段階
国民会議が決定した基本となる原則に基づき、新憲法の草案を作成する
第 4 段階
完成した新憲法の草案を国民投票にかけて国民から承認を得る
第 5 段階
新憲法の規定に従い、議会を構成するための総選挙を行う。
第 6 段階
新憲法の規定に従い、代議員が参加する議会を開催する。
第 7 段階
議会で選出された大統領と議会から送り出された大臣による、政府および行政機関により民主主義政権を樹立。

　これがミャンマー国のロードマップである。
　全てを総括して言いたいことは、以下の通りである
　平和で近代的で発展した民主主義国家を実現するために、奮闘努力している際、数千年の歴史がある連邦国家の歴史的伝統に傷をつけず、自分の国、自国民の愛国心、故郷を愛する気持ちを傷つけず、国民性を損なわない規則正しい民主主義国家を実現することが第一である。
　そのため、国家の基本原則 3 項目に従い、努力して実施している政治、経済、社会に関する基本方針 12 項目に合致した強固な新憲法を制定すること、近代的で発展した民主主義国家を建設するために、私たち政府がこれから実施していく上記の 7 段階のロードマップを実施するために、私たち政府と全ての国民が一致団結して手を組んで取り組むこと、地方政府の責任者が積極的に協力、参画するよう要請する。
　また、国家と民族の長期的な利益のために、平和で近代的な発展した民主主義国

家を建設するという国家的目標に向かって前進している時、連邦国家が永続的に安定し続けるために、愛国心、国民としての自覚、民族の団結精神、連邦精神をしっかりと胸に刻んで、正しい国家として進むべき道から外れないようにまっすぐ進んで行くことが大変重要である

　私たちの目標である平和で発展した近代国家の樹立を実現するために、国家経済を強固で安定したものにすること、経済発展の基礎となるインフラを整えるためにわが国にある天然資源、国内の専門家、知識人、技術者など国民の能力を結集させることが必要である

　そのため、わたしたちミャンマー連邦国が向かっている近代的で発展した民主主義国家という目標に達するために、政府と全ての国民が一致団結して協力すること、また政府職員の各レベルと地方政府の当局、非政府組織などそれぞれがその能力を発揮し、正しい国家的道のりに乗り前進するよう奨励し、これで報告を終わりたいと思う。

第 58 節　首相に就任して

　私は国家法秩序回復委員会と国家平和開発委員会において第 1 書記として 1988 年 9 月から 2003 年 8 月まで職務をこなした。その期間中、国家元首の議長という人物が首相を兼務しており、第 1 書記である私は議長の命令により首相としての仕事を首相代行という形で時折担当することがあった。

　2003 年 8 月、首相としての職務を完全に遂行するため、私は首相に任命された。首相に任命されたとはいえ、特に職務が変わったということはなく、政府の閣議を主導し行うことと、アセアンの首相として出席し意見を発表すること、アセアン諸国や近隣諸国から招待された場合、会議に出席したり、親善訪問したりすることなどが異なるくらいであった。

　首相に就任した場合、アセアン諸国や近隣諸国に挨拶代わりに親善訪問する伝統があった。私は首相として在位している期間が非常に短かったため、アセアンの全ての国を訪問することができなかった。しかし、第 1 書記時代にアセアンの国々を何度も訪問していたため、各国の指導者とは親しい関係を築いていた。

　首相に就任した後、2003 年 10 月にインドネシアのバリ島で開催されたアセアン総会や、2003 年 12 月に日本の東京で開催されたアセアン+日本の首脳会議にも出席した。また、2004 年 6 月にタイとマレーシア、2004 年 8 月にベトナム、カンボジア、ラオス、2004 年 9 月にシンガポールを親善訪問した。

　また、2004 年 4 月に隣国のバングラデシュの首相からの招待により、バングラデシュを親善訪問した。2004 年 7 月には中国の温家宝首相の招待により、親善目的および共同事業関連の話し合いのために各省庁の大臣と共に中国を訪問した。中国訪問中に覚書や協定書に調印した。事前に調整済みだったため、多くの文書に調印できた。詳細は後述する。私の首相としての在位期間は非常に短かったため、国民のために利益となる事業を効果的に行うことができなかったことをお赦し願いたい。

しかし、7段階のロードマップを実際に開始できたことには満足している。

マレーシアのアブドラ首相がキンニュン首相と握手

帰国の途につくキンニュン首相
に対してアブドラ首相が見送り

日本の小泉首相がキンニュン首相を歓迎

キンニュン首相が3カ国歴訪へ

タクシン首相と記念スナップ

日本の東京で開催されたアセアン+日本首脳会議

キンニュン首相がカンボジアを訪問中、フン・セン首相と
2カ国間の共同事業に関して話し合い

キンニュン首相がラオスを訪問中、ラオス大統領と記念撮影

キンニュン首相がバングラデシュを訪問中、バングラデシュ大統領を表敬訪問

キンニュン首相がカンボジアを訪問中、暫定首相や議会議長らと記念撮影

キンニュン首相がタイを訪問中、タイ王国軍の儀仗兵を閲兵

キンニュン首相がラオスを訪問中、ラオス軍の儀仗兵を閲兵

キンニュン首相がラオスを訪問中、ラオス首相とともに儀仗兵の敬礼を受ける

第15章　その他の報告すべきこと。

第59節　ミャンマーの伝統文化を保護すること

　ミャンマーは真の上座部仏教国であると同時に、仏陀の教えから継承され生まれた伝統的な文化を歴代に渡り保護、維持してきた国である。仏陀が説いた仏法の内容を仏陀の使徒である僧侶が布教を繰り返して、仏陀の教えを広めてきたおかげで、仏教と仏教から生まれた文化を今日に至るまで継承し、保護してきた。

コンバウン時代まで仏教文化の衰えなし

　仏陀の教えから生まれてきたミャンマーの伝統的文化は古代タイェーキッタヤー時代からバガン、ピンヤ、インワ時代と衰えることなく継承され続け、インワ時代にミャンマーの伝統文化は隆盛を極め、文化の基盤が強固となった時代となった。その後、ミャンマーの伝統文化はコンバウン時代まで衰えることはなかった。英国がミャンマーを植民地下に置いた時から、西洋文化が流入し文化の衰退が始まった。

　このように英国の植民地下に入っても、祖国を愛する人たちが多く現れたため、ミャンマー全土に国民学校が開校された。この国民学校においてミャンマーの伝統文化を保護、維持、継承し、外国文化の流入を防ぎ、愛国心を強固なものにすることを目指し若者たちに対して教育指導したため、ミャンマーの伝統文化が衰退することはほとんど見られなかった。

ビルマ社会主義計画党時代まで文化の衰退はなかった

　ビルマ社会主義計画党時代までミャンマーの伝統文化や服装・身だしなみが顕著に崩れることはなかった。しかし、民主主義に移行された現在、ミャンマーの伝統文化が衰退し、服装・身だしなみは見るに耐えないほど酷いものになった。ミャンマーの伝統的な服装として男性はパソー（巻きスカート）とタイポンエンジー（ミャンマーの伝統的な襟なしシャツ）、女性はタメイン（巻きスカート）と半袖または

長袖のブラウスを着るのが普通だったが、今は服装がかなり変わってきたことがわかる。

2013 年に自宅の庭園内に喫茶店とお土産屋を開業した際、小説家のココマウンさんと 30 人の志士の一人であるバケッさんが駆けつけ、私（キンニュン元首相）と握手

品位を保つ服装が必要

　時代の流れに沿って、状況が変わるのは致し方ない。しかし、服装に品位を保つことが必要である。現在は、外国の服装やスタイルを真似て、外国の服装の通りに恥じらいもなく着ているのは非常にみっともなく思う。

中央執行委員会委員、作家などと親しく懇談

韓国映画

　ミャンマーに韓国映画が大量に入ってきて、その映画の中で見られる服装やスタイルは見るに耐えられないものである。子どもたちの親に対する態度も酷い。女性たちが居酒屋で酒を飲んだり、酔っ払って深夜に家に帰宅したりする。泥酔しているので、誰が送ってくれたかもわからない。ある女性は家に帰らないでホテルで一泊している。誰と寝たかも覚えていない。このような映画が大量にミャンマーに流入しているため、ミャンマーの若者たちにとって悪い見本になっている。

恥部が隠れているだけ

　服装が非常に乱れている。恥部が隠れているくらいである。超ミニのホットパンツにヘソ出しルックとは本当にひどい。現代の人気があるデザイナーや写真家がもっともホットに見えるようなデザインの服を作りモデルに着せ、写真家ももっとも肌が露出する形で写真を撮影している。これについて批判する者もいない。多分、見栄えが良いからだろう。誰も口をつぐんで何も言わない。

伝統的芸能大会は時代遅れに

　ミャンマー伝統的芸能大会は人気がなく、時代遅れになってしまった。ミャンマー国民としての精神、愛国心はどこへ行ってしまったのだろう。国民全てが時代の流れに飲み込まれてしまったのだろうか。今、私たちはミャンマーの伝統的文化を保護、維持することに一致協力して努力すべき時ではないかと思う。

国民文学栄誉賞（永久）を受賞したティンパッさんに対して授賞

メィッティラー市内の経済大学を建設している現場にキンニュン首相が視察

第60節　エーヤワディ河の保護

　世界中のどこの国でも、その国の社会や経済のために生命線と言われるものは河川である。ミャンマーの大河はエーヤワディ河、チンドゥイン河、シッタウン河、タンルイン河などであり、この中でエーヤワディ河はミャンマー全土の全ての分野にわたって恩恵をもたらしている。それに対して、メコン河はメコン地域の国々に恩恵を及ぼしている。

エーヤワディ河の流れが変化

　ミャンマーでもっとも規模の大きなエーヤワディ河の流れを永続的に維持することを全ての国民が望んでいるだけでなく、エーヤワディ河を修復、整備することなしにそのまま放っておくことは、この河川の周辺に住んでいる村人たちにいつか悪影響を及ぼすことが懸念されている。

　エーヤワディ河の流れ方は毎年異なっている。上流で降った雨量が多くなるほど、流れ方の変化が大きくなり、川岸一帯に河岸侵食が起きている。そのため、一部の町や村で河岸侵食により川岸が崩壊し、パゴダや寺院など歴史的建造物が流され破壊されてしまうケースをたびたび目撃するようになり、ミッソン開発計画を中止しただけでは解決しない問題である。エーヤワディ河全域に渡り、河岸浸食が起きている町や村で護岸工事を行う必要が生じている。

国家サンガ大長老会の委員であるニャウンドン師に 2012 年にニャウンドン市内で寄進を行う

ヒンダダ、モーニョー町の侵食被害

　エーヤワディ河の維持、整備事業をきちんと行ってこなかったため、一部の町では町ごと移転しなければならないケースも発生している。例えば、ヒンダダやモーニョー町では町の一部が削り取られたため、地区ごと、または村ごと移転を余儀なくされる場所が発生している。私自身が関わったケースを思い出している。2014 年8 月、カレーワ師の誕生日を祝う催し物に招待され出席したが、その会食の折、ニャウンドン町から 93 歳になるオタターティウンタ師と懇談する機会があった。その際、ニャウンドン師は「あなたに会ってニャウンドン町が水害の危機から逃れたことを思い出した。あなたは覚えているか」と尋ねてきた。

　私は 20 年、30 年前のことを努力して思い出してみた結果、記憶があったので「覚えている」と答えると、ニャウンドン師は更に質問を続けた。当時、ニャウンドン大橋はまだなかった。エーヤワディ河の流れが河岸浸食を起こしていたため、ニャウンドン町を囲む農業用堰の堤防が毎年少しずつ削り取られて脆弱になっている。もし、堤防が決壊したら、町中が大水害に見舞われることが憂慮されていた。その時、ニャウンドン師が 4,5 人の役人を集めてエーヤワディ管区の管区長に陳情に行かせたのである。しかし、管区長は権限がないと回答し、彼らは肩を落として帰ってきた。

　当時、ニャウンドン師は国家サンガ大長老会の委員だったため、誰か政府の知り合いがいないかと考えた時に「ああ、キンニュン第 1 書記がいた」と私をヤンゴン市内ガバエーパゴダの敷地内にいる長老会の議長のもとへ呼び出し、ニャウンドン師は町の現状を説明すると、「あなたは協力してくれますね」と依頼された。私は「わ

かりました。ニャウンドン町の現状を視察して何とかします。」と答えた。

　私は翌日、河川維持・整備局の局長やペータン副大臣を同行させ、水が流れ込んでいる農業用堰を視察した。すると、堰が今にも決壊しそうな状況だったため、緊急に護岸工事を行い、ニャウンドン町は大水害の危機から逃れることができたことを私自身が経験した。このことに関してニャウンドン師が覚えていたため、きっかけを与えてくださり、私も昔のことを思い出すに至ったのである。この出来事を教訓として、今後は雨季に入る前からエーヤワディ河の維持、整備事業を行う必要があると提案したい。

エーヤワディ河の維持、整備事業に関心がある人が少ない

　現在、国民も、政治家も、メディアも全てミッソン開発計画だけに関心を寄せていて、エーヤワディ河の水流の維持、整備について関心を持っている人は非常に少ないと思われる。本当のことを言えば、エーヤワディ河の流れを永続的にすること、水の流れをスムーズにすること、正しい流れを保持すること、エーヤワディ河沿いの町や村が、永久に危険がないこと、エーヤワディ河を渡る大橋が多く完成したため、橋が永続的に安全であることなどの成果が得られるように、河の維持、整備事業を常に実施しなければならない。

レーミェッナー町とガタインチャウン町

　私はエーヤワディ河のことを主に述べてきたが、チンドゥイン河、シッタウン河についても責任者が事前によく調査をして河川の維持、整備事業を実施しなければならない。私自身が経験したのはレーミェッナー町でのことである。エーヤワディ河に流れ込むガウン川沿いにある町である。ガウン川の水流が河岸浸食を起こしていたため、町全体が危険な状態になった。町をガウン川の東側に移転し、ニュータウンを建設することになった。同様にガタインチャウン町も河岸浸食により、危険な状態に陥っていた。そのため、政府は河川の流れが正しくなるように常に河川を維持、整備を行うことが重要であると提案したい。

第61節　幹線道路の修復、整備

　これから述べることは貧困や収入が足りないことが原因ではなく、私腹を肥やしたい気持ちが根底にある欲深さが原因となっている出来事である。わが国政府の中のある省庁の責任者の欲により起きた出来事である。ある省庁が担当し建設した建設事業や道路の修復工事は非常にずさんなものがある。

ヤンゴン～マンダレー高速道路

　例をあげると、ヤンゴン～マンダレー高速道路の修復工事において、区間別に民間会社に対して工事を発注した際、建設省の責任者が満足していないことがわかった。責任者が満足していないが、実際工事が完成すると、大型車や小型車など利用者にとっては非常に都合がよく走行しやすい道路になっていたことがあった。ミャ

ンマーの高速道路はアセアンの基準に合致するようにレベルを引き上げなければならない。

チャイントン～ターコー道路

　シャン州内のチャイントン～タチレク道路、チャイントン～ターコー道路は建設省が毎年、修復工事を行っているが、毎年雨期になるたびに車が通れないほどひどい状態になる道路として有名だ。これらの道路の修復工事を民間企業に発注した所、チャイントン～タチレク区間は3時間強で通れるようになった。以前、建設省が修復工事を担当していた時期は、チャイントン～タチレク区間は修復に1週間から10日もかかっていた。現在は通行に要する時間が短縮され、旅行客にとっても、輸送業にとっても非常に便利になったと聞いている。

ミッチナー～プータオ

　カチン州のミッチナー～プータオ区間は雨期には通行が不可能となるため、プータオへ食料や必要な物資を届けるには航空機を利用するしかなかった。現在は民間企業に道路の運営を任せているので、便利になっていると想像する。以上に述べたことは、省庁の責任者の責任感、誠実さ、努力が欠如しているために起きた物資輸送の困難、国民にとっての交通の便の不便である。現在は、各地の幹線道路の修復作業を民間企業に発注しているため、道路の状況が改善されていることを、自分の経験を交えて報告した次第である

国境貿易の主な2つのルート

　現在、国境貿易の主な2つのルートは、ヤンゴン～パアン～ミャワディ（タイ国境）とマンダレー～ラショー～ムセ（中国国境）であり、これらのルートを通してミャンマー国民にとっての生活の基礎となる日用品や衣料品を輸入し、水産物や農作物を輸出している。これらの国境貿易ルートはミャンマーの経済を支える大動脈であるため、季節に関わらず常に良好な状態にする必要がある。

　これらのルートに関しても、民間企業に対して修復や運営管理の権利を与えたため、大型トラックやコンテナトレーラーなどの大型車両が通行できるようになったと聞いた。これらのことを見るにつけ、民間部門は国の発展のために非常に重要な役割を担っていることが顕著にわかることを報告したい。

第62節　教育、保健医療に関する課題

　ミャンマー教育委員会と国家保健医療委員会の議長として第1書記の私が就任した。国家を発展させるためには、人材育成と医療は非常に重要である。

軍事政権の責務

　1988年以降、軍事政権が政権を担って以来、欧米諸国があらゆる分野において制裁を加えてきたため、多くの問題、困難に直面せざるを得なくなり、国を発展させ

るために奮闘努力をしなければならなかった。国内で直面している人権問題に対する非難、麻薬問題に対する非難に対処するため、可能な限りの努力を行い、国内で活動している少数民族武装勢力との和平協議にも力を注いできた。

　一方で良好な外交関係を維持することに努力し、アセアンに加盟することである程度の成功を収めることができた。私たちの国は国土の広さと比較して十分な道路や農業用水の確保が非常に不十分である。そのため、道路や橋の建設と農業用堰と貯水池の建設を優先的に行ってきた。欧米諸国による経済制裁の中、上記のようなインフラを整備するための資金として品川にあるミャンマー大使館の土地の半分を売却して得られた資金をあてた。

医療研究所の開所式とレポート発表会

マンダレー市伝統薬科大学（マンダレー）の建設工事が終了

在品川ミャンマー大使館の土地半分を売却

割り当てられた予算は非常に少ない

　私が担当した教育、保健医療に関係する省庁に割り当てられる予算は非常に重要である。しかし、正直に言うと、これらの省庁に割り当てられた予算は非常に少な

かった。非常に少ない予算の範囲内で教育や保健医療の改革を行うため、非常に貧相なものとなった。本当のことを言うと、予算の配分を担当しているのは第1書記である私である。しかし、予算全体が少ないため、教育や保健医療のために配分できる予算も限られたものになったことは否めない。

ミャンマー伝統薬医会議の夕食会で、処方師たちとあいさつ

　その他の重要省庁のために先に予算が配分されるため、教育や保健医療に割り当てられる予算が少なくなってしまうのである。他に重要なプロジェクトがあり、私が担当する省庁のために、予算を回したくてもできず、政策を行うにもできない状態であった。私は教育や保健医療の分野の責任者であると同時に、政府全体を統轄する幹部の一人であるため、上記に掲げた欠点は私の責任でもある。

第63節　統治機構と各省庁幹部の責任感および業務遂行能力

　私が政権の幹部として就任している期間中、私が経験した出来事を基に正直に話すと、1988年以前のビルマ社会主義計画党時代の統治機構は正常に機能しており、各省庁の幹部役人も各自の業務の遂行のために努力していた人たちが大部分であった。1988年以降、国家法秩序回復委員会の政権前半においても、幹部役人の責任感、努力は見られた。

所属する省庁の名前を上げることが優先に
　統治機構というものは幹部の指導力に負う所が大きい。統治機構において、大臣から下級役人に至るまで、各省庁の責務を遂行するために誠実さを基調として努力しなければならない。私の意見を言わせてもらうと、一部の省庁は自分たちの名前

を上げること、自分たちの省庁の評判を良くするために、正当な方法で部下に指示するのではなく、命令方式により部下を動かすことが見られた。

　その後、各省庁間の競争が激しくなり、お互いに悪い方法を見習い、悪い行いや習慣が定着するようになってきた。現在は軍事政権ではない。民主主義政権に移行したため、昔のように命令方式が統治機構内で行われてはならないにも関わらず、昔からの負の遺産が定着しているのが散見される。下級役人が不正を働いても、上司が知らないふりをし、更にその上の幹部も不正を見逃している。一部の省庁では、以前の悪い体質がそのまま残っていて、大臣が不正を知っていても知らない顔をしているという情報を直接見たり、聞いたりしている。これは全ての省庁に該当するわけではない。一部の省庁だけである。

マインシュー宝石鉱区の問題

　私が直接経験した例をあげると、現在、宝石採掘地として有名になっているマインシュー鉱区の問題がある。ある情報提供者が写真とともに、マインシュー町付近の山でルビーが発見され、採掘されているという報告をした。採掘されたルビーを、密貿易ルートを通してタイへ持ち出し売っているという。タイの宝石専門家がマインシューで採掘されたルビーを焼いてみた所、高品質のルビーであるという情報を得たため、関係する省庁に詳細を報告させた。

　2週間ほど経過して省庁から報告が上がってきた。報告書には、ルビーが見つかったという情報は真実ではないと記されていた。この件に関して、地方政府に対しても同様に報告を上げるよう指示していたが、その地方政府も同様にルビーが見つかったという情報はウソであるとの報告をした。

　私はこれらの報告書の内容に満足できなかったため、調査するためのチームを編成し、派遣した所、2週間ほどして写真とともに報告書が上がってきた。報告書によると、宝石を不法に採掘している者が100人～200人ほどいて、毎日タイへ密輸ルートを通して持ち出していることを写真とともに報告した。そのため、私は国家元首に報告し法律を制定して宝石採掘地として指定し、この出来事は私が直接経験したことで事実である。

この種の不正は現在も

　このような不正は今でも行われていると思う。各省庁で行われている贈収賄などの不正は以前よりもひどくなっていると思う。お金が動かないと何も前に進まない。お金を出さないと時間的な遅延、問題が生じるが、適切なお金を出せば、すぐに、または早めに解決する。これらは何が原因かというと、収入と支出にバランスがなく、収入が少ないことにある。ほとんどの場合が収入の少なさ、食料品などの物価高、お金の価値の下落、不動産相場の高騰により、社会の底辺にいる階層の人々が困難に陥っていることは真実である。一部の者は収賄により富豪になっている。

不正を撲滅するのは困難

　統治機構を正常化し、贈収賄を減らすことはすぐには困難で、一定の時間が必要である。製造業が発展し、強固な経済政策を策定し、経済発展を実現させなければ

ならない。特に、農業分野を発展させるために具体的な支援を行わなければならない。

水害地域と旱魃地域

　外国からの援助に頼らないで、自分の力で農業、畜産業の発展事業をミャンマー全土に渡り行わなければならない。ミャンマーの南部では毎年雨期になると大雨により水害が起き、被災者が避難している。水田が水没し、稲田も破壊されている。しかし、ミャンマー中部では雨が全く降らず、旱魃が起きているため、農民が大きな困難に直面している。あらゆる問題を具体的に解決することが必要である。

増設されたロインリン県総合病院

第64節　ミャンマーの情勢と私の見方

　私は軍事政権時代に第1書記として職務についていた。しかし、私は最高権力者ではなかった。政府が決定した政策を実行するにあたり、私に与えられた任務を良い結果が出るように最大限努力したことは事実である。

地方視察で多忙

　私が第1書記としての任務を遂行していた時期はずっと、国境地域や辺境地域も含めミャンマー全国をくまなく回り、国民の暮らしで不足していることをできる限り補足してきた。執務室の椅子に座り事務作業をしている時間より、地方農村や国境地域を訪問している時間のほうがずっと長かった。地方視察を通して国民が直面している問題をできるだけ解決するように努力したことは事実である。

間違っている分析

　このように頻繁に地方視察をしているのを見て、一部で「第1書記は最高権力者である」との間違った分析をする人が出てきた。自分たちの周りだけを見て、5千万

人の人口があるミャンマー全国の国民が直面している生活の困窮、様々な不足を見ずに分析している人たちが何と多いことか。

経済制裁による閉塞

　私たち軍事政権時代に、欧米諸国からあらゆる分野に渡り経済制裁を受けてきた。工場、工房が稼動できず、製造業を広く行うことができなかったため、労働力となる若者や壮年世代は皆、タイやマレーシアなどの外国へ大変な苦労をして出稼ぎしているのは事実である。自分の国の労働者たちに仕事を与えることができないため、外国に合法な手段であれ、非合法な手段であれ、出国して出稼ぎしているのは事実である。これについては私たち政府に責任がある。仕事がないため、外国へ行って働いて、家族のために稼ぐのは当たり前のことである。

状況が好転

　現在、時代が変わり国際的に実施されている民主主義制度に移行したため、欧米諸国も経済制裁を緩和し協力を始めている。

　「この時代においては、国の利益のために、国が豊かになるために、将来を見据えて協力できることを共にやろうではないか。賛成できないことは棚上げし、機会を見てまた話し合えば非常に良いことだと思う」

　現在国内で起きていることを見ると、過去のことを蒸し返し自分のことがヒーローであるかのごとくふれまわっている者、いかにも知識人やプロフェッショナルであるかのごとく振る舞っている者ばかりである。国の将来、国民の貧困からの脱却のために、具体的にどうすればいいのかについて皆で話し合ったり、アイデアを出し合ったりすれば非常に良いことである。

シャン州東部タチレク地域を訪問

まだ最貧国の状態

　現在、わが国はアセアン諸国の中ではもっとも貧困な国の状態である。国民の多くは衣食住に困っている。外国から資金を借りて国民にばらまくことは良い方法ではない。借金というものはいつか返済しなければならない。だれが返済するのか。次の政府がこの借金を返済するだろうか。その場しのぎの解決法は良くない。

若者は国内で仕事をして

　現在、私たちが取り組まなくてはならないことは、外国で出稼ぎ労働している若者を国内に呼び戻すために、国内に雇用の機会を創設することである。現在行っているティラワ経済特区、ダウェー経済特区の計画を早期に実現できるように、皆で協力し、外国人投資家による投資をひきつけ、早急に実現できるように、会議ばかりやって時間を浪費するべきではない。

経済顧問団

　政府の経済顧問団が良いアイデア、具体的なアイデアや方法を提供できれば良いが、その際、個人的な利益、団体の利益、権益の取得など考えずに国家の利益、国民全体の利益を優先させ取り組むことを提案したい。

中小企業

　中小企業による製造業が早急に発展するべきである。現在、タイやマレーシアにミャンマーの底辺の労働者たちが何百万人も働きに出ているため、地方農村では青年や壮年がほとんどいない状況になっている。外国へ出稼ぎに出ている若者たちが母国に帰って、中小企業で働けるようになればよいと期待している。

第 16 章　永続的総合的全体的に

第 65 節　大理石製ローカチャンダー大仏像の輸送計画

　ローカチャンダー大仏像の材料となったサチン山の大理石が発見された出来事は非常に特別なものであった。その大理石の大きな塊はサチン山に住む石造彫刻家のトートーさんが管理する鉱区から発見された。この大理石が発見されるや否やトートーさんは「これはすごく巨大な大理石である。この大理石をそのまま使って仏像を彫って国家に寄付したらどうだろう」という気持ちが芽生えてきたので、トートーさんは私の部下にあたるチョーエー（現在オーストラリア公使）を通して私に連絡してきた。

　その知らせを受けるとすぐに私は専門家たちと共に現場に向かった。専門家と話し合った結果、やるべきことが広範囲に渡るため、ヤンゴンに戻り国家元首に事情を話して許可をいただいた。国家元首から許可を得ると、各分野の責任者、各分野の専門家と話し合って、事前準備を進めた。雨季に入る前に仏像のだいたいの姿が現れるまで彫刻を進め、雨期に入ってサチン山の麓から水位がもっとも上がる時に船で大仏像をヤンゴンに輸送する計画を進めた。準備期間は 2，3 カ月しかないため、この計画に関わっているマンダレー軍管区長のイェーミィン大将、鉄道省のパンアウン大臣、運輸省大臣のラミィンスェー大将と詳細について頻繁に話し合いを行った。

崇拝の対象となるように

　仏像が崇拝の対象として相応しくなるように絵師のタウンハンさんに仏像のラフデザインを、彫刻学校の元校長に仏像の設計図を、彫刻家のトートーさんとその家族に彫刻作業をそれぞれ依頼した。大理石製の大仏像の高さは 17 フィート、台座部分を切断する必要があるため、石材加工会社に依頼して近代的な機械で切断作業を行った。

ヤンゴンに輸送

　国家元首の意向としてヤンゴンに輸送、安置するよう指示したため、安置するに相応しい場所を探した所、ヤンゴン市内インセイン郡区のミンダマの丘がもっとも

良い場所であると決定した。国家元首もこの場所の決定について了承したので、エーヤワディ河を、水上輸送ルートを利用してライン川に入り、ミンダマの丘へ臨時の鉄道を敷設し汽車により大仏像を輸送するための計画を練った。

大理石の大仏像がヤンゴンへ

ヤンゴンに輸送中

準備期間は2カ月のみ

　サチン山の麓で大仏像のだいたいの姿まで彫刻する作業と、エーヤワディ河の水路を使用してヤンゴンまで輸送するまで許された時間は2カ月しかない。そのため、早急に作業を進めなければならなかった。サチン山の麓でエーヤワディ河の水位がもっとも高くなる時期が非常に重要で、運輸省のペータン副大臣自身が7月の水位がもっとも高くなる日、時間を、過去50年間の資料を集めてその結果、もっとも適当な日と時間が決定した。

底の平らな船が必要

　大仏像を輸送するために、底が平らな大型の艀を探さなければならなかった。エーヤワディ河からサチン山の麓まで船が出入りできる水路を決定しなければならない。田んぼのあぜ道をつぶして、水路を掘る作業を時間に間に合うように行った。

ローカチャンダー大仏像の現在の様子

水位がもっとも高くなる時期

　7月に入り、もっとも水位が高くなる時期にサチン山とエーヤワディ河の間の田んぼでは水位が6フィートに達するため、そのもっとも高くなる日と時間を計算して決定した。昔の記録と現在の気候の特徴を総合的に検討して日取りを決め、その日に間に合うように話し合い、調整、準備作業を、昼夜を問わず鋭意行った。

大仏像

大仏像をどうやって貨物輸送車に載せるか

　鉄道省のパンアウンテッ大臣も、仏像を彫刻するサチン山と船が接岸する場所の間に仏像を貨車に載せて移動させるための鉄道を敷かなければならない。仏像をどうやって貨車の上に積み上げればよいのか、あらゆる方法を思案した。一方、ヤンゴン側でも仏像を載せた船が接岸するための埠頭の建設、整備と埠頭からミンダマの丘まで貨車で輸送するための鉄道を敷設する工事、機関車の手配、ミンダマの丘の麓から丘の上までどうやって移動させるかについて、準備に追われた。

　当時は大型のクレーンはなかったため、鉄道局が使用している大型ジャッキと敷石、砂などで徐々に上げていく方法を検討していた。

多くの困難を乗り越えて輸送完了

　運輸省の大臣であるラミィンスェー大将も大仏像を輸送するための艀、牽引船、前から引っ張るタグボート、後ろから押すタグボートなどの船団を手配し、ヤンゴンから出発してサチン山の麓まで指定された日に到着できるよう準備を進めた。

　マンダレー軍管区長のイェーミィン大将もミャンマーの伝統文化と仏教の習慣に合致するように出帆式の準備を行い、エーヤワディ河の沿岸一帯に船を停止させ仏像を拝めるような場所を設置し、エーヤワディ河の沿岸一帯の美化を行った。

　仏像の彫刻の任務を与えられたトートーさんとその家族は時間に間に合わせるた

め、サチン山の麓で作業に励んでいた。その様子を見に大勢の人々がやって来て、寄付する人も相次ぎ、まるでお祭り騒ぎになっていた。

喜ばしい光景

　2000 年 7 月 10 日の早朝、仏像の輸送計画がサチン山の麓から開始された。大仏像を拝むことができるよう、はしけの上に臨時的に安置していたが、前方にタグボート 1 隻と後方に 2 隻を連結させ曳航を開始した。船団はエーヤワディ河をゆっくり移動したが、エーヤワディ河沿岸一帯で仏像を拝む市民の姿が見えたことは喜ばしい光景であった。船団はトゥンテー運河に入り、ヤンゴン市内に到着した。その後ライン川に入りバインナウン橋とアウンゼーリャ橋の間に設けた船着き場に無事に接岸した。船着き場では市民が仏像を拝むことができるようにしばらくの間、その場所に留め置かれ、その後、ミンダマの丘へ移動された。

もっとも背の高い仏像

　ミンダマの丘に仏像を拝むことができるように台座の上にきちんと安置すること、装飾物を設置すること、仏像が崇拝の対象となるように最後の仕上げを行うこと、壁に鏡の板を張り付けることなどの作業を、時間をかけて行った後、国家サンガ大長老会の指導を受け、仏教の伝統的なしきたりに従ってきちんと作業を行った。そのため、ミャンマーでもっとも背の高い仏像がヤンゴン市内インセイン郡区ミンダマの丘の上に安置され、市民が誰でも拝むことができる信仰の対象となっている。

第 66 節　永遠なるシュエダゴンパゴダ

　ミャンマー国民にとって、もっとも崇高で、歴代 4 人の釈迦の遺骨や遺品が祀られているシュエダゴンパゴダは建立されて数千年の歴史があるため、老朽化が進み、歴史的な工芸の部分が壊れかけているのが発見された。そのため、仏塔とともに仏教施設を修復する計画が 1989 年から開始された。

参道施設の修復

　第 1 書記が主導して参道施設の修復を行うため、各種委員会を設置し、シュエダゴンパゴダを管轄するサヤドー（高僧）から講和をいただき、修復工事を開始した。参道施設は 100 年以上前に建設されたもので、硬木の部分が朽ちているため、これを全て解体して新しいものに建て替えなければならない状態だった。
　そのため、修復委員会の議長であるヤンゴン軍管区、副管区長のトゥラ・ミィンマウン大佐に修復を担当させた。

長い参道

　南門と仏塔をつなぐ参道とその施設を更に拡幅、拡張すること、常時清潔さを保つために床にタイル張りを行うこと、ミャンマーの伝統工芸により見栄え良くすること、仏教に関するお土産を売る店のスペースを広げることなどの特徴を持たせる

ように設計し、工事をきちんと進めた。

　南門の参道、東門の参道、北門の参道という順番で段階的に修復工事を進めていった。西門については以前、修復工事を行ったばかりであるため、耐久性を増すために屋根の部分だけ全面的に建て替え工事を行い、柱の部分にミャンマーの伝統的な装飾を施し、エスカレーターを新たに設置した。このように新たに参道の建物を新築し、改装を行っている時に南門の近くにエレベーターを設置し、東門と北門の参道近くにもエレベーターを設置した。また、南門の参道が始まる所にしか獅子の像がなかったので、東門、北門、西門の参道が始まる所に同様に獅子の像を置いたため、パゴダの機能が全て満たされるようになった。参道と建物の修復工事が終了した時、パゴダ境内の中にある礼拝堂などの建物も耐久性をもたせ、ミャンマーの伝統的な工芸を施すために修復工事を行った。境内のエリア全てにわたってタイルや大理石を張り、境内の水はけを良くする工事を行った。抜かりなく段階的にきちんと修復工事を行ったため、シュエダゴンパゴダを永久的に長持ちさせる工事が成功したと同時に、パゴダ全体が美化され参拝することが気持ちよくなった。

シュエダゴンパゴダを飾り付ける装飾品を設置する前にパゴダ境内を巡回する

金の傘（装飾物）の状態

　このようにシュエダゴンパゴダを永久的に長持ちさせる工事を 4 年間行った後、パゴダの尖塔部にある金の傘（装飾物）の状態が気になった。元々、シュエダゴンパゴダを永久的に長持ちさせる計画の中には金の傘（装飾物）を修復する工事は含まれていなかったが、この計画を進めているうちに仏塔尖塔部にある傘の状態をチェックしたい気持ちになってきた。

　この金の傘はイギリス植民地時代にミンドン王が寄進したもので、100 年以上の

月日が経っているため、老朽化していることは事実であった。そのため、シュエダゴンパゴダを管轄しているサヤドー（高僧）に相談し助言を求めた所、仏塔に登っても良いという許可が得られたため、エンジニア、ミャンマー文化の専門家とともに、仏塔に足場を設置し、尖塔部の様子を調査した。その時、ヤンゴン軍管区、副管区長のトゥラ・ミィンマウン大佐は内務省の副大臣に就任し、新任の副管区長としてサンシン大佐が就任していたため、サンシン大佐の主導の下、金の傘の状態を精査した。

シュエダゴンパゴダを飾り付ける装飾品を設置する前にパゴダ境内を巡回する

傘の芯となる鉄の棒が錆びている

　金の傘の状態を精査した結果、調査チームの報告書が上がってきた。これによると、金の傘と傘の芯となる鉄の棒が錆びており、傘の大部分が老朽化していることがわかった。鉄の棒にはひびが入っていて、上部が曲がっている所も見られた。私が実際に上ってみた所、調査チームの報告書通りであった。

　鉄の棒は3段階に分かれていて、上の2段階は取り外せるが、一番下の棒は太くなりゲピョーブーと呼ばれる宝輪の下のふくらみの所まで埋め込まれていることがわかった。金の傘と鉄の棒の状態をサヤドー（高僧）に報告すると、サヤドーは金の傘と宝輪を交換する時期になっているとお話になった。

　サヤドーは「あなたたちが金の傘を新しい物と入れ替えるのであれば、私たち僧侶は大変嬉しく思う。新しい金の傘の寄進をきちんとした方法でやってほしい」とお話があった。そこで、新しい金の傘を仏塔の尖塔部に設置するために、エンジニ

ア長として科学技術省のニーラゲー副大臣を任命し、セキュリティ責任者として師団長のミィンウー中佐を任命した。また、国軍情報部の幹部もこれに協力した。また、この計画にはミャンマーの伝統的建築の専門家や金細工職人、銅細工職人も参加した。

第1書記自身が仏塔の尖塔部に達するまで34回に渡り上り、宝石などの装飾物を張り付けた

段階的に交換する方法で
　金の傘を寄進する際、元々あった金の傘を全て取り外して下に降ろすことはしないで、部品ごとに少しずつ取り替えるという方法を採用した。
　最初、傘の回りのフレームをそのサイズと同じものを境内の施設の中で製作した。設置する際、少しずつ取り外すことができるよう、ボルトとナットを使用して取り外し、取り付けができるようにした。
　傘の芯になる棒も鉄で製作した。このように芯になる棒を取り替える際、上部の2つの部分は交換が可能であったが、一番下の棒は宝輪の下のふくらみの所まで埋め込まれているため、交換が困難となった。ふくらみの部分を壊すことも困難であった。

夢でお告げがあった
　当時、私は夢を見ている時にお告げがあった。特別な人物、高貴な人物が夢の中で私に告げたものである。その夢は「お前よ、尖塔のふくらみの部分は絶対に壊してはいけない。ふくらみの中に埋め込んである傘の芯は長さが9ダウン1マィッある。（注：1ダウンは肘から指先までの長さ、1マィッは拳の長さ）その底には鉢があり、その中には釈迦の聖骨と宝石が入れられている。お前たちの技術を使って傘の芯を頑丈にせよ」と私に告げた。

314

キンニュン第1書記、セインプードー（宝珠）に宝石を張り付ける

篤信家が保護

　その時、私は9つの戒めを守り肉や魚を食せず精進していたため、篤信家が私を保護してくれたのだと思っている。その夢から覚めた後、金の傘の傍に据え付けた足場の所で私が思いついたアイデアの通り、傘の芯をより頑丈にするために鉄製の棒を芯の周りに何本か入れて補強したらどうかとアイデアを出してみた所、ニーラゲーさんが少し考えてから、「ああ、それなら何とかできる。どれくらいの太さの鉄製の棒を何本で補強すれば良いかを私が計算してみせましょう」と言ってしばらくすると彼は答えをよこしてきた。

　このような方法で、一番下の傘の芯の部分の周りに鉄の棒をはめ込んで補強することで問題が解決した。

夢で見た通り9ダウン1マィッあった

　特筆すべきことを記したいと思う。私が見た夢の中で傘の芯が仏塔のふくらみの部分に9ダウン1マィッほど埋め込まれていることを知ったが、これが本当かどうか、仏塔のふくらみの部分の中の状態がどうなっているのかを知るために、シンガポールの検査機器があるというので、これをしばらくレンタルすることにした。

　この検査機器が扱えるスリランカ人エンジニア（仏教徒）に対して特別に仏塔に上がる許可を与えて、仏塔のふくらみの中身を計測させた所、夢で見た通り、傘の芯はふくらみの中に9ダウン1マィッほど中に埋め込まれていたことが判明した。

この出来事はシュエダゴンパゴダの特別な力のために、金の傘をかけて寄進する作業が無事に行われたことを示すものとなった。傘の芯を取り換える作業を行う際も、部品を一つずつ取り換え、古い傘を取り外す際も、新しいフレームを一つずつ順番に取り換えていった。セインプードー（宝珠）とフゲッミャナー（飾り物）も足場の上に置き、地上には一切降ろさず、監視カメラで24時間監視する体制でセキュリティを確保した。

フゲッミャナー（神聖な鳥が止まる所）という装飾物を観察している際、
ミィンウー中佐とウインマウン中佐が写真に収まる

金の傘を仏塔の尖塔部にかける儀式

　金の傘を据えつけるため、鉄のフレームを組み立てた所で、ミャンマーの伝統的な技法で作られた金の傘のもっとも上の部分を、テインチャーという儀式を行うグループにより作られたゴンドラのようなものに、乗せて仏塔の尖塔部まで引き上げる儀式を行った。この儀式が行われた数日間、多くの市民が、自分が所有している宝石などの貴重品を傘のフレームの所に次から次へと取り付けて寄進を行った。

　このように金の傘を仏塔の尖塔部に引き上げる儀式を行っている最中、セインプードー（宝珠）の部分とフゲッミャナーと呼ばれる装飾品に寄進された宝石類を足場の上で金細工師や銀細工師が取り付けたり、傘の芯の表面に金箔を貼ったり、金の鐘、銀の鐘などを鉄のフレームに取り付けている所をビデオに収録したものを流して、更に寄付を促進した。

　私は金の傘がある仏塔の尖塔部まで34回上って、金の傘が無事に取り付けられる

ように専門家と何度も尖塔部の足場の所で話し合いをしたり、金の傘が頑丈に取り付けられるような方策を練ったり、自分も宝石類を取り付けて寄進したり、金の傘のフレームの部分が頑丈になるようにきちんと作業を行った。

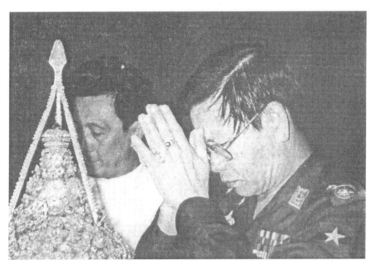

キンニュン第1書記がセインブードー（宝珠）を拝む

セインブードー（宝珠）に対して聖水を注ぐ儀式を行う

317

特別な人物が支援

　このように、私に対してシュエダゴンパゴダに金の傘を新たに取り付ける作業を任されたこと、私がこの計画を監督、実施する許可が与えられたこと、作業中特に大きな問題が起きなかったこと、この計画に参加した人や下級労働者たちにもけが人が発生しなかったことは非常に特別なことである。これは特別な人物（想像上の人物）が私たちをご加護してくださったおかげであると私は堅く信じている。また、シュエダゴンパゴダの境内のエリア内でナッ神や特別な人物（想像上の人物）が手助けしたり、支援をしたりしてくれたと信じている。シュエダゴンパゴダ内に安置されているアティカヤ古代パゴダ、霊験あらたかなアディカヤパゴダを修復している最中、関係する想像上の人物を崇拝するミャンマーの伝統的な慣習がある。

　その伝統的な慣習に従って儀式を行う際、ミャンマーの伝統的な仏教文化に習熟して詳しい人物が非常に重要である。

あらゆる分野の専門家が参加

　シュエダゴンパゴダを永久的に保護するためにあらゆる分野で修復を行う際、あらゆる分野の専門家も参加した。エンジニア、シンマライ造船所の専門家、鉄道局の専門家、ヤンゴン市開発委員会の専門家、IT技術に関する専門家、写真撮影の専門家、コンピューター専門家、ミャンマー伝統文化の専門家、金細工・銀細工の専門家、鉱山省の宝石に関する専門家、熟練した漆喰工、芸術家などが協力し功徳を施したことは頼もしい限りであった。

　この他、ハンタワディ布教委員会、ワーワーウイン建設会社、シュエタンルイン会社なども協力して功徳を施した。

人びとが寄進した宝飾品を仏塔の新しい傘蓋にとりつけているところ

驚くべきことが満載

　シュエダゴンパゴダに関して、驚くべき出来事に何度も遭遇している。願いが叶う場所は数え切れないくらいである。私が直接経験した驚くべき出来事は、仏塔の上段に祀られているバダミャーミェッシン仏像のことである。この仏像の前で数珠をつま繰り瞑想をすると、その後に何とも言えない特別な悟りを得たような気持ちになった。ネーラパゴダ、ヤフーの角に祀られているシンソープパゴダ、北門の近くにあるヤーザムニ仏像、東門近くのダマゼーディー王の仏像、トラや獅子の像、ボーボーアウンというナッ神の像などは特別な力を持っている。

バンダラ・マンゴーのこと

　私の身近に起きた驚くべきことを話したいと思う。これは厄払いとか、占いとか、そのようなことには関係がない。チャイティーサウン高僧が私にバンダラ・マンゴーをくださった。私はそれを仏壇に供えた後、実から種を取り出し庭に植えた。2年ほど経過した後、苗木が生長してきたため、これをシュエダゴンパゴダの境内に植えた。シュエダゴンパゴダに1本、ミンダマの丘にあるチャウトージーパゴダに1本、チャイパダージーパゴダに1本、バガンのローカナンダーパゴダの境内に1本を植えて、功徳を施した。

　シュエダゴンパゴダに植えた苗木は順調に生長して大きくなった。ところが、パゴダ管理委員会は、そのマンゴーの木を伐採してしまった。誰かがそう命令したのは確実である。その他の場所に植えたマンゴーは順調に育って実がなったため、仏前に供えて功徳を施したそうだ。私の庭に植えたマンゴーの木も2年が経過し大きくなった。驚いたことに、この木は1年にマンゴーの実が2個しかならない。昨年、実ったマンゴーの実は仏前に供えた。今年、実ったマンゴーの実はまだ熟していないため、もぎ取っていない。熟したら、もぎ取って仏前に供えて功徳を施すつもりである。歴史は消すことができない

もう一つ驚くべきことがあった。

　私が政府の重職を担っていた時、パゴダの修復を行ったり、パゴダに新たな傘を取り付けたり、学校を建設して寄付したりしたが、その際、記念の銘板に私の名前を彫って入れたものだが、私が逮捕された後、これらの銘板が取り外されたそうである。彼らは私の名前を消し去りたいのであろう。誰が指示したのかはわからない。彼の部下が命令に従って銘板を取り外したのだろう。名前は消し去ることができたが、歴史を消すことはできない。良いことを行えば、良い歴史が残され、悪いことを行えば、悪い歴史が残されるのである。

第67節　ルェーマウッ山（別名）カマウッ山パゴダに傘をかけ寄進

　カマウッ山パゴダはコーリン町の近くガドゥ〜ガナン、シャン民族が暮らしてい

る地域に建立されたパゴダである。コーリン町はザガイン管区ウントー町南方のあまり遠くない場所に位置している。ウントー町はミャンマーの歴史上、イギリス植民地時代に英国軍に対して激しく抵抗したウントー藩主ウーアウンミャッが住んでいた歴史的に有名な町である。英国軍はマンダレー〜ヤダナーボンを占領したが、帝国主義者に負けずに最後まで抵抗して戦ったウントー藩主ウーアウンミャッが率いるミャンマーの革命戦士がコーリン町の南にある山や谷から攻撃を仕掛けたため、英国軍の傭兵の多くが戦死したことで歴史上知られている。

　そのため、ガドゥ〜ガナン、シャン民族が暮らしていたコーリン、ウントー地域は植民地化を拒否し抵抗した戦いに勝利した地と呼んでも間違いないだろう。そのコーリン町の近くにルェーマゥッ山（別名）カマゥッ山という山がある。その山全体が宗教施設として信仰の対象となっており、山頂にはパゴダ（仏塔）が建立されている。山全体にわたって宗教施設が建てられており、山頂には2頭の竜がとぐろを巻いた像が境内に置かれている。しかし、この仏塔には傘がかけられていない。仏塔の尖塔にかけられるべき銀色の傘はある建物の中に安置されている。

コーリン町ルェーマゥッ山の仏塔に傘をかける**儀式**を行うために第1書記が下見をしている

ウーシーという仙人

　ずっと昔、この山にはウーシーという老いた仙人がいて、この仙人が何度も銀色の傘を仏塔の尖塔部にかけようとして努力したことが知られている。しかし、傘をかけようとしたが全部失敗したそうだ。傘をかけるたびに何か問題が起きたのだそ

うである。雨季であれば強風と大雨、落雷が起きたり、何か悪いことが起きたりしたため、傘をかける作業をあきらめたということである。その後、彼は夢を見たのだと思われ、彼はあることを予言した。その予言とは「30年後、この場所にズボンをはいた人物が現れ、傘を寄進するだろう。その時に初めて、この銀の傘がうまくかけられるだろう」というものであった。このパゴダを管理している人たちは白衣を着たガドゥ～ガナン、シャン民族であることがわかった。

サンマウンさんのおかげで

このカマゥッ山パゴダに傘をかける件に関わるきっかけとなったのは選挙管理委員会の委員であるサンマウンさんのおかげだった。サンマウンさんは仏法僧の三宝を堅く信じる信仰熱心な人物であった。以前、高僧であるカレーワ師の愛弟子であり、真の檀家であるだけでなく、カマゥッ山パゴダの歴史について全て知っている人物であった。この人物により招待されて、カマゥッ山パゴダを参拝することになったのである。時期は1991年頃だと思う。

私はサンマウンさんと共にカマゥッ山パゴダを訪れた際、ウーシーという老いた仙人の予言のことを知った。予言があって30年以上が経過していて、サンマウンさんの助言があり、私はヤンゴンに戻ると、国家法秩序回復委員会のトップであるソーマウン議長に全てを報告した。すると、「キンニュン君、サンマウンと相談して傘をかける作業を君が中心となって進めなさい」と指示を受けた。傘をかける儀式が行われる日の1日前にソーマウン議長自身がカマゥッ山を訪れ下見と参拝を行った。儀式の当日、議長は私に傘をかける儀式を担当させたため、私とサンマウンさんは30年ぶりとなる1992年3月16日にルェーマゥッ山パゴダに無事に傘をかけることができたのである。

この傘をかける儀式に、コーリン町ウントー地域だけでなく、チンドゥイン川沿いに住んでいるガドゥ〜ガナン、シャン民族の全員が出席したため、30年前に仙人が予言したことが本当に実現したと彼らが喜んでいるのがわかった。予言した内容に従って、彼らはズボンをはいた人物というのはシャン民族の伝統的なズボンをはいた人物であると思っていたが、実際はシャン民族のズボンではなく、国軍の緑色のズボンをはいた私だったため、びっくりする結果となった。

本当の出来事
　上記に述べた出来事は本当に起きたことである。コーリン地域にはこの出来事を今でも信じている人たちがいるので、この話が本当かどうか確かめることができる。私は自分が実際に体験したことをありのまま記しているに他ならない。今回のルェーマゥッ山パゴダに傘をかける儀式は私にとって初めての儀式となった。

第68節　仏教国4カ国による首脳会議

　私は2003年に首相に就任してわずか2，3ヶ月後にミャンマーにとって大変重要な国際会議をホスト国として開催することになった。タイのタクシン・チナワット首相の提案で上座部仏教を主に信仰している4カ国による経済協力および経済発展戦略を具体化するための会議を2003年11月12日に　ミャンマーの古都であるバガンで開催したのである。この国際会議にタイのタクシン・チナワット首相、カンボジアのフン・セン首相、ラオスのブンニャン・ウォーラチット首相が出席し、ホ

スト国ミャンマーの私（キンニュン首相）が議長役になった。

　この4カ国による、経済協力戦略首脳会議は古都バガンにある歴史博物館の会議室で2003年11月12日に開催した。ミャンマーからは首相とともに、第1書記のソーウイン中将、第2書記のテインセイン中将（現在の大統領）、各大臣、副大臣、各省庁の官僚、タイ、カンボジア、ラオスの副大臣が出席した。ミャンマーのウインアウン外相、キンマウンウイン副大臣が中心となって、この会議が成功するように努力した。ミャンマーは2006年にアセアンの議長国になるため、アセアン首脳会議の予行演習のような形で臨むことになった。

AGAN, MYANMAR
2 NOVEMBER 2003

4カ国の首相による首脳会議

　上記の4カ国の首相による首脳会議において、各首相は経済協力、国境貿易、国境地域の発展、人材育成、貿易および投資、農業および工業分野の協力、観光および運輸分野の協力などについて幅広く話し合い、金融関係についてはタイの首相が主導することが了承された。この首脳会議の準備会議はヤンゴン市内で大臣と高級官僚レベルで行われた。

A celebration　Prime Ministers Hun Sen of Cambodia, Bounnhang Vorachith of Laos, General Khin Nyunt and Thaksin Shinawatra of Thailand in Bagan last week.

カンボジアのフン・セン首相と握手

OVEMBER 2003

仏教国4カ国による会議が開幕

エーヤワディ・チャオプラヤ・メコン

　4カ国による首脳会議において議長による声明を発表したが、その中に会議に出席した首脳全員の合意により、この会議の名称をエーヤワディ・チャオプラヤ・メコン経済協力戦略会議(ACMECS)と決定した。

　2003年11月12日に発表したバガン声明の内容は以下の通りである。

経済協力に関する戦略の主な目的は
- （1）　国境地域における競争力を引き上げ、現在よりも発展させること
- （2）　農業と製造業を更に機会のある地域に移転させ、更に容易にすること
- （3）　就業機会の創設および4カ国間の収入格差を是正すること
- （4）　4カ国における平和、安定と自然環境の永続的な維持

経済協力戦略に関する事業は
- （1）　具体化している2カ国間および地域に関する経済協力関係を深めること
- （2）　各国の能力や特徴を利用して実際に利益を享受できる結果を出すこと
- （3）　経済協力事業は実際に行うことができる事業で4カ国全てが受け入れること
- （4）　自分の意志に従って参画し、得られた利益は均等分配すること
- （5）　4カ国全てが合意することにより実行すること

経済協力戦略により共同で行う分野は、

貿易および投資の簡素化
・関係する国の能力や優位な点を十分に利用すること
・就業機会の創設のために物資の流通と投資をスムーズにすること
・収入を得る機会を創設し、経済および生活水準の格差を削減すること

農業および工業分野の協力
・関連する国のインフラ建設、既存のインフラの高度化、共同による製造業、市場の開拓、実際に購入、使用のために準備すること、研究活動、情報交換などを行うことにより、農業および工業分野の協力を強化すること

運輸および通信
・4カ国間の運輸、通信分野を引き上げ利用すること
・貿易、投資、農業、製造業、観光業の発展をスムーズにすること

観光業
・4カ国が協力して観光業の振興を行うため、共同戦略を決定すること。
・4カ国間であれ、他の地域との間であれ、観光業がスムーズに行われること

人材育成の開発
・4カ国の国民と機関の能力アップ
・地域内で競争力のある人材を開発するために計画を策定すること

従って、以下のことを決定した。

1. バガン声明に付属するこれからの事業計画と4カ国に関わる事業計画、2カ国間の事業計画が効果的、迅速的に行われるよう各国の大臣に対して責任を負わせること。
2. 経済協力に関する戦略の目的を実現させるために、活力のある民間部門を参画させ、奨励すること。
3. 国境地域に最大の投資を行うため、低利の融資を行い、金融支援を行うこと。
4. 経済協力に関する戦略を迅速に具体化するために、首脳会議を2年に1回、大臣級または高級官僚級の会議を1年に1回開催すること。
5. この合意を「エーヤワディ・チャオプラヤ・メコン経済協力戦略」(ACMECS)と呼ぶ。

2003年11月12日にミャンマー連邦国バガン市内で発表した。

タクシン首相と懇談中

バガン歴史博物館で会議が始まる前に懇談中

キンニュン首相とタイのタクシン首相

4カ国による首脳会議が無事終了したことを喜ぶ各国首脳たち

会議終了後に全員で記念撮影

4 カ国の首脳がエーヤワディ河に浮かぶ船に乗る

ティリピッサヤホテル敷地内の芝生で各国首脳が食事の前に花火の様子を見学

　今回の 4 カ国経済協力戦略会議に出席した各国の首相、大臣、副大臣、高級官僚たちをホスト国の首相が 11 月 11 日の夜、バガンのティリピッサヤ・サクラホテルの庭園で晩餐会を催してもてなした。4 カ国経済協力戦略会議に出席するために、先にヤンゴン市に入ったカンボジアのフン・セン首相、タイのタクシン・チナワット首相、ラオスのブンニャン・ウォーラチット首相の 3 名は、11 月 11 日の午前 10 時に国家法秩序回復委員会の議長であるタンシュエ上級大将にヤンゴン市内の国会議事堂内会議室で表敬訪問を行った。

第69節　私の人生を反省してみる

　私の両親や親せきは下層貧民の階層で生まれ育っただけでなく、英国植民地下、日本統治時代を生き抜いてきたため、私は下層の人々のことをいつも思っている。独立は達成したものの、国内にはあらゆる反乱軍が割拠し、私自身も戦争避難民として1年間僧院暮らしを体験したこともあるため、国内の安定、別の言葉で言えば平和をいつも望んでいる。

　国家の重責を担う立場になってからも、国内平和の実現に向けて奮闘努力したことは忘れることができない。大学生になっても、普通の家庭の子のようにお金を使うことができず、お姉さんたちが苦労しながら市場で物売りをしてやっと稼いだお金で、大学に通うことができた。そのため、家族のことを思いお金を使うことができず、節約した学生生活を送ったことがいつも思い出される。

良き師匠との出会い

　大学生活から国軍に入隊してシャン州に配属となったため、民族の団結、つまり連邦精神を心に宿すことがいかに重要かを悟った。また、下級士官の時代に良き師匠との出会いがあったことが自分にとって非常に大きなものとなったことを理解している。下級士官からだんだんと階級が上がるにつれて、軍隊内の団結だけでなく、軍隊外、つまり国民同士の団結、国民との関係が良好になることが自分たちの事業を成功させるために非常に重要であることがわかった。将校の地位に達すると、自分の信念、考え方、思想、国家に対する信念、国民に対する接し方、真心、実直さがもっとも重要なものであると心に思った。

国内安定と平和が第一優先

　国のために重要なポストに就任してから、国のために最も重要なものは何かと考えてみた時、政府は国内安定と平和であると考え、これを第一優先課題として位置づけた。これにより、損害を受けた人、人生を棒にふった人がいることは承知している。しかし、国の方針や基本政策を逸脱することができなかった。そのため、少数民族武装勢力と和平協議を行った後、停戦の実現と国境地域に住む少数民族の生活水準の向上や交通事情の改善に努力した。

　同時に、貿易が発展するように、国の経済が発展するように努力したが、私たち

軍事政権の経済政策は状況にそぐわないものとなっていた。欧米諸国による経済制裁のせいで、達成すべきレベルまで実現できなかった。しかし、ミャンマー・タイ国境貿易、ミャンマー・中国の国境貿易、ミャンマー・インドの国境貿易が発展したことにより、ある程度経済が発展したと言える。

国民のために

　私たち軍事政権時代に、エーヤワディ河にかかる大橋を何本か建設することができ、デルタ地域一帯を行き来できる多くの橋を建設したこと、大型の農業用堰と貯水池をたくさん建設したこと、ミャンマー全土の管区、州を結ぶ道路網を構築したこと、多くの空港を建設、開業したことなど国民のために多くの仕事をしたと思う。

教育

　教育に関しては、地方農村における教育がある程度良くなったと思う。都市における教育や高等教育は期待したほど発展しなかった。教師中心の時代遅れの授業のやり方が続いているため、国際的な標準に合う生徒中心の授業方法に変えていかなければならない。

保健医療分野

　保健医療分野に関して、病院や医院はある程度充実してきたものの、薬や医療機器が十分でないこと、お金がないと十分な医療が受けられないこと、病気や怪我による死亡率が高いことを改善しなければならない。国家法秩序回復委員会統治時代の大臣たちは、私より年上の人たちばかりであった。そのため、その大臣たちは私とより、議長や副議長と直接やり取りをしていたため、私はその大臣たちの立場を超えて上から指示したり、任務を与えたりしたことはしなかった。これは当然のことである。もし、指示することがあったとしても、それは政府としての政策に従ったものである。

　国家平和開発委員会統治時代に変わっても、以前の管区長が大臣に昇進しただけであった。その時期も私にとって手が出せない省庁があった。それらは7、8省庁あり、議長や副議長から直接指示を仰いでいたため、第1書記の身分では介入することができなかった。これは国軍特有のシステムであると、私も了解している。従って、第1書記としての私は権限のある分野もあれば、権限のない分野もある。しかし、政府としてのポリシーに従って行動しなければならないことを私は理解している。そのため、第1書記として権限のある事業と権限のない事業がある。しかし、政府としてのポリシーに従っているため、どのようなことであれ、政府に関わる人物は全て責任を負わなければならない。

　第1書記に直接任務を与えていることについては、私が自由に行動できる権利がある。例えば、国内平和に関すること、国境地域の発展に関すること、治安と諜報活動に関すること、文化に関すること、宗教に関することなどである。しかし、政府が定めた方針から逸脱することはできない。政府が定めた基本方針に従い、努力をするのみであった。国民の公益のために行動しなければならないため、一部の個人や団体にとって不利益になった。このような不利益、損害があったことは謝らな

ければならない。
　宗教に関しては、シュエダゴンパゴダを永久に長持ちさせるための全面的修復、参道の改修、境内と境内のエリア内にある仏教施設を全て改修することなどに加えて、シュエダゴンパゴダ（仏塔）の尖塔部に新しい金の傘をかけることは私にとって最も栄誉があり、尊い行いとなった。
　この他、アバヤラバムニ・チャウトージーの大仏像をサチン山からヤンゴンまでエーヤワディ河を使って輸送したことは特筆すべき業績であった。この大仏像を輸送し、安置するために協力してくれた鉄道省のパンアウン大臣（死去）と運輸省のラミィンスェー大将（退役）に特に感謝したいと思う。
　この他、ミャンマー全土に建立されている歴史的パゴダや宗教施設の修復や歴史資料を整備したことは仏教の発展に寄与できたと思う。国境地域を含めミャンマー全国を回って新しい傘をかけられたパゴダは 100 カ所以上になったため、功徳を十分に施すことができたと大変喜んでいる。

私が幼少の時から、市場で物売りをして稼いだお金で私を学校に通わせてくれた
二人のお姉さんを両親のようにお世話をしている

文化と歴史
　文化の分野に関しては、歴史のある文化が残る地域を指定したり、古都バガンを再建し、きちんと維持する事業を行ったり、文化を紹介する博物館を建設することなどに努力した。また、ミャンマーの伝統的文化を伝承し発展させること、ミャンマー伝統的芸能大会（歌、舞踊、作詞など）を毎年定期的に開催したことにより、

ミャンマーの伝統的文化が衰えることなく、強固で安定したものにすることができた。

　しかし、現在はミャンマーの伝統的文化と相いれない外国文化や習慣が入って来て、肌を露出するファッションが流行しているため、ミャンマーの伝統的文化を維持、保存することが重要となっている。これは国民全てが参加しなければならないことである。上座部仏教とミャンマー伝統文化を民族や地域の利益を考えることなく、ミャンマー全国に共通のものという意識を持つことが大切である。政府と国民が同じ意識を持ってミャンマー伝統文化を維持、保存しなければならない時期になっていると自覚し、実行しなければならない。

森林が消滅寸前に

　私が下級士官から将校の階級に上り詰めるまでの期間、全ての管区、州の国境地域を含むほとんどの地域を巡回した。当時は有り余るほど森林が豊富にあったが、軍事政権に移行後はチークの森林などほとんどが消滅寸前の状態になっている。

　それは、外貨を稼ぐために乱伐したこと、隣国の外国人が密貿易商人と結託して不法伐採を続けたことが原因であり、驚くべきスピードで森林破壊が進行した。関係当局が植林事業など森林の復活に効果的に取り組むことができなかったため、天候不順が起き、水害などの災害を招いた。これは全ての政府幹部に責任があり、森林を元の状態に復活させるために長期的な政策が必要である

農業の機械化

　わが国はずっと昔から農業国であり、国民のほとんども農民が占めている。工業国となるより、農業の機械化を実現させるほうがより現実的であると思う。地域により異なる気候、土壌、農民たちの貧困などの条件を克服できる農業政策を策定して、具体化することが必要であると思う。

私にも責任がある

　私が経験した出来事を振り返る時、私自身が国家法秩序回復委員会と国家平和開発委員会にメンバーとして参加していたため、良いことであれ、悪いことであれ、私にも責任があることを認める。政府の幹部になっている者は全てに責任を負わなければならない。良いことを私がやった、悪いことを私がやったということではない。彼がやったことと責任逃れをすることはできない。どんな政権が誕生しても、その政権を担当している期間中に良いこともあれば、悪いこともあるだろう。それは政府が掲げるポリシー次第で、良い政策もあれば、悪い政策を行ってしまうこともあるだろう。正しい真心と誠実な気持ち、公正さを基本として実行することが大切である。私が提案することに間違いがあれば赦してほしい。

　政府が私たち家族を逮捕し、恩赦により釈放された後、私たち家族の将来のために安定した収入を得ることができるように、喫茶店、お土産屋、小さな画廊を開業し、平穏な生活を始めている。本当に人生のやすらぎを得ている。

私の部下たち

　時々、私の部下たちがまだ釈放されず受刑していることを考えた時、気の毒な気持ちになる。その気持ちはこれからも続くだろう。国境地域と辺境地域に配属された私の部下たちによる間違った行い、欲による行動、職権乱用の行為などのため、情報部全体が解散させられたことは慙愧に堪えない。

　実際は情報部に属する全ての者が悪いわけではない。良い行いをする者、命令に忠実な者、法律に従って行動する者もたくさんいた。しかし、私の部下に責任を転嫁するわけにはいかない。私は監督する者として全てに責任を負わなければならないと認識している。

裕福になった者もいる

　私の部下の中には裕福になった者もいるだろう。これは少数だ。やっと生活できるレベルの家族がほとんどである。多くの困難、苦境に直面しながら、妻の努力により息子、娘を学校に通わせることができた家族もいれば、人生を無駄にした家族もあることは事実である。このようなことは政治に関わる人たちに見られることであるため、同情を禁じ得ない。過ちを犯した私の部下に代わって、私が謝罪したい。

　私はもうかなり年を取ってしまったため、残りの人生は仏教に関わることをして功徳を積み、民族や宗教の発展のための事業、公益のための事業だけ努力してやっていこうと誓った。

第70節　私にとって幸運だったこと

　私にとって幸運のおかげで、命の危険から逃れることができたことをいくつか話したいと思う。

　ミャンマーは上座部仏教の国であるため、私も仏法僧の三宝を深く信仰している者の一人である。仏教のためであれば、時間を問わず自分の能力のできる範囲で実践している。ミャンマー全土に建立されているご利益のある歴史的なパゴダや僧院、歴史的建造物の修復事業を最優先に行っただけでなく、ご利益のあるパゴダを全面的に修復、改装し、機会があるたびに仏塔の尖塔部に新しい傘をかける功徳も施したことは事実である。

記憶にあるだけ思い出す

　私の記憶に残っていることだけ思い出して報告すると、古都バガンのパゴダ群の修復、シュエタウン町近くのカマウタウンパゴダに傘をかける功徳、ピィー市の川向こうシュエポンターパゴダの再建、バゴー市内セインターリャウン大仏像の参道を建設、バゴー市内のミャターリャウン大仏像の修復、チャイカサンパゴダの修復、トゥワナミョーウーパゴダの建立、ダゴンニュータウンにミョーウーパゴダの建立、チャイパーダパゴダの修復、ミャウウー市内のパゴダ群の修復、ミャウンミャ市内のシュエボゥッドーパゴダの建立、チャイティーヨーパゴダに新たな傘をかける功徳、ローカチャンダーアバヤラバムニ大仏を製作し安置したこと、シュエダゴンパ

ゴダの参道を改修、仏塔の尖塔部に新たな金の傘をかける功徳を行ったことなど高僧の指導に従って努力し実行することができた。

　このように多くの功徳を施したおかげで、命の危険から逃れることができたと信じている。

2012 年 4 月、私が息子や孫たちと仏門に入った時に撮影した写真

出口が見えない長い旅程

　危険な目に遭った最初の出来事は、1994 年頃だった。第 1 書記の仕事としてラカイン州を訪問した時のことであった。特にブーディーダウンとマウンドー地域の発展事業および国境地域の治安確保、国境地域に暮らす少数民族の生活水準の向上のための政策など必要なことを地元政府の役人に指示し、治安の状態を視察するためにシットゥエからヘリコプターでブーディーダウンに先に到着したのである。

　ブーディーダウンで行う仕事が全て済んだため、マウンドー郡の最も北の端にあるバングラデシュ国境の町アウンダビェーの駐屯地、タウンピュリンチャー駐屯地、タウンピューレッウェー駐屯地を通り過ぎ、マウンドーには午後 3 時頃に到着した。

　そこでは、現地関係当局の役人たちや現地民と面会し、話し合いを行った後に必要事項を補足したり、治安状況を確認するために巡回したりして、午後 5 時半頃出発すれば 30 分でシットゥエに到着するので、暗くなる前に戻れると時間を計算した。実際にマウンドーを出発したのは午後 5 時 45 分だった。しかし、不運なことに、途中で暴風雨に見舞われてしまった。アレータンチョー村を過ぎた所だったと思うが、ヘリコプターの前面はほとんど何も見えず、左側はメーユ山脈、右側は海

が広がっており、パイロットは非常に困難な飛行条件に恐れていることが想像された。パイロットは山脈に向かって真っすぐの飛行コースをとっているが、雨は止まないし、あたりは急に暗くなるし、シットゥエ市内の灯りも全く見えない状況であった。下を見ても何も見えず、前、左右を見ても何も見えず、真っ暗な中不安な気持ちで過ごさざるを得なかった。左側に寄ってもいけない。寄りすぎると山にぶつかってしまう。右側に寄っても海の上に出てしまう。時間は午後6時半近くになっていた。暗闇の中を暗中模索の状態でヘリコプターが進んでいるのを、皆が不安そうな顔をしてたたずんでいる。下を見ると、ヒルギカズラの森がかすかに見えているが、そこに着陸するわけにはいかない。泥沼に埋もれてしまうのを心配した。パイロットも非常に怖気づいているのがわかる。ヘリコプター2機で移動しているため、お互いにぶつかることのないよう高度に差をつけて操縦し、ヘリコプターをなんとか制御した。パイロットは経験豊富なイェーティン少佐だったため、安心した。しかし、当て所もない長い旅のように感じた。そして、午後7時頃、幸運なことにライトが見えてきたため、その場所に強行着陸を試みた。その場所は田んぼの近くに接している寺院で、屋根がトタン板の牛舎が見えてきた。ああ、良かった。その牛舎のある小高い丘に着陸できた。

　もう1機のヘリコプターもその隣に着陸した。午後7時を過ぎていた。すると、村人たちが走って駆け寄って来た。彼らに「ここはどこの村か」と聞くと、ヤーテータウン町の西、メーユ川の西側に位置していることを知った。村人たちが指さす方向に行けば、あと5分でヤーテータウンの町に到着できるという。それで、彼らが指さす方向にすぐに飛び立った。すると、進行方向まっすぐに光が見えて来た。その場所を目指してだんだんと高度を下げていくと、サッカー競技場に車が止まっていてライトをつけていることがわかった。そこで安心してその場所に着陸した。時計を見ると、午後7時10分になっていた。このサッカー競技場は陸軍師団本部が管理しているものであった。シットゥエ軍管区本部から師団あてに電報が入っており「シットゥエから飛び立ったヘリコプター2機と連絡が取れなくなっている。多分そちらに行くと思うから、競技場に車を置いてライトをつけておいてほしい」との指令があったことを師団長が明かした。その時、私は安堵でため息をついた。

ヘリコプターに乗っていた人たち

　当時、そのヘリコプターに乗っていたのは、キンニュン第1書記（私）、軍管区長のウインミィン少将、国境省大臣のマウンティン少将、ホテル・観光省大臣のチョーバ少将、教育省のタンアウン大臣、保健省大臣のタンニュン少将、サンテイン警察長官、数名の副大臣、総局長などであった。

　その夜は、軍管区長の執務室でベッドを組み立てて一晩を過ごすことにした。幸運なことに、着陸する場所を見つけることができたため、危険から逃れることができ、ヤーテータウン町にたどり着くことができた。その夜はぐっすりと眠ることができたのは事実である。

　これは全て功徳を施したおかげで、仏法僧の三宝の力により命の危険から逃れることができたと自分で言い聞かせている。

နိုင်ငံတော်ဝန်ကြီးချုပ် ဗိုလ်ချုပ်ကြီးခင်ညွန့်
ကက်သလစ်အသင်းတော်မှ ဆရာတော်ကြီးများအား လက်ခံတွေ့ဆုံ

ရန်ကုန် ဇွန် ၁၀

ပြည်ထောင်စုမြန်မာနိုင်ငံတော်၊ နိုင်ငံတော်ဝန်ကြီးချုပ်ဗိုလ်ချုပ်ကြီးခင်ညွန့်သည် The Apostolic Delegate from Rome for Myanmar, Brunei Darussalam, Laos and Malaysia and who is also The Apostolic Nuncia for Thailand, Cambodia and Singapore. Office in Bangkok His Grace Archbishop Salvatore Pennacchia အားလည်းကောင်း ၃ ယောက်ကို ၊ ၏

The Apostolic Delegate from Rome for Myanmar, Brunei Darussalam, Laos and Malaysia and who is also The Apostolic Nuncia for Thailand, Cambodia and Singapore, Office in Bangkok His Grace Archbishop Salvatore Pennacchia ၁ Counsellor of Apostolic Nuncature in Bangkok Rev. Msgr. Francis Cao Minh Dung တို့နှင့် မက်ဆယ်ရှင်ဖရန်စစ်ကောမင်ဒန်တို့ ၊ ပြဲထောင်စုမြန်မာ၏ Archbishop Charles Maung Bo ၎င်း ရခိုင်ကက်သလစ်ဘုန်းတော်ကြီး ၊ Bishop Sotero Phamo တို့ကားလိုက်ပါ၍ မေမြို့စ်ဖရန်စိစ် စင်ကန်းတော်ဆေးရုံသုံ့ခန်း (သက်ဝင်)

イタリア、ローマ市内の教会からミャンマーを訪問したカトリック教会の枢機卿と会談
（2004 年 6 月）

インセイン聖書学校の開校式にエーソーミィン、クンミャッの二人が
キリスト教徒の家族と共に第 1 書記を歓迎

338

2003 年、中国への親善旅行中、香港のランダウン仏像が安置されている寺院の住職が
第 1 書記に対して仏像をプレゼント

2013 年 12 月、インセインのアウンサントーヤタッウー僧院にて、2 回目の修行をする

2012 年 4 月に出家したキンニュン元首相

　私にとって命の危険に関わる出来事がもう一件あった。
　それはシュエダゴンパゴダの仏塔の尖塔部に金の傘をかけた儀式を行った日から
1週間経った時であった。2000年に起きた出来事である。ヤンゴンからエーヤワディ管区のパテイン市にヘリコプターで向かっていた時のこと。途中のニャウンドン大橋を渡った時、季節はちょうど涼季にあたっていたため、急に深い霧が出てきて、ヘリコプターの前方が全く見えなくなった。真っ暗闇の中をヘリコプターが飛んでいるようであった。その時、パイロットは非常に不安になり緊張している様子が見てとれた。なぜかというと、ヘリコプターの姿勢は水平ではなく少し傾いていたからである。私の横に座っていた元空軍の将校で当時労働省の大臣だったティングエ中将が「おい、パイロット！ヘリコプターが斜めに傾いているぞ。バランスが取れていない。すぐに姿勢を戻せ」と操縦席の後方から声をかけた。
　地上に道路とか水田が見えたら高度を下げて着陸しなさいと言った途端、前方に

大きな樹木が現れたため、パイロットが驚いて操縦桿をひき急上昇した。そこで、ぎりぎり樹木に衝突することから免れた。

　その時、ヘリコプターに同乗していた人たちも「ああ」という驚きの声を上げずにはいられなかった。その後、道路と思われるラインがはっきりと見えてきたため、高度を下げ着陸した。確かに道路が見えたため、道路に着陸しようとしたが、結局道路沿いの小屋のある所に着陸できた。

2014年12月、インセイン郡区アウンサントーヤタッウー僧院で4回目の出家を行う

　まもなく、村人が何人かやって来たため、彼らに場所を聞くと、パンタノーの町からさほど遠くない場所であることがわかった。ヘリコプターと衝突しそうになり、ぎりぎりの所で衝突を逃れた樹木はワタノキという樹木であることがわかった。だんだんと霧が晴れて、視界が開けたので、この場所から再び出発した。後方に遠くなるワタノキを見ながら、「ああ、今回も命の危険から逃れることができた」と思った。この出来事もシュエダゴンパゴダに金の傘をかけた功徳の影響があったのだと思う。ヘリコプターに同乗していたのは、元空軍で現在労働省の大臣であるテイングェ中将、保健省大臣のケッセイン少将、入国管理・人口統計省のソートゥン大臣で、もう1機には教育省のタンアウン大臣、一部の大臣や副大臣であった。

第18章　私の部下たち

第71節　賢明でなかった私の部下に代わり私が謝罪

私の部下、情報部員に代わり私が謝罪する

　私の部下である情報部員はヤンゴン市内だけでなく、ミャンマー全国の管区、州、郡レベルに至るまでネットワークが張り巡らされ、それぞれに任務が与えられていた。そのため、ヤンゴン管区など私の近辺で任務を遂行している者に対してはしばしば面会して注意を与えたり、教育指導を行ったり、国民に対して間違った行動をとることがないように指導したりしていたが、辺境地域など遠い場所で任務を遂行している部下に対してはしっかりと教育指導することができなかったのは否めない。

　4カ月に1度、各管区と州の代表者を招集し、注意を与えたり、必要に応じて新たな任務を与えたりした。

権勢を利用して越権行為を行う者

　そのため、郡レベルの任務を遂行している士官クラスでない者の中には郡レベルで政府の仕事をしている公務員に対して偉そうな態度を取ったり、贈収賄行為を行ったり、権勢を利用して越権行為を行ったりしている者がいたことは事実である。その他、国境地域に勤務している情報部員の中には国境貿易に絡んで不正を行ったり、贈収賄を行ったりしている幹部クラスの者もいた。

　特にムセ、クッカイン地域で任務を遂行していた幹部クラスの情報部員の不正により、国家に対して多大な損害を与えたことが後になって新聞などで知ることになった。不正を行った幹部クラスの者、幹部より下の階級の者は、法律に従い裁判にかけられ有罪判決が出されただけでなく、私もその監督者の責任を問われ禁錮44年の判決が下された。更に、情報局全体が解体させられる処分が下った。この出来事は教訓とすべきことであり、反省すべきことでもある。犯罪をおかした者には刑罰が与えられるのは当然のことである。

ここに謝罪する

　私が国民の皆さんに言いたいことは、賢明でなかった私の部下たちが過ちを犯したこと、他の公務員に対して傲慢な態度を取ったこと、国民の皆さんに間違った行為をしたことに関して、私の部下と接したことがある国民や個人に対してここに深く謝罪するものである。

第72節　ミャンマー全国の刑務所で服役中の部下たち

　私が所属し任務を遂行していた情報局は解体させられただけでなく、情報部員の多くが嫌疑をかけられ裁判に訴えられ、有罪判決が下され、ミャンマー全国の刑務所に収監された。私を含め幹部将校の一部は釈放されたが、一部の者は今もなお刑務所で受刑している。私たち、情報部は1983年に設立され、国家が与える任務を着実に、忠誠心をもって遂行した。私たちは国家を裏切った者ではなく、国家が与えた任務に対して責任を果たすまで懸命に遂行した者がほとんどであった。

真面目で努力家の者が多数

　任務を遂行中に欲が出て権勢を利用して越権行為を行う者が一部にいたが、真面目に努力して任務を遂行していた者がほとんどであったことは事実である。それにもかかわらず、情報局全体を解体して、幹部全員を逮捕し処罰したことには戸惑いを覚えざるを得ない。全ての事情を踏まえた結果であると解釈した。仏法的に言えば、業が成したことである。

国家に対して反逆行為を行う者ではない

　現政府の政権下でそれぞれに科された刑が軽減され、ミャンマー全国の刑務所から出所する者が相次いでいる。私たちの部下は政治犯ではない。国家反逆者でもない。強盗などの重大犯罪者でもない、欲におぼれ過ちを犯したにすぎない者たちである。どのような理由であれ、2004年に逮捕されて以来、現在まで10年以上の年月が経過している。受刑者の残された家族にはあらゆる困難に直面している者もいる。私はテインセイン大統領に対して2013年12月に釈放を求める陳情書を書いて送った。手紙には国家に対して、政府に対して、国家元首に対して忠誠を誓うことを約束し私が全責任を負うことを記した。受刑者の家族も別に陳情の手紙を書いて送ったことがわかった。

　現在、この本を通して私の部下たちが釈放されることを望んでいることを関係者に伝えたいと思う。国家の責任を負っている全ての人たちの健勝を祈り、それぞれの任務を順調に遂行されることを祈りたいと思う。

第19章　残された余生の過ごし方

第73節　トゥワナブミ仏教エリアへの視察旅行

　私の第1書記時代にはモン州とカレン州へ何度も訪れた。第44師団の作戦参謀時代、カレン州への作戦でパアン県やコーカレイ県で最も活発に活動した。国家法秩序回復委員会が設立された後、地域の発展や宗教の発展のためにモン州のタトン県やモーラミャイン県を最も頻繁に訪れた。仏教が特に栄えた地域としてモン州タトン県にあるトゥワナブミが歴史上記録に残っており、歴史的な遺跡を発掘するための事業を、僧侶や檀家が一致協力して実施した。

　特に、ミャインジーグー師、ウインセイン師、ターマニャ師、チャイティーサウン師の教えを受けながら、仏教の布教活動を共同で行った。現在、チャイティーサウン師のもとに行くことが多くなっている。

ジンチャイパゴダの境内で参拝中の家族と記念撮影

チャイティーサウンパゴダを中心として

　チャイティーサウン師はビーリン郡ゾットゥッ村にあるチャイティーサウンパゴダの全面的修復を行い、このパゴダを中心としてビーリン、チャイトー郡にある仏陀の聖髪が祀られているパゴダや、歴史的なパゴダの修復、金の傘をかける功徳、宿坊や参道の施設を建設して寄付を行うこと、歴史のあるヤハンダーアシン師自身が建てたという修業用の施設の改修などの事業のほか、地域の発展事業に至るまで地元の檀家の寄付を得て実施したケースは数えきれないほどである。
　農村地域の発展事業を第1期、第2期、第3期と分け、年ごとに道路の改善工事、アスファルト舗装工事などを行い、農村の経済を発展させたこともあった。道路の改修工事、小さな橋、大きな橋を建設したほか、水量調整用の水門を設置したため、地元の村人の生活があらゆる面で向上したことを私自身の目で見てきた。また、農村地域にある学校を修復、改装し、寺小屋の施設を建設したことにより、農村に住む人々に目を開かせ、知識人を輩出させることができたことは事実である。

歴史的エリアを発掘

　チャイティーサウン師は古都トゥワナブミなどの歴史的なエリアの発掘事業にも協力している。歴史的なパゴダであるケーラータパゴダ、ミャタペィッパゴダ、チャイデーヨンパゴダへ参拝者が気軽に訪れることができるように、境内まで通じるコンクリート道路をチャイティーサウン師自身が監督して建設したため、現在では季節を問わずいつでも困難なく歴史あるパゴダを参拝できるようになった。

困難を乗り越えて改修

　この他、チャイティーサウン師はチャータヤー、チャウンタヤーパゴダ、シュエチェッミンパゴダなどを大変な困難の中、改修工事を行ったことは非常に顕著なことだったと言わざるを得ない。
　顕著なことは、ジンチャイタウンパゴダとミンタヤータバーパゴダへ参拝者が気軽に訪れることができるように、つづら折りの道路をチャイティーサウン師自身が監督して建設したことである。これは大変困難な工事であった。私自身、車を運転してこの道路を走行し、ジンチャイタウンパゴダを参拝したことは非常に特別なことだと感じた。もしこの道路がなければ、私がこのパゴダを参拝することは考えられなかったであろう。遠い所から手を合わせて拝むしかなかっただろう。現在、パゴダの境内に車を寄せるまで、カーブのある参道を5分で到着できるようになった。境内に到着すると、満足した気持ち、幸福な気持ちでパゴダを参拝できた。宿坊、参道の施設、宗教的な施設を寄進した。引き続き、寄付者が見つかったことは大変嬉しいことである。
　2014年6月30日、チャイティーサウンの仏教エリアを訪問した際、チャイティーサウン師にお目にかかり、パゴダを参拝した時のことをここに書き記した。

チャイトー郡で行われた寄進の会に出席

2014年7月の初旬、モン州トゥワナブミ地域にある歴史的なパゴダを参拝中

特別な巡礼旅行になった

　巡礼の旅は大変特別なものであった。7月1日の早朝、エンジン付きのボードでモッタマ湾の海を出発した。シンオゥッパゴゥッタヤハンダの祭りに一度も行ったことがないので、是非行ってみたいと思った。この祭りは毎年開催されているということだ。昔、この祭りに行くには河口の水面上に浮いている岩山にあるため、満潮干潮の時間を計算して行かなければならなかった。しかし、現在は水面上に浮いているのではなく、周りが水田に囲まれている中にヤハンダミャッチーの寺院が建立してあるのが見える。

　今は、岩山の周りは砂浜になっており、農業用地になっている。短期間に海面レベルが下降し湿地帯になり、農業用地になったことは驚くべきことである。昔あった岩山も堆積物が溜まり、農業用地になったことは大変特別なことであると言える。チャイティーサウン師自身がエンジン付きのボートで行き来しながら、大変な困難な条件の中、寺院を作ったことは驚くべきことで、現在は田んぼの中にその寺院が建立してある光景が見られる。これは非常に顕著な変化であると言える。

2014年6月、モン州ビーリン地域を訪問した際、チャイティーサウン師に面会

チャイティーサウン師

　チャイティーサウン師が布教活動を行っているビーリン、チャイトー、タトンの各地域内には67カ所の布教施設が建設されている。雨季に入る前に、布教施設の修了式が行われているのを見ることができた。この地域は、仏教の布教が盛んに行われている地域で、太陽や月が輝いているような雰囲気がある。この地域の農村に暮

らす人々も仏教の教えと仏陀の威光のおかげで、平穏に暮らし、村人同士が一致団結しながら仏教に精進しているのが見られ、経済も発展して幸福に暮らしている様子を垣間見ることができた。

シンオゥッパゴゥッタ寺院のある場所へエンジン付きのボートで移動中

トゥワナブミ地域のパゴダを修復したため、参拝者が気軽に訪問できるようになった

第74節　ミャダゴンパゴダの建立

　ミャセインヤウン（エメラルド色）の山にある仏教エリアはエーヤワディ管区ミャウンミャ市の南方 6〜7 マイルの位置にあり、旧村落があった場所の小高い山の上になる。旧村落というのはミャウンミャ市が元あった場所のことである。最後の領主であるラゥッピャー藩主が宮殿を建てた場所である。この場所にミャセインヤウン（エメラルド色）師という高僧がいらっしゃる。

ミャセインヤウン師

　ミャセインヤウン師は90歳でこの場所で70年以上、仏門に入って布教活動を行っている。チャウセーウェーブー師の愛弟子にあたる。チャウセーウェーブー師の指示に従い、この場所に移りミャセインヤウン山に来てかなりの年月が経過している。この仏教エリアは156エーカーの広さがあり、歴史のあるガウンパゴダの老朽化した状態を見ると、2千年以上前のトゥワナブミ時代のものと推測される。

　お釈迦様が各地を巡った際に、この場所を訪れたという伝説もある。約20年前、軍管区長がニュンティン少将の時代、ミャセインヤウン師が、山に建立されているパゴダ1基が崩れかかっているのを発見したため、修復してほしいと当時第1書記であった私に宗教省の副大臣であるチョーエー（ミャウンミャ出身者）を通して依頼があった。私がミャセインヤウン師に面会すると、師は崩れかかっているパゴダを基礎から修復してほしいと依頼したので、基礎工事を実施した。その後、私はそ

のパゴダを訪れることができなかったため、現在工事がどうなっているのかわからない。

あなたが始めた工事だ

　私は逮捕され、7年間自宅軟禁された後に釈放された。2013年にミャセインヤウン師は檀家の一人を派遣して、師に会いに来るように伝言があったので、しばらくぶりにミャセインヤウン師に面会した。

　連絡が途絶えてかなり時間が経過していたため、何の用事で呼び出されたのか考えられなかった。ミャセインヤウン師に面会するとすかさず、師が「あなたがパゴダの基礎を作った所で放置しているので、見ての通りそのままの状態になっている。今回、あなたを呼び寄せたのは、このパゴダはあなたが作り始めたのだから、引き続き完成するまで作ってほしいということである。あなたが責任をもってこのパゴダを完成させてください。全ての準備は整っている。他の誰にも任せずそのままの状態にしてある。皆があなたをずっと待っていたのである。今、あなたの出番だ。この108ダウンパゴダ（注：ダウンは指先から肘までの長さ）を最後まで完成させてください」とおっしゃった。

　私は「はい、功徳になるため、引き続きパゴダを完成するまで作ります」とミャセインヤウン師に約束した。その後、7，8ヶ月後に完成した。

あなたの任務は終わっていない

　金の傘をかける功徳を行うための準備をしている最中、ミャセインヤウン師が「あなたの任務はまだ終わっていない。あと大きなパゴダを 1 基建立してほしい。この 108 ダウンパゴダのほかに高さが 324 フィートある大きなパゴダを建ててほしい」とおっしゃるので、私は引き続きパゴダを建立することになった。

　この後、親しい建築エンジニアと相談して建築デザインの設計をして、準備に取り掛かった。最初は洞窟のように、中に入って参拝できるタイプのパゴダを考えた。108 ダウンパゴダも中に入れる構造にしようと考え、鉄筋を使用して、地中にむき出しのパイル（杭）を打つことについて、エンジニアたちも可能性があると言ってくれた。その方向で設計図を作成して見せてくれたことに満足している。パイル（杭）を打つために土質試験した時も、土質が良いことがわかった。そのため、パイル（杭）を打つために必要な重機を準備し、起工式を開催した。しかし、この構造では永久的にパゴダが維持できるのか保証できなかったため、エンジニアと再び話し合いを行いパゴダの設計を変更して洞窟タイプのパゴダを止めて、108 ダウンパゴダを鉄筋コンクリートで屋外に建立することに集中するようにした。現在、エンジニアと話し合って新しい建築デザインを設計している所である。まもなく、新しいデザインを基にパゴダの建設工事が始まる。

シュエダゴンパゴダと同型に

　新しく建設するパゴダはシュエダゴンパゴダと同じ形、デザインで建設することになった。ミャセインヤウン師も新しいパゴダのデザインをより好んでいることを知ったため、非常に都合が良くなった。

156 エーカーある仏教エリア

　このミャセインヤウン山の仏教エリアは 156 エーカーの広さがあり、境内の周辺では花崗岩で作られた古代のパゴダの一部が数多く発見されている。文化省も歴史的文化遺産が発見されたため、この場所を歴史文化エリアとして指定した。記念の石版も掲げられているのが見られる。特に、コンダー村と旧村落の周辺に歴史的な遺物が発見された。そのため、歴史的な仏教エリアという名前はしっかりとした証拠に裏付けられている。

　私は 1965 年に南東軍管区の参謀長（第 3 級）として任務に就いた。当時、南東軍管区長はサンチー大佐で、副管区長はティンシェー中佐であったが、士官学校の校長として異動があったため、セインルイン大佐が副管区長に就任した。また、参謀長（第 1 級）はエーコー中佐であった。私は副管区長の直属の部下だったため、「シュエマーラー」という 2 階建ての船で副管区長がエーヤワディ管区内の各部隊を視察したり、現場で作戦の指揮に当たる際、常に私が同行した。そのため、ミャウンミャの町をたびたび訪れた。しかし、当時はミャセインヤウン師のことは全く知らなかった。当時、ミャセインヤウン師はラプッタやミャウンミャ郊外の町で布教活動を行っていた。

　エーヤワディ管区では KNDO という武装組織とビルマ共産党が活発に活動していた時期だった。KNDO の管区責任者はソーミャインであり、有名なカレン族の指

導者たちが彼のことを、クェッコ、チッレーマウン、タンシェイン、ガーミン、ターミン、トゥーソー、テッポーなどと呼んでいた。当時、エーヤワディ管区内の交通は水運しかなく、道路は全くなかった。川を渡る橋などもなかった。現在の道路や大橋は国家法秩序回復委員会や国家平和開発委員会の時代、いわゆる軍事政権時代に建設し、完成したものである。道路や橋のおかげで、町から町へ、村から村への移動が短時間のうちにできるようになった。エーヤワディ管区内も平穏になり、農業も一生懸命に行えば、村人の生活も豊かなものになるであろう。

完成後、金の傘をかけた 108 ダウンパゴダ

サイクロン「ナルギス」

　しかし、数年前にエーヤワディ管区を直撃したサイクロン「ナルギス」により、多くの犠牲者が出て、村ごと壊滅した所もあった。そのため、現在に至るまで復興できていない村もある。サイクロン「ナルギス」による被害は国家にとって大変な損失であった。復興はまだまだ十分ではない。

ミャディゴンパゴダ

　ミャディゴンパゴダを建立することに関してまだ記すことがある。サイクロン「ナ

ルギス」により、村ごと壊滅したり、非常に多くの村人が犠牲になったりしたため、村人と共同でこの地域にパゴダを建立して功徳を施す必要があると確信した。

　また、私にとってミャセインヤウン師は大変高貴で尊敬すべき高僧であるため、師の威光を高めるためにもミャディゴンパゴダを建立することにしたのである。

ミャウンミャ町のミャセインヤウン師に面会し拝謁し、パゴダを引き続き建立すると約束しているところ

ココトゥエー、ミョーティンチーとパゴダの建設に関して話し合いを行っているところ

第20章　連邦精神と愛国心

第75節　重要な連邦精神と愛国心

　ミャンマーは多くの民族により構成されている連邦国家である。チベットのある高原から澄んだ水と緑の草原を求めて南方へ集団で移動し、今のミャンマーに定住するようになったと歴史書に記されている。どのように歴史書に記されてあっても、ハンリン、タイェーキッタヤー、ベィッタノーなどの古代都市、バガン、インワ、ハンタワディ、コンバウンの各王朝の歴史を通して、ミャンマーという国の領土が確定し、東南アジアにおいてアセアンの加盟国としての立場を貫いている。

　ミャンマー連邦国では各民族が団結しながら暮らしており、植民地主義者の英国が3回にわたる戦争の末、我が国を植民地下に置いて100年以上の年月が経過した。しかし、全ての人民が団結して植民地主義者を排除することができたため、国家主権を取り戻すことができた。

　現代では、発展し豊かで勢力のある国々が昔のように武力を使用して他国を占領するような時代ではなくなり、隷属国を支配することはないが、あらゆる戦略により他国に影響を及ぼし支配下に入れるようなことが国際社会で明らかに見られる。現在、世界で起きていることを教訓として、我が連邦国家を発展、安定させるために、永続的な団結が必要である。

　以前の軍事政権時代を振り返ると、良いことばかりであったとは言えない。良いこともあったが、良くないこともあったことは事実である。欧米諸国があらゆる手段を使って、ミャンマー連邦国をバラバラにしようと画策していたことは事実である。現代の世界を見ると、欧米諸国の介入により、国が不安定になりあらゆる困難に直面している小国が多くある。

　以前の軍事政権時代、道路や橋、農業用の堰やダム、全民族の団結に向けた努力、麻薬撲滅の取り組み、国際社会への参画など多くの努力を行ってきた。経済を発展させることができなかったこと、地方農村に暮らす村人の貧困問題を解決できなかったことなどは軍事政権時代の弱点として残った。軍事政権時代、連邦精神や愛国心の高揚、スポーツ精神の向上などの取り組みを行ってきた。軍事政権時代から各管区、州の人民や若者たちが参加する国民体育大会を盛大に開催した。

　少女や芸能人自身がパラシュートによる落下の訓練を何度も体験し、男性とひけを取らずパラシュートによる落下パフォーマンスを実施したこと、国軍の青年士官によるパラシュート部隊が競技場の真ん中に落下、着地するパフォーマンスを何万

人という観客の前で披露できたことは、ミャンマー国民の自尊心、誇りを高め、連邦精神や愛国心を高めることになった。

　また、若い多くのスポーツ選手を輩出することができた。各管区、州においても、学生によるスポーツ大会を各軍管区長の直接指導により盛大に開催している。このような学生によるスポーツ大会の開催により、各管区や州のスポーツ選手同士、若者同士、芸能人同士の交流がなされ、お互いの友好親善、団結、つまり連邦精神とスポーツ精神を高揚させることができた。ヤンゴン市内で開催されたボート競技大会においても、ミャンマーの王朝時代から続いていた海軍によるパフォーマンスなどにより、民族の誇り、愛国心を高めることができ、引き続きボート競技大会を開催することにより、スポーツ精神と愛国心を高揚させることができた。

　ミャンマー伝統の芸能大会（歌、踊り、作詞、演奏）も各管区や州から新たな芸術家を生み出すことができたため、本物のミャンマーの伝統文化を保護することができた。

　諸外国の、目を覆いたくなるような文化が無秩序に流入しているが、上記のミャンマー伝統芸能大会が他国の文化の流入を防ぐ役割を果たし、ミャンマー文化の衰退から保護することができた。

　経済に関しては 1996 年に「ビジット・ミャンマーイヤー1996」として人民広場において盛大な式典を開催したことがあった。このような外国人観光客を引き寄せる催しを毎年行えば、経済を発展させるために良いことである。このようなイベントや取り組みは、軍事政権時代において連邦精神の強化、愛国心の高揚、スポーツ精神の発展のために有益であった。我が国は多くの民族により構成されている連邦国家であるため、全民族の団結、連邦精神の強化は非常に重要である。

　また、愛国心の強化と伝統的な文化の維持、保護を重要視して行わなければならない時代である。将来を担う若者の心の中に、愛国心や伝統的文化を大切にする気持ちを常に持つように指導することが、重要な時代になっていることを伝えたいと思う。

第21章　シュエモーウン社会文化支援協会

第76節　シュエモーウン社会文化支援協会

　この団体は私の生まれ故郷であるヤンゴン管区南部県チャウタン町において設立された。私の生まれ故郷のチャウタン町があるチャウタン郡は私を育ててくれた郡であるため、この郡のために恩返しをしなければならないと考えている。

　私の家族は世間一般の家庭だ。この町で小学校から高等学校まで学ぶことができた。先生方の丁寧な指導を受けて、いろいろな先生から知識、技能を学びとることができた。また、私の周りの人たち、地域の人たち、友人、親戚、親族関係はないが私と関わった人たちからあらゆる協力、支援、世話を受けたため、これらの恩を絶対に忘れないと心に誓っている。その意味も込めて、この団体を設立したのであり、私が生まれ育った郡の中で仏教や社会活動に貢献したいと思う。この団体が設立されたのは、私を取り巻く状況やタイミングが重なったからである。

　私は逮捕されたが、幸運なことに7年間の自宅軟禁の末、釈放された。釈放される少し前、高僧のティダグー師が私に財政的な困難があることを察してくださり、250万チャットの支援をしてくださった。そのため、私の希望通りこの活動を開始することができた。ティダグー師の支援と私が節約して貯めてきた貯金、私の友人たちからの支援金を全て足して、銀行に預金した。銀行に預金した資金は元本になり、これが生み出す利息によりシュエモーウン社会文化協会を運営することにした。

　協会は、仏教の布教活動、社会貢献活動などを実施した。銀行に預けた元本は永久的に預金したままで、元本が減ることはなく、少しずつその額が増えていくだけである。

　私が設立したシュエモーウン社会文化支援協会は、学校教育を受けさせることができない貧しい家庭の子供たちのために、小学校から学校の費用、制服代、教科書や資料代、衣類の支援を毎年行った。私たちから支援を受けた子供は30人近くになっている。高齢者の世話に関しても、毎年敬老感謝の日の式典を1年に1回行い、高齢者100人くらいが参加している。

医療活動に関しては、チャウタン町に医師団がボランティアで医療活動を行うために3回訪問している。現在、雨期が明けるタイミングで、3回目の医療活動を村々で行うことになっている。過去2回の医療活動では、ヤンゴン市内の眼科のシュエピィヘイン医師が出張治療をしてくださった。

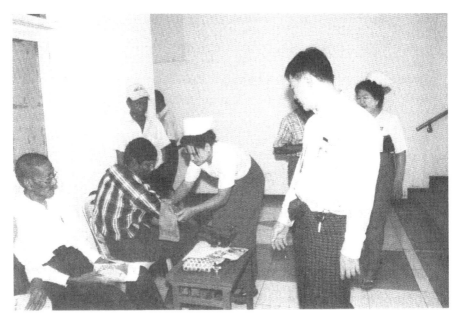

シュエモーウン社会文化支援協会が医療活動を行っている様子。

井戸や貯水池を改善する事業を行っている様子。

カナウン模範村の図書館開館式

シュエモーウン社会文化支援協会の幹部たち

教育支援活動を行っている様子。

不足していることを補充し支援

　その他の治療としては、インセイン郡のティリサンダー民間病院で様々な外科手術を無料で受けられるようにした。ある程度の費用は協会のほうから負担した。

寺小屋学校、ボランティア医院に毎年支援金を交付し、発展が遅れている農村で教育、保健医療の支援を巡回して行った。郡においても、社会貢献活動を適当な時期を選んで実施している。3回目の無料手術の支援をまもなく行う予定である。

　この他、チャウタン町に水を供給しているシンカン地区にある貯水池を、清潔な水が出るように部分的に順番に浚渫作業を行い、底に溜まっているゴミやヘドロをすくいあげる作業を1回行った。必要な時期が来れば、再度この作業を行う予定である。

　チャウタン町とその周辺の郡で必要に応じて利用できるように救急車を1台購入する準備を進めており、救急車が配備されれば、郡内で発生した救急患者の搬送に大いに役立つことが期待されている。私の意向は、自分の郡のためにできる範囲で貢献することである。

　時間の経過とともに、自分の郡だけでなく周辺の地域まで範囲を広げるつもりである。最近のことであるが、クンジャンゴン郡にある孤児を収容している寺小屋に対して定期的な収入が得られるように、寄付や支援を行ったことがある。

クンモーデイン村に住む親戚家族と

高僧のティダグー師時ンニュン第1書記が仏教関連の儀式で面会

キンニュン第1書記がティダグー師に対して寄付

キンニュン第1書記がカンヤウン師に対して寄付

　私はミャンマー国民の一人として自分の生まれ故郷のために自分のできる範囲で行動を起こしたわけである。自分の生まれ故郷の郡のため、自分の国のために恩を返す気持ちがあれば、非常に良いことだと思う。なぜかというと、私たちの国は最貧国であるからである。貧困から脱却することができていない。貧富の格差は非常に大きくなっている。貧困に直面している国民は非常に多くなっている。そのために、余裕のある人たちは自分の郡のため、自分の国のためにできるだけ貢献してほしいと希望している。

　農村に住む国民の多くは貧しい人が多い。現在は、農村に住む若者で重労働に耐えられる人はタイやマレーシアに出稼ぎに行き、仕事をしているため、農業を行う人手が足りず農業が困難になっていることがわかった。そこで、中小企業が早期に創設されることを望んでいる。そうして初めて、外国へ出稼ぎに出ている人たちが中年になった時に母国に帰ることができると期待している。そして、農業の現場に若者が労働力として従事することができると思う。

第3回目の巡回医療
　2014年11月23日、チャウタン郡ミンガルン村を拠点としてその周辺の10村に住む患者2千人に対して無料診療を実施した。

　私たちの協力者である引退済みの医者たちがヤンゴンからバス1台を貸し切ってチャウタンの町に到着し、そこからエンジン付きのボートでパントー村へ移動し、そこからミンガルン村へ車で移動した。元専門医たちのグループは辺境の村人たちの治療ができることで非常に喜んでいた。それぞれの村からやって来た患者に対し

て専門医たちが無料で治療を行い、薬やメガネなども無料で提供した。

このように、シュエモーウン社会文化支援協会の無料診療巡回の活動に参加し協力してくれているインセイン郡のティリサンダー民間病院のティンミィンさん、医師の皆さんに御礼を申し上げたい。目の手術を無料で提供していただいたシュエピィヘイン師と医師の皆さんにも特に感謝申し上げる。私たち夫婦の親友である引退済みの医師の皆さんにも感謝申し上げる。医師たちの真心のおかげで、辺境地域に住む貧しい村民たちの保健医療に大いに役立った。

私も地方農村に住む国民のためにできる範囲で協力できればうれしいと思う。

専門医のグループが辺境地域の村民に対して治療を行っている様子

約 2 千人の患者を診察した

シュエモーウン社会文化支援協会は以下の役員により構成される

（ア）　　永久名誉会長
（1）　　　ティンスェー（元准将）
（2）　　　キンニュン
（3）　　　キンウインシュエ
（4）　　　ゾーナインウー
（5）　　　ティンティンヌェー（元教師）

（イ）　　名誉会長
(1) ニュンスェー（元副大臣）
(2) セイントゥンアウン（元警察長官）
(3) チッサンウイン（作家）
(4) イェーナインウジン
(5) キンシュエー（民族代表院議員）
(6) ソーウイン（元教師）
(7) ミィンセイン（元副総局長）
(8) ペータウン（元副学長）
(9) エーテイン（元高校教師）
(10) ウインマウンマウン
(11) タウンチョーシェイン

（ウ）　中央委員
(1)　アウンニェイン（議長）
(2)　ウインアウン（副議長、弁護士）
(3)　タウントゥッチョー（事務局長）
(4)　ソーミンアウン（副事務局長）
(5)　ミィンルイン（会計）
(6)　ミャアウン（監査）
(7)　ゾーミンアウン（エンジニア、委員）
(8)　チートゥー（委員）
(9)　ミィンテー（委員）
(10)　テーアウン（委員）
(11)　ゾーナイントゥン（委員）

第77節　総括と提言

　私が歩んできた人生の経験や出来事を基にしてミャンマーが将来に渡り平和、平穏で近代的で発展した国家になるように望んでいる。規則正しく、秩序のある民主主義国家になってほしい。永続的に安定した連邦国家になってほしい。
　私の希望は短期的なものではなく、半永久的で長期的な安定を望むものであり、これを基にして以下のように提言したい。現在の政府幹部だけでなく将来、この国の責任を担う全ての人のために提言するものである。

（1）　　数千年に渡り分裂することがなかった連邦国家の形態や伝統が壊されることを心配している。わが国は地政学的に言うと非常に重要な場所に位置しているため、世界の国々、別の言い方をすれば、東洋、西洋の国々が注目している国である。私たち国民が問題に対処できる能力を備えてこそ連邦国家を維持できるのだ。過去、わが国の歴代のリーダーたちが厳守してきた中立政策や外交政策を変えることなく継続しなければならない。甘い言葉に誘われてエサに食いついて釣られてしまう魚のようになると、国の将来は憂慮すべきものとなる。きちんとした戦略を立て、全ての国とうまく付き合うことができる能力を養い、中立政策を堅持するべきである。
（2）　　全ての民族が強固な連邦精神を持ち、強固な連邦国家を建設できるよう、全ての民族が努力しなければならない。
（3）　　国の経済と平和、平穏は常に繋がりがあるため、経済を発展させるよう皆が一致団結して努力しなければならない。
（4）　　環境保護と森林の復興のために、全ての責任者が森林保護区を設定し、既存の森林が破壊されないように政策を策定して効果的に保護しなければならない。下級役人のウソの報告を信じてはならない。
（5）　　ミャンマーの伝統的文化を保護し、外国からのすさんだ文化が若者に対し

て過度に影響を与えることがないように、各部門の責任者が責任感をもって臨まなければならない。

(6) ミャンマーの伝統的な文化が廃れることがないように、ミャンマー伝統芸能大会や国民体育大会を行うほか、「ビジット・ミャンマーイヤー（ミャンマー観光年）」のような催しを時期に応じて開催すること。

(7) 国民の尊厳を下げるような外国へのメイドの派遣を再検討すること。

(8) 近隣諸国へ重労働に従事するために出稼ぎに出る下層階級の労働者たちが大勢いるのは、母国における生活が困窮しているためである。そのため、彼らのために国内で働く場所を確保するため中小企業の振興を早急に行わなければならない。

(9) 長期的に保存する必要がある歴史的建造物を民間に委託してビジネスを行わせることは再検討しなければならない。

(10) ミャンマーにとって工業国になることは重要ではない。ミャンマーの伝統的な伝統、慣習を基に、近代的な農法による農業や畜産水産業を振興させること、農民や畜産水産業に従事する労働者たちが働いている現場に出向いて実践的な指導を行うこと。省庁のある役所に彼らを呼び寄せることは実践的な指導にはならない。

モーウンダー・キンニュン（元国軍大将）

解題．国軍は何をしてきたか〜ミャンマー 国軍の歴史が凝縮された回想録

吉田　鈴香

　キンニュン元首相による２冊目の書である。それも、自身の半生、すなわち、軍人時代に体験したこと、国家に起きたことを執筆している。

　氏の国軍在籍期間は、ミャンマーのまさに激動の時期でもあった。氏が士官養成学校に入学した１９５９年は、ネ・ウィン国軍司令官がウ・ヌー政権から首相に指名され選挙管理内閣を組成した翌年だった。氏が初任地であるシャン州に着任した１９６０年は、第３回総選挙が行われ、一度は首相の座を譲ったウ・ヌーが反ファシスト人民自由連盟（AFPPFL）党首となって返り咲いた年だった。氏は軍人として地方に駐在しながら、人々の暮らしと混乱が増すばかりの中央政府を見るようになった。そして、２年後には国軍司令官がクーデターによって、政権を掌握した。それ以後は、国軍はミャンマーの政治、外交の多くの場面で主役となってきた。本書の中でキンニュン氏は、軍事作戦名はもちろん、軍人の個人名、少数民族武装勢力のリーダーの名前、アセアン諸国、隣国の政府・軍の将軍らの名前に言及している。軍に身を置いた人がこのように率直な書きぶりで筆を取ることは非常に珍しいのだが、それができたのは、キンニュン元首相が軍籍を解かれ、俗世とは隔絶したところで生きる一個人となったがゆえともいえる。

　キンニュン氏の軍在籍期間は、１９６０年から２００４年である。この間に、国軍が国是ともいえる方針を決定した。そして、その影響もまた、地方の住民の暮らしを通して見てきたようだ。国土統一は未達成なうえに、乏しい国家予算を軍事費に優先的に回し、行政と呼べるほどの機関も未整備だ。中国とインドという大国に挟まれた国ならではの知恵として、隣国をはじめあらゆる諸外国に政治的軍事的介入をしない、させない、自分の国のことは自分たちで行う、と「中立」を国是とした。外国の支援があてにできないのであるから、国民は社会の力で困難（貧困）を乗り切るほかなく、政治を担う国軍に反感を持ったり、窮状を訴えたりする場面も多くあったことは想像に難くない。そのようなとき、国民の窮状を巧みに勢力拡大に取り入れたグループ、それがビルマ共産党であり、少数民族武装勢力だった。

　国軍は軍隊を持つこの２つの存在にかなりの労力を割いて消滅に追い込もうとしてきた（詳細は『ミャンマー西門の難題』の解題を参照）。特に、中国共産党の全面的な支援の下で活動していたビルマ共産党を消滅間際まで追い込んだ時には、支援金を無にするために廃貨令も発し、その影響で国内の金融システムまで破壊した。大国である中国からビルマ共産党と武装勢力へ資源（資金、人、軍事訓練など）が入っているのはわかっているが、対決姿勢を取るほどの軍事力はなく、温和な姿勢で中国の攻勢を回避してきたことは、ミャンマーらしい方針といえる。

　一方、キンニュン氏は、国民に与える悪影響、すなわち貧困と医療から隔絶された人々の困窮した暮らしを目に焼き付けていたことが、本書で明らかになった。ゆ

えに、人々の暮らしをよくする政策が必要だと認識していた。交通網、農業用の堰、電力、教育、保健医療、森林資源、民主化、平和など多岐にわたる分野の整備を少ない国家予算の中で手がけていたことは、注目したいところである。

　さて、本書にはキンニュン氏が進めた少数民族との停戦協議について、それぞれの経緯が書かれてある。それは国軍内部のシステムについて興味深い事柄を示唆している。少数民族武装勢力との話し合いは１９８０年代を通じて行われ、「男と男の約束」に至ったことは、『ミャンマー西門の難題』の解題で論じた。そこに加えて、本書を読むと、少数民族の懸案事項は、各民族の生きる権利、土地を支配する権利を守ることにあったことがわかる。国軍や政治家が目指した国家の概念とは異なるものだった。国家観を持たずビジョンを議論しない少数民族武装勢力を相手に和平協議をするには、個別アプローチが適切だったことが理解できた。そしてこれを可能にしたのは、キンニュンさんの「聴く」態度だった。聴くことに徹することができたのは、事前に国軍情報局の大佐以下将校の現地での協議があったゆえのことである。部下が積み上げた情報、すなわち、少数民族武装勢力が何を求めているか、和平交渉で何を話すか、事前に知ることができ、シュミレーションすることができた。この工程を経ていればこそ、事前に和平チームから聞いていた少数民族武装勢力の要求と、目の前で彼らが語る言葉とに違いがあったとき、武装勢力に何か事変があったのか、事前の情報が間違っていたのか、あるいは彼らの詭弁か、氏は「聴く」姿勢によって確認することができた。チームを挙げて取り組んだゆえの、また、国軍内部で意思疎通、情報共有ができていたゆえであることがよくわかった。
　およそ「国軍」とは、情報を上にあげ方針決定に資する功績を上げるなり、武勲を立てるなり、何らかの実力を見せることで昇進していく仕組みを持っているものである。直言することは憚られることながら、氏の更迭、軟禁は単なる派閥争い、大将との意見の相違、命令に背いた行動などが原因ではなかったと言える。一部で流布している、氏が突出した「国際派」だったゆえに異質な存在として排除されたという見方は、当たらないと思われる。

　ただ、少数民族に約束した住民への支援は国家予算を消費させ、軍事政権を疲弊させたことは想像に難くない。キンニュン氏によって停戦合意がなされた後、国境周辺の少数民族への生活支援、中国からの戦闘機購入、中国企業による橋、道路などの建設も相次ぎ、その借り入れも負担になっていたのではないか。その責任を押し付けられたのではないか、と一つの推測を立てることができる。他には、タンシュエ最高司令官が指名した地域の司令官（regional commanders）と氏の間で権力争いがあったという説もある。キンニュン氏も、誰かがあらぬ情報を流して貶めたと確信めいた言葉を記している。不確かな情報が口から口へと伝わる社会であるから、何らかの大きな力が作用したことは間違いない。国際社会が軍事政権批判により経済開発、社会開発の支援を中止したことが、ミャンマーを親中国へと追いやり、少ない資源（予算）の争奪がキンニュンさんの更迭、軍事政権の長期化を招いた。国軍悲願の国土統一も未だできないことになった。
　ミャンマーは独立以前の１９４７年まで国家を形成したことはなく、土俗社会で

あった。主要民族のビルマ族を含め、すべての民族がそれぞれの民族の中でもひとつのまとまりをもって計画、実行することがなかった。その民に、国家を帰属意識とするように求めることは困難である。帰属意識とは、民の意識を形成する教育に拠ることを考えると、国民教育が徹底されていなかった独立以後、本書執筆の現在に至るまでのこの時期は、ミャンマーが土俗社会から国家への移行を遂げる過渡期だったといえる。２０１２年以降、ようやくミャンマーは選挙によって政権を作ることができるようになった。アウンサンスーチー政権ができ、また２０２０年には新たな政権が誕生する。そのときこそ、政府予算を教育に振り向け、国土統一、国民統合を成し遂げることができると、期待している。

本書の内容の言語解析

田代佑妃・石戸光

　本書の全文をもとに、言語解析ソフトウェアとして NTT 数理データのテキストマイニングを使用し、意味内容についての量的テキスト解析を行った。原語はミャンマー語であるところを、日本語訳をテキスト解析することには、本来的な制約も予想されるが、用いられる単語の頻度および単語同士の結びつきについて、一定の情報が得られると考えられる。

　本書を日本語訳した際の延べ単語数は 37,889 語であり、用いられている単語について、頻度および結びつき（係り受け）、評価語解析の解析の結果は以下の通りとなった。「ミャンマー」の「国家」としての「発展」そして民族間の「和平」のために、「話し合い」を行うことが重要である点が浮き彫りにされている。

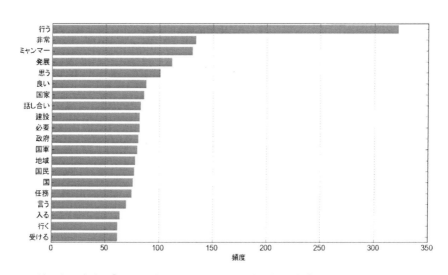

図 1　単語頻出解析「私の人生にふりかかった様々な出来事」

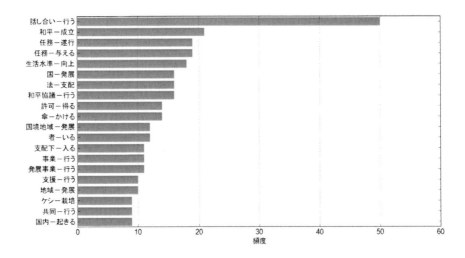

図2　係り受け頻度解析「私の人生にふりかかった様々な出来事」

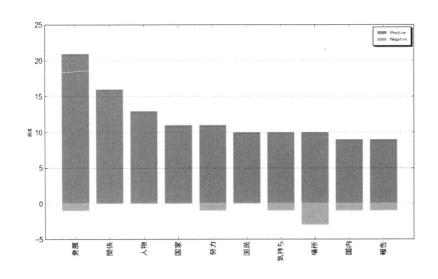

図3　好評語ランキング「私の人生にふりかかった様々な出来事」

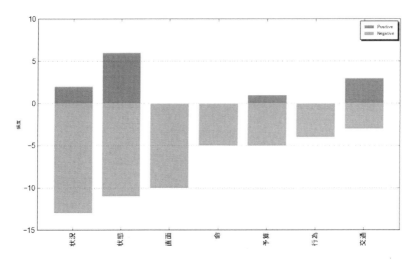

図4　不評語ランキング「私の人生にふりかかった様々な出来事」

またネットワーク図を用いて本書全体の可視化を行ったところ、以下の通りとなった。「危険」で「困難」な「状況」を乗り越え、「平和」な「発展」により「国家」を形成する「国民」同士の「関係」を「良い」ものとする、というキンニュン氏の根本的な政治姿勢が現れている。

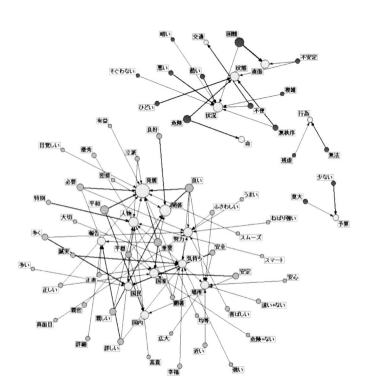

図5　ネットワーク図「私の人生にふりかかった様々な出来事」

さらに言葉のネットワークとして、共起関係（同じ文脈で用いられる頻度の高さ）をもとに図示すると、下記のようになった。ミャンマーの伝統的文化を保持しながら、民主主義を民族同士の連邦精神にもとづいて行うべきことが主張としてはっきりと現れている。

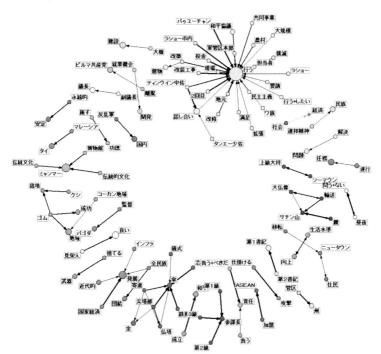

図6　ネットワーク図「私の人生にふりかかった様々な出来事」

次に、「注目語解析」として「民族」を選択すると、下記のように多くの関係性が現れ、本書において記載されている個別民族間の国内各地における和平には、筆者であるキンニュン氏が大きく心を寄せていることがわかる。国民のために無政府状態を避け、国家統合の状況を絶えず意識しながらも、国家の安全すなわち治安の維持を行うために、軍政がやむを得ない国家統合の形態とされた点が筆者の主張として中心的な位置を占めている。

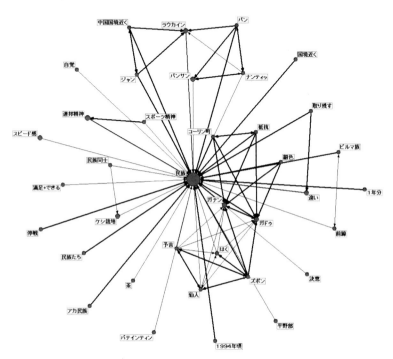

図7　注目語情報「民族」「私の人生にふりかかった様々な出来事」より

最後に、注目語としてあえて「ASEAN」（東南アジア諸国連合）を取り上げると、下図のようになり、アセアンの近隣諸国およびそのリーダーとの関係性により、ミャンマーがアセアンとの関わりを強めていった様子が浮き彫りになっている。

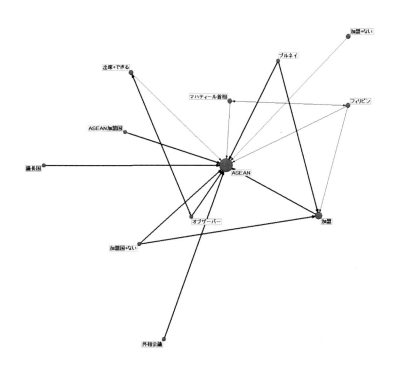

図8　注目語情報「ASEAN」「私の人生にふりかかった様々な出来事」より

　本書は軍政期においてミャンマー内の民族間の和平および国家統一、さらには同国の発展を目指した軍人および政治家としてのキンニュン氏の活動につき、客観的な事実関係を踏まえながらもあくまで主観的に

回想したものであるため、ミャンマー内外の情勢に対する同氏の切迫感と国家発展への思いが通底している。

本書について

岩城　高広

　本書は、2015 年に出版された、キンニュン氏の著作の翻訳である。キンニュン氏（1939 年生まれ）は、ヤンゴン大学を経て国軍に入り、軍情報局の局長をつとめた。ミャンマーで長く軍を掌握し、独裁的な権力をふるったネーウィン氏の部下でもあった。1988 年に成立した軍事政権では、第 1 書記、のちに首相の要職についた。しかし、2004 年に汚職容疑で関係者とともに逮捕されてしまう。自宅軟禁中の 2012 年、テインセイン政権の恩赦により解放され、現在はヤンゴン市内で、土産物店などを開いて生計をたてるとともに、社会奉仕活動や仏教徒としての実践にも力を注いでいる。こうした経歴をもつ著者が、自身について、自身がかかわったミャンマー国軍や政治について、またミャンマーという国の今後について、どのようなことを語っているのか、本書の興味深い点はまずここにあるといってよいだろう。

　本書の構成はユニークである。「人生にふりかかった様々な出来事」が、過去から現在へと順番に綴られているわけではない。記されている話題も多岐にわたり、内容的に必ずしも整理されていない。そのため、同じ話がくりかえされたり、豊富に掲載されている写真が、本文と合致していなかったりする。原書にみられる重複や説明不足、および現地語独特の言い回しのため、本書にも読みにくいところがある。この点、ご理解いただければと思う。むしろ本書の特徴は、著者が自由に語っているところにあり、そこに著者の立場や読者へのメッセージを読みとっていただくことができるのではないかと思う。

　1 章では、2004 年に逮捕されたときのようす、裁判、自宅軟禁下の生活が詳しく述べられている。おそらく、現地の読者にとっても知りたかったことであろう。3 章では、1988 年の民主化運動と国軍が権力を掌握したこと、すなわち 2011 年までつづく軍事政権の正当性が説明されている。国軍の行動は、国家の破壊を阻止するためのやむを得ないものだったとして、クーデタとは異なると強調している（6 節）。8 章では、国内和平（少数民族武装組織との和解）の問題にページが割かれている。著者が国家のためにとりくんだ成果として、読者に訴えたかったことであろう。

　また 7 章では、ディーペーイン事件についての記述がある。2003 年、ディーペーインという町で、2 度目の自宅軟禁から解放され政治活動を再開していたアウンサンスーチー氏一行が、移動中に千人を超えるとされる何者かに襲撃された事件である。アウンサンスーチー氏は難を逃れたものの、多数の死者・負傷者をだした。アウンサンスーチー氏自身も、この事件をきっかけに 3 度目の軟禁（2010 年まで）となった。ただし、ことの重大性にもかかわらず、本文では事件の経緯もふくめ（現地の読者向けにはあらためて説明する必要はないかも知れないが）、ごく短くとりあげられているにすぎない。「私が主導したものではないが、政府上層部の一員として責任の一端があることは認めざるを得ない」と述べるにとどまっている。真相を知りたい読者にとっては、物足りない説明だったかも知れない。

　先に、本書の特徴は著者が自由に語っているところだと述べたが、このことは逆

に、何を語っていないのかを考えてみることも、本書を読む際には有意義ということになる。この意味で、書店や図書館で手に入るミャンマー（ビルマ）史の本をかたわらにおいて、本書を読まれることをお勧めしたい。

あとがき

本書出版のきっかけは林健太郎氏がミャンマー関連で長年協働してきたミャミャウィン氏、モーミンウー氏、中原一就氏らに依頼してキンニュン氏の執筆した本書を見出していただき、キンニュン氏から本書のミャンマー語から日本語への翻訳の許諾を得たことに端を発する。また解題で述べたように、ミャンマーにおいて長く教育活動をして来られた中西修氏に本文の日本語への翻訳をお願いし、さらに岩城高広氏（大学院人文科学研究院・教授）からの確認をふまえながら千葉大学研究グループとして適宜調整を行った。田代佑妃さん、明利千穂さん、及び五十嵐慧さんには本文の編集にあたって細かい作業をしていただき、三恵社の木全氏には本書の出版にあたっての具体的な作業を担っていただいた。記して感謝したい。本書の出版にあたっては、文部科学省科学研究費補助金新学術領域研究（研究領域提案型）「グローバル関係学」（代表：酒井啓子・千葉大学社会科学研究院教授）の一部門としての計画研究 A02「政治経済的地域統合」（課題番号 16H06548、研究代表：石戸光・千葉大学大学院社会科学研究院教授）及び、千葉大学リーディング研究プロジェクト「未来型公正社会研究」（代表：水島治郎・千葉大学大学院社会科学研究院教授）、及び B03「文明と広域ネットワーク」（課題番号：16H06551、研究代表：五十嵐誠一・千葉大学大学院社会科学研究院准教授）からの助成を受けた。本書がミャンマーの近現代史および今後の同国における社会発展の参考となることを著者のキンニュン氏とともに願いたい。

千葉大学研究グループ　一同

著者・解題部分の著者・コメント者の紹介

著者
キンニュン元首相
1993 年 10 月 11 日　ヤンゴン管区、チャウタンに生まれる。
ヤンゴン大学卒業
ミャンマーの軍人、政治家。階級は大将。軍事政権の序列 3 位として国家平和発
展評議会（SPDC）第 1 書記および首相を務めた。

千葉大学研究グループのメンバー一覧（50 音順）
石戸　光　　　千葉大学大学院社会科学研究院　教授
岩城高広　　　千葉大学大学院人文科学研究院　教授
田代佑妃　　　千葉大学グローバル関係融合研究センター　特任研究員
中西　修　　　本プロジェクトの研究協力者
林健太郎　　　千葉大学法政経学部　客員研究員
吉田鈴香　　　千葉大学法政経学部　客員研究員

私の人生にふりかかった様々な出来事　上巻
ミャンマーの政治家　キン・ニュンの軌跡

2020年3月26日　初版発行

著：キン・ニュン

訳：千葉大学研究グループ

定価(本体価格2,750円＋税)

発行所　　株式会社　三恵社
〒462-0056 愛知県名古屋市北区中丸町2-24-1
TEL 052 (915) 5211
FAX 052 (915) 5019
URL http://www.sankeisha.com

乱丁・落丁の場合はお取替えいたします。
ISBN978-4-86693-194-4 C3023 ¥2750E